权威·前沿·原创

皮书系列为

“十二五”“十三五”国家重点图书出版规划项目

北京国际城市发展研究院社会建设研究重点项目
北京市社会发展研究中心西城区街道发展研究重点项目
北京国际城市文化交流基金会智库工程出版基金资助项目

街道蓝皮书
BLUE BOOK OF SUB-DISTRICT OFFICE

北京街道发展报告 No.1
广安门外篇

THE DEVELOPMENT OF BEIJING'S SUB-DISTRICT OFFICES No.1: GUANG'ANMENWAI CHAPTER

主　　编／连玉明
执行主编／朱颖慧

社会科学文献出版社
SOCIAL SCIENCES ACADEMIC PRESS (CHINA)

图书在版编目(CIP)数据

北京街道发展报告. No. 1. 广安门外篇 / 连玉明主编. -- 北京：社会科学文献出版社，2016. 8
（街道蓝皮书）
ISBN 978 - 7 - 5097 - 9208 - 7

Ⅰ. ①北… Ⅱ. ①连… Ⅲ. ①城市道路 - 城市建设 - 研究报告 - 西城区 Ⅳ. ①D669. 3

中国版本图书馆 CIP 数据核字（2016）第 119036 号

街道蓝皮书
北京街道发展报告 No. 1 广安门外篇

主　　编 / 连玉明
执行主编 / 朱颖慧

出 版 人 / 谢寿光
项目统筹 / 邓泳红　郑庆寰
责任编辑 / 吴　敏

出　　版 / 社会科学文献出版社 · 皮书出版分社（010）59367127
地址：北京市北三环中路甲 29 号院华龙大厦　邮编：100029
网址：www. ssap. com. cn
发　　行 / 市场营销中心（010）59367081　59367018
印　　装 / 三河市东方印刷有限公司

规　　格 / 开 本：787mm × 1092mm　1/16
印 张：17. 75　字 数：267 千字
版　　次 / 2016 年 8 月第 1 版　2016 年 8 月第 1 次印刷
书　　号 / ISBN 978 - 7 - 5097 - 9208 - 7
定　　价 / 98. 00 元

皮书序列号 / B - 2016 - 510

街道蓝皮书编委会

《北京街道发展报告 No. 1 广安门外篇》
编 写 组

总 策 划 艾 丽 连玉明 朱颖慧

主 编 连玉明

执行主编 朱颖慧

副 主 编 焦 扬 吴 佳 武建忠 高继龙

核心研究人员 连玉明 朱颖慧 焦 扬 武建忠 高继龙 吴 佳 张 涛 朱永明 姜思宇 黄婉秋 陈盈瑾 陈 曦 刘 岩 吕小林 赵 昆 孟芳芳

主编简介

连玉明 著名城市专家，教授、博士，北京国际城市发展研究院院长，北京市人民政府专家咨询委员会委员，北京市社会科学界联合会副主席，北京市哲学社会科学京津冀协同发展研究基地理事长、首席专家，基于大数据的城市科学研究北京市重点实验室主任，大数据战略重点实验室主任，北京市社会发展研究中心理事长。

研究领域为城市学、决策学和社会学。近年来致力于大数据战略和生态文明理论及实践研究。主编《社会管理蓝皮书：中国社会管理创新报告》(2012/2013/2014)、《贵阳蓝皮书：贵阳城市创新发展报告》等专著60余部。主持编制了北京市西城区、朝阳区、门头沟区和贵州省贵阳市“十三五”社会治理专项规划。

摘 要

基层治则国家治。街道在城市和国家治理体系中处于基础性的地位。在北京市落实首都新定位、建设国际一流的和谐宜居之都的历史进程中，西城区任务艰巨，使命光荣。近年来，西城区围绕做好“四个服务”，坚持“抓街道、街道抓”，深入推进区域发展转型和管理转型，不断深化街道社区管理体制改革，落实街道加强区域党建、统筹辖区治理、组织综合执法、指导社区建设等职能；15 个街道立足自身优势，融入发展大局，积极探索首都基层治理体系和治理能力现代化之路，其丰富实践为首都城市治理创新提供了鲜活的经验，具有重要的借鉴意义和理论价值。

《北京街道发展报告 No. 1 广安门外篇》在全面梳理广外地区近年来发展和治理成绩的基础上，以破解发展难题、创新发展思路为导向，对广安门外街道推进城市精细化管理、引导马连道街区发展转型、流动人口服务管理、老旧小区物业管理、社区规范化建设、社区自治体制机制改革等方面进行了综合分析，总结了“网格化社会服务管理体系”“联合党支部‘四联工作法’”“社区公益项目申请制”“五星级和谐社区创建模式”等典型经验。

在此基础上，本书认为，作为“中国茶叶第一街”所在地的广外地区应按照“国际一流的和谐宜居之都”的建设标准，坚持精细化管理、人性化服务、多元化参与、信息化支撑、持续性改善的“精益治理”理念，以疏解非首都功能、提升地区治理效能、提升城市管理和服务品质、提升社会文明程度为发展维度，着力构建与首都城市战略定位要求相适应的基层治理体系，共同创造城市美好生活。

Abstract

Well-governed localities give rise to a well-governed country Sub-district holds a foundational position in a city and country's governance system. In the historical process of implementing Beijing's new positioning as the nation's capital and building a world-class harmonious and livable city, Xicheng District takes on monumental tasks and glorious mission. In recent years, Xicheng District centering on the principles of "Four Services" and "Governing street, self-governance," has pressed ahead with regional development and management transformation, deepened reform on sub-district community management system, implemented Party construction and coordinated governance at the sub-district level, organized comprehensive law enforcement, and provided guidance to community construction. 15 sub-districts based on their own advantages have integrated into the grand development framework, proactively exploring the path of achieving the modernization of grassroots governance system and governance capacity, as its rich practice has provided fresh experience in urban governance innovation for Beijing. These experiences carry great value of reference and theoretic significance.

The Development of Beijing's Sub-district Offices No. 1: Guang'anmenwai Chapter, on the basis of sifting through achievements of development and governance in recent years, and led by the motives of overcoming development challenges and charting innovative development course, conducts inclusive analysis encompassing advancing refined urban management of , guiding the development transition of Maliandao neighborhood community, migrant population service management, old residential neighborhood management, construction of regulated community and reform of community self-governance system. It generalizes typical experience in networked social service system, "four-liaison" working method under joint Party branch organ, application system of community public-interest projects, and pilot model of "Five-star harmonious community."

On the basis, the report concludes that as place where the premier street of tea in China is located, Guang'anmenwai sub-district should in accordance with construction standard for world-class harmonious and livable city adhere to refined management, humanized service, diverse participation, and streamlined governance concept in quest for continuous improvement with the support of informatization to relief non-capital functions, enhance governance effectiveness and service quality, raise social civilization as development dimension, forge grassroots governance system in tandem with Beijing's strategic positioning, and create beautiful city life together.

目　录

代前言　服务型政府建设需要创新思路和模式 …………………………… 001

Ⅰ　总报告

B.1　以“精益治理”推动“五个广外”建设 …………………………… 001
　　一　广外地区是北京建城建都的肇始之地 …………………………… 002
　　二　完善“精益治理”理念，提升地区发展实力 …………………… 005
　　三　落实首都新定位背景下广外治理新思维 ………………………… 016
　　四　深化“精益治理”，统筹推进“五个广外”建设 ……………… 026

Ⅱ　数据报告

B.2　广外街道基于工作人口的地区公共服务问卷调查报告 ……………… 037
B.3　广外街道基于社区居民的地区公共服务问卷调查报告 ……………… 057

Ⅲ　理论报告

B.4　精细化管理助推城市和谐发展
　　——以西城区广安门外街道为例 …………………………………… 070
B.5　关于基层网格化管理的研究
　　——以广外街道为例 ………………………………………………… 088

Ⅳ 调研报告

B.6 关于非首都功能疏解背景下马连道转型发展的调研报告………… 102
B.7 广外街道流动人口服务与管理的调研与思考……………………… 117
B.8 关于广外街道建立物业管理协调机制破解老旧小区
管理难题的调研报告……………………………………………… 129
B.9 关于广外街道五星级和谐社区指标体系的研究…………………… 138
B.10 关于广外街道社区规范化建设的调研报告 ……………………… 156

Ⅴ 案例报告

B.11 广外街道：联合党支部“四联”工作法推动老旧小区综合整治
…………………………………………………………………………… 169
B.12 广外街道建立项目申请制确保民生项目建设实效 ………………… 179
B.13 广外街道因地制宜探索军民融合特色发展之路 …………………… 190
B.14 从广外街道“1+6+29”养老模式看社区服务的
社会化发展 ……………………………………………………… 198
B.15 广外街道探索建立社区自治机制
——以“五位一体”协商共建机制和自治组织
“睦邻坊”为例 ………………………………………… 212
B.16 广外街道社区矫正和安置帮教工作现状与发展路径探析 ……… 223
B.17 广外街道“四社联动”创新社区治理和服务 ……………………… 235
B.18 广外街道区域化党建的实践与探索 ……………………………… 245

皮书数据库阅读**使用指南**

CONTENTS

Foreword　Service-oriented Government Building Needs Innovative Ideas and Modes / 001

Ⅰ　General Report

B.1　Promoting "Five Guang'anmenwais" Building through "Lean Governance" / 001

1. Guang'anmenwai is the First Place for Beijing to Establish a City/Capital / 002

2. Improve "Lean Governance" Concept and Enhance Regional Development Stength / 005

3. New Governance Thoughts of Guang'anmenwai against the Backdrop of Implementing New Positioning of the Capital / 016

4. Deepen "Lean Governance" and Promote "Five Guang'anmenwais" Building in a Coordinated Way / 026

Ⅱ　Data Reports

B.2　Regional Public Service Questionnaire Survey Report for Guang'anmenwai Sub-district on the Basis of Working Population / 037

B.3 Regional Public Service Questionnaire Survey Report for Guang'anmenwai Sub-district on the Basis of Community Residents / 057

Ⅲ Theory Reports

B.4 Boosting Harmonious Urban Development through Delicacy Management Taking Guang'anmenwai Sub-district, Xicheng District as an Example / 070

B.5 Study of Grid Grass-root Management: Taking Guang'anmenwai Sub-district as an Example / 088

Ⅳ Survey Reports

B.6 Survey Report on Maliandao Transformation in the Context of Non-capital Function Relief / 102

B.7 Survey and Reflection of Service and Management of Floating Population by Guang'anmenwai Sub-district / 117

B.8 Survey Report of Old Community Property Management Coordination Mechanism of Guang'anmenwai Sub-district / 129

B.9 Study of Indicator System of Five-star Harmonious Communities in Guang'anmenwai Sub-district / 138

B.10 Survey Report on Standardized Community Building by Guang'anmenwai Sub-district / 156

Ⅴ Case Reports

B.11 Guang'anmenwai Sub-district: Promoting Comprehensive Rectification of Old Communities through "Four-Liaison" Working Method of the Joint Party Branch / 169

B.12 Establishing the Project Application System by Guang'anmenwai Sub-district to Ensure People's Livelihood Projects Deliver Results / 179

B.13 Exploration of Army-people Integration Development Path by Guang'anmenwai Sub-district in the Light of Actual Conditions / 190

B.14 Viewing Socialized Development of Community Services from the Perspective of "1+6+29" Senior Care Mode of Guang'anmenwai Sub-district / 198

B.15 Exploration of Guang'anmenwai in Building the Community Self-governance Mechanism:Taking "Five-in-one" Negotiatory and Joint Building Mechanism and Self-governed Organization "Good Neighbour" as an Example / 212

B.16 Status Quo and Development Path Exploration of Community Correction, Resettlement, Assistance and Education by Guang'anmenwai Sub-district / 223

B.17 Innovative Community Governance and Service by Guang'anmenwai Sub-district through "Linkage of Community, Social Worker, Social Organization and Community Volunteer" / 235

B.18 Practice and Exploration of Guang'anmenwai Sub-district in Regional Party Building / 245

代前言
服务型政府建设需要创新思路和模式

王其志*

一　建设服务型政府要有明确的职责边界

党的十八大报告提出了推进政府职能转变的工作目标，即“建设职能科学的全新人民满意型政府”。建设服务型政府是体现党执政为民、构建和谐社会的必然要求。这项工程系统而又艰巨，必须创新政府理念，坚持深化改革，转变治理模式。其中，一个核心的问题，就是厘清政府与市场、政府与社会的边界，将社会和市场能办的事交给社会和市场办，加快转变政府职能。总的思路是，进一步明确市场与政府边界、理顺部门职责关系，“加快形成权界清晰、分工合理、权责一致、运转高效、法治保障的政府职能体系”。①

举一个例子，广安门外街道跟丰台区交界的地方，有一个卖活物的市场，2015 年广外街道组织了四五次联合执法，都没能彻底清除。工商、城管、卫监、食药四家，谁都管不了。其中，工商部门说，工商只能管到有正式房屋产权的房子里，没有营业执照的，工商来管，没有正式产权的，违建或者是私搭乱建的，工商就管不了。城管部门说，店外的城管可以管，对于活物，城管是管不了的。食药部门说，这个事也不归食药部门管，因为是活物，如果是蔬菜，或者是猪肉，检疫食药部门就可以管。卫监部门说，卫监

* 王其志，时任中共北京市西城区委广安门外街道工作委员会书记。

① 2013 年 3 月 20 日召开的国务院第一次全体会议通过的《国务院工作规则》。

也管不了，要想管，必须把动物送到卫监部门进行有没有禽流感之类的鉴定。而作为牵头的综治部门则说，都有法可依，但最后的结果实际上就是谁都不归谁管，各自的职责很不明确。

由此看来，行政边界不清晰的时候会造成两种结果：第一种结果，政府做了政府不该做的事；第二种结果，政府觉得这个事该做，但是不知道该怎么做。实际情况是，要么没人管，要么管得太多，边界模糊，在基层常常会遇到这种尴尬的事情。有鉴于此，广外街道不再采取联合执法的办法，而是采取分段执法。对于城管部门来说，只要认定经营者的房子是不是违章建筑，别的不用管；如果认定是正式房，工商部门再去查验证照，没照按无照处理，别的不用管；如果认定是违章建筑，城管部门负责启动程序拆除；同时，通过公安部门检查经营者的身份。在基层，只能采取这样的办法来解决问题。

同时，政府服务体系也要有一个边界。什么是好服务？一对一贴身服务，那是最好的，但是政府能做到吗？实际运作中很难做到，所以要有一个边界。否则的话，政府只能无限制地增加人员。以前，街道办事处有7～10人，管现在这么多事。现在事情确实比以前多了，政府的事越管越多，因此造成了政府人员（配备）越来越不够，大家还都觉得挺累、挺忙且事还挺多，但老百姓仍然感到不太满意。所以，政府的服务一定要有边界。否则，服务的边界会越来越延伸，老百姓的满意度会越来越低，同时政府人员也会越来越多。如果划清了边界，政府会在边界之内把服务做到极致，这也是建设服务型政府的一个十分明确的方向和准则。

二　理顺基层服务管理中条和块的关系

工作就是开会、协调就是吵架、管理就是收费”，这是对街道工作的形容，其背后凸显的是基层条块关系紊乱的弊端，使得街道常常陷入“小马拉大车”的困境。特别是职责划分不清晰、条块之间相互扯皮的现象时有存在，“三个和尚没水吃”的问题困扰着基层干部。

社会治理，必须从基层工作抓起。作为最贴近群众的政府派出机构，街道负有基层管理和服务的兜底责任。但是街道的行政资源和管理权限与街道自身的职责不匹配、不协调，应该赋予街道更大的权力、更多的资源，以适应当前社会治理的需求，重构条块关系，重设游戏规则。

事实上，“条”和“块”属于行政专业术语，就街道辖区来说，街道办事处是“块”，而街道辖区的城管、派出所、交警等是上级职能部门派驻的机构，属于“条”。对于居民而言，“条”“块”都是政府机构。但从行政运行的基本层面来说，两者之间存在很大的差异。许多的行政执法与专业管理的资源和权力被“条”拥有，“块”并不掌握。考核“条”的“指挥棒”握在谁的手中，自然就听谁的话。“条”由上级垂直部门来考核，属于“块”的街道没有权力考核“条”。当“块”指挥不动“条”、“条”不能融进“块”时，居民找不到解决问题的管理部门、政府部门间相互推卸责任的情况就会出现。

实际上，政府的权力都在“条”上。广外 5.49 平方公里内发生的任何一件事情，在“条”上都能找到管理部门。比如，广外的草坪秃了是园林的事，电线杆倒了、井盖丢了是市政的事，店外经营是城管的事，店内卖东西卖错了是工商的事。按照规定，这种行政设置应该是由街道办事处来监督它们，给它们下单子。比如，街道垃圾没人扫，就可以把单子直接下到环卫部门。但是，由于各种各样的原因，属地管理这个词总被提及。也就是说，在街道地面上发生的事，办事处就必须管好，但目前街道没有被赋予这个权力，就造成了这样一种尴尬的局面。因此，在现阶段，有必要把街道做大做强，其实这也是无奈之举，因为解决不好“条”上的事，只能从“块”上来解决。关键是要把责和权都下放到街道，要给街道授权。其实，这个授权就是要理顺“条”“块”关系，清楚“条”和“块”各自承担哪些职责。借鉴简政放权的运行模式，尽快清理区级机关、街道的行政“权力清单”和“责任清单”。在制订街道机构改革方案时，梳理出条线职能部门与街道“条”“块”协同的职责事项，并建立“条”“块”管理的清单制度。

三 百姓“点菜”下单，政府“端菜”服务

建设服务型政府，出发点和落脚点都是让人民群众有更多的获得感。从这个角度看，街道的服务工作理应做到“人民有所呼，改革有所应”，着力推进街道基层重点领域和关键环节改革，消除影响群众权益的固化障碍，让百姓享有看得见、摸得着、获得到的红利。

政府的行政行为和老百姓的意愿能够达到完美统一，这是最好的，政府的行为要征求老百姓的意见。这就要求，基层街道做好服务，不能只考虑数量，而不注重质量，要研究分析居民需求，增强百姓点菜、政府服务的意识，通过制度化安排解决基层服务动力不足的问题。在实践中，街道应定制“菜单服务”，广泛听取群众的需求，建立“以需定供、从下到上”的交互式、菜单式服务方式，促进公共服务供给与人民群众现实需求有效对接，破解需求与供给之间相互脱节的症结，将选择权交给民众，通过调研问卷、网络选购等方式让群众自主选择公共服务产品，推动政府进一步以民意化的方式科学合理地配置公共服务资源。

当前，街道办事处要从我要怎么样转变为老百姓想怎么样，这样政府的工作才好做。但过去政府的服务总是一厢情愿，老百姓家缺酱油了，政府却送一桶醋，老百姓说我家有酱油，没有醋了，政府却送一桶酱油，老百姓当然不愿意了。比如，广外大街有 3 栋简易楼，共计 144 户，老百姓反复找街道办事处反映，地铁 7 号线施工把小区的楼弄坏了，希望政府管一下。街道办事处拟定了两种方案：第一种方案，居民搬出去，政府进行抗震加固，修好后居民再回来；第二种方案，居民搬走，按照拆迁政策处理。后来，居民选择搬走。于是，街道办向区政府打报告，目前这个问题基本已解决，居民也比较满意。总之，政府的决策如果是未经过老百姓同意的决策，最后的结果就是老百姓不见得满意，这是建设服务型政府的关键所在。

四　依法治理提升公信力，让百姓信任政府

党的十八届四中全会将“深入推进依法行政，加快建设法治政府”作为全面推进依法治国的重大任务之一，被视为政府行政行为的整体规范，突出了中国共产党用法制保障改革的决心。实践证明，在政府行政工作中，依法行政是依法治国基本方略的具体落实和关键所在，直接关系到人民群众的切身利益，以及党和政府的公信力。习近平总书记指出，“各级领导干部要提高运用法治思维和法治方式深化改革、推动发展、化解矛盾、维护稳定能力，努力推动形成办事依法、遇事找法、解决问题用法、化解矛盾靠法的良好法治环境，在法治轨道上推动各项工作”。[①] 同样，依法行政也对基层街道提出了比较高的要求，必须在实践中加以体现，以此充分获得群众的赞同。

一个依法行政、廉洁高效的政府是群众所期盼的，做到这些，群众才会拥护。但与依法治国的目标和要求相比，目前依法行政还存在一些问题，诸如“轻作为”“不作为”“乱作为”等现象。因此，进一步推进依法行政，建设法治政府，必须加快转变政府职能，推进行政职权配置法治化。建立健全严密规范的行政责任制、过错追究制，切实提高政府公信力。

政府的公信力是通过什么建立起来的，是通过一点一滴积累起来的，政府是绝对不能说假话的，这个事错了，就要承认，对了就不要被舆论所左右，让人觉得政府是言出必行的，一定要兑现政府的承诺，只要是正式场合说的，都应该兑现承诺，也就是说政府的公信力就是在一点一滴的行政行为当中。

实际上，解决基层矛盾的时候，作为政府来讲，是一定要有智慧的，不能采取简单的办法，应该建立法治型政府。依法行政的前提有两个：一个是政府要依法行政，另一个是老百姓要有法律意识。有了守法这种意识，老百

① 2012 年 12 月 4 日习近平在首都各界纪念现行宪法公布施行 30 周年大会上的讲话。

姓除了用法律维护自身的合法权益以外，也不会跳出自己的权利边界做一些违法或者是违规的事，这是双方面的。政府依法行政，除了要限制自己的权力以外，也一定要做到把权力用足。不该政府做的不要做，该政府做的必须做。依法行政有一个相对面，政府的相对人也要守法，但是现在社会在发展，老百姓的法治观念这几年极其淡薄。其实主要原因是违法成本低，政府执法的成本很高。比如，老百姓花一万元建违章建筑，政府拆违章建筑需要花两万元，路面上的违章建筑好拆，楼顶上那种违章建筑，拆不了，成本太高。

五　社会组织的服务是对政府服务的必要补充

长期以来，政府以“主角”身份提供公共服务，对提高公共资源配置水平起着重要作用。但是随着经济的快速发展，人们不断加大对公共服务的需求，提高对公共服务供给质量和效率的要求，政府完全提供公共服务就会产生“失灵”现象。

服务型政府，对老百姓应该是有求必应，但要划一个边界，行政以外的给老百姓提供的服务就应通过社会组织，这是对政府行政行为必要的补充。从大的范围来讲，政府购买社会组织的服务，并提供给老百姓，这也是服务型政府的体现，但是行政一定要有边界，边界以外的就交给社会组织来做。所以，做好服务型政府很重要的一点，就是一定要培育和发展社会组织，让社会组织协助政府一起给老百姓提供服务。因此，社会组织在政府转型的过程中，应该扮演一个很重要的角色，并且是一个趋势。2015 年，要把广外地区的服务型组织都培养起来，做一个社会组织的孵化器。目前，社会组织更多的是限于提供文化类服务，即唱歌跳舞、写字画画这种，真正提供服务的太少了。社会组织趋同，服务类别很单一，下一步应使其更加丰富，各方面都要有，能够解决更多的事情，如养老、咨询、法律援助等都应该有，一个地区社会组织的门类越丰富，提供给老百姓的服务就越好。

今后，在管理体制改革方面，应探索“小政府、大社会、大服务”，将政府部分职能转移给社会组织，并坚持公开、公正、公平的原则，采取竞争性方式选择合适的社会组织来承接政府购买服务，实现“多中选优、选最佳”。一是明确购买的服务项目。公共服务性质不同，要从本质上认清自己的职责，明确具体服务项目必须由政府直接提供或购买提供，并拿出一些能转给社会组织做且能做好的公共服务项目，纳入政府采购范围，交给社会组织去做。目前，政府可以逐步从社会组织购买一些直接面对困难群体、社会需求量大、公益性强的服务项目，包括教育服务、公共卫生服务、公共文化体育服务、社区养老服务、法律服务、公共就业服务等。二是培育更多的经得起市场考验的社会化服务组织，发挥社会组织服务中心的基地作用，以购买服务重点领域为导向，培育劳务类、技术类、公益类社会组织。同时要建立社会组织遴选淘汰机制，通过监督管理和评估对社会组织进行动态管理，优胜劣汰。三是建立健全监管机制。政府向社会组织购买服务并不意味着政府放弃管理责任。负有管理责任的政府部门要在购买服务后履行监督职责，由专门的部门对购买服务项目进行统一管理，加强对质量、效果的监督和指导，形成协调配合、职责到位、违法必究的监督和管理机制。四是建立和完善考核评估机制。针对政府转移委托服务项目的社会组织，需要组织力量对完成的服务项目进行质量和效果的检查评估，形成考核评估报告，并依据考核评估的结果来处置履约保证金和支付项目余额。要由审计、财政、人事、监察、采购中心等部门及相关专家组成的项目评估委员会对主要项目实施情况进行考核、评估。

六　政府服务既要面对面，也要背对背

做老百姓的工作也应该随着时代的变化而变化，原先政府做工作是面对面的做，现在可以背对背的做了。

互联网正在深刻地改变着政府的治理模式和服务方式，促进政府不断创新公共服务机制。互联网的繁荣发展，使得政府所提供的公共服务手段更加多样、内容更加丰富，公众所获得的公共服务实效更强、质量更优，大大拓展了公众参与政府治理的渠道。现在，都讲互联网思维下经济向哪个方向发

展，以后商铺不值钱了，不需要商铺，包括饭店，以前是体验，要到饭店去体验、去吃，现在不需要了，直接通过配送就可以完成。开一个饭店都不需要有一个店面，直接在家就能够做好，只要有很强大的配送体系就行。这种互联网思维下，政府做老百姓的工作也需要转变思路。

“互联网 +” 作为一个热门的关键词。目前各行各业为了创新和营造新前景，都在朝着“互联网 +”的方向发展。事实上，政府公共服务也需要有更多的“互联网 +”，可以通过网上办的工作就在网上办，可以提高的工作效率就尽力提高，可以节省的办事成本就一律减免。“互联网 +” 是思维的一个进步，同时也是公共服务的一个转型。“互联网 +” 给政府信息化拓展了空间和机遇，政府部门要扩展服务范畴，充分发挥互联网的作用，实现智慧民生。通过“互联网 + 政府”，提高政府为民服务的质量和效率。

以前，社区民警、社区书记可能要做到家家户户都清楚，现在不需要了，能了解 50% 就好了，50% 达不到，30% 行不行，能达到 30% 也是好事，但还是要强调，在新形势下做老百姓的工作、了解老百姓的情况要有新的手段。因此，政府管理服务必须充分运用“互联网 +” 的思维，持续改革和创新。街道可以通过政务微博、微信等新媒体平台，快速了解群众诉求，尝试建立手机 APP，开设政民互动专栏，进一步拓宽政府倾听民意的渠道。

与此同时，老的传统也需要，如全响应，这是机器对人，不是人对人。老百姓说一个什么事，政府给老百姓解决，这是机器对人、系统对人。一定代替不了人对人，因为人是有血有肉的，所以人对人的社会工作到什么时候都是不能丢的，网络只是政府工作的一个辅助。真正的人对人，就得做实工作。有时候经常说进不去门，或者说都是外地人，外地人只要在北京买房安家了，就说明对北京是认同的，他不认同不会到这里，既然认同了，就要有归属感，政府要主动去找他，而不是他去找政府，因为政府是主人。像广外街道的莲花河社区，虽然很多人都不是北京的原住，但现在慢慢融入这个社区当中了，其户口可能不是北京户口，但他对这个社区是有认同的，他会积极参加社区活动。现在很多外地人在广外地区居住，街道把工作做到位了，让外地人在广外有了认同感和归属感。

总 报 告

General Report

B.1

以“精益治理”推动“五个广外”建设

摘　要：广外街道地处西城、丰台、海淀三区交界，靠近北京西客站，是“中国茶叶第一街”马连道茶城所在地，既有首都功能核心区街道的全部属性，又有部分城乡结合部新兴地区街道的特点，是北京市西城区一个十分特殊的街道。在落实北京新定位、全面建设国际一流和谐宜居之都的今天，广外地区的发展需要转型，广外地区的治理也需要转型。本文在全面梳理广外地区治理成绩的基础上，深入分析新形势下广外地区发展和治理的新特点，指出新时期广外地区治理要继续深化“精益治理”理念，把握好建设国际一流和谐宜居之都的标准，聚焦区域发展转型和管理转型，统筹推进“宜居、和谐、平安、现代、效能”五个广外建设的新思路，并提出相应的政策建议。

关键词：精益治理　宜居　和谐　平安　现代　效能　广外街道

一 广外地区是北京建城建都的肇始之地

广安门外街道（以下简称“广外街道”）位于西城区的西南部。东以西护城河中心线分界，与广内、牛街、白纸坊街道相望；西以马连道北路、西客站南路一线与丰台区的太平桥街道和卢沟桥乡交界；南以鸭子桥路及原东西向铁路专用线为界；北沿莲花池东路一线，东与月坛街道、西与海淀区羊坊店街道交界。有两条过境河流，莲花河流经地区中央，境内流长2570米；西护城河流经该地区东侧，境内流长2640米。京九线自北向南穿辖区而过。

广外地区历史悠久，是北京建城建都的肇始之地。北京3000多年的建城史和850多年的建都史均开始于今广安门一带。公元前1000多年周武王灭商，北京地区开始有行政建制，封“帝尧之后于蓟”①，蓟，即今广安门一带。春秋时属燕国，公元前657年燕襄王迁都蓟城。隋唐时属幽州，辽会同元年（938年）将幽州改为南京，定为陪都，广安门地区属南京道析津府。金贞元元年（1153年）海凌王完颜亮从上京（今黑龙江省阿城县）正式迁都燕京，称金中都②，开始建设金中都太液池。元朝时广安门地区为大都郊野。明朝时为外城一部分，筑广宁门。清道光元年（1821年）改称广宁门为广安门。今广安门街道辖区内滨河公园内建有蓟城纪念柱和建都纪念阙，现存古迹三处：天宁寺、金中都太液池遗址和大慈观音寺，其中被授予全国重点文物保护单位的天宁寺塔是现在北京最古老的建筑，金中都太液池遗址被授予北京市重点文物保护单位。

1949年北平和平解放，设广安门街政府，先后属北平市第25区、15区、12区（丰台区前身）和8区（宣武区前身），1954年设广安门外街道，

---

① 《史记 · 周本纪》。

② 金朝共三个都城：上京会宁府（今黑龙江阿城东南）是金朝第一个都城，完颜阿骨打于1115年建；1153年海陵王完颜亮迁都燕京（今北京西南），是金朝第二个都城，称金中都；金朝第八位皇帝宣宗完颜珣于1214年迁都南京（今河南开封）。

1960 年改广安门外公社，1978 年复置（见图 1）。1996 年，面积 3.4 平方千米，人口 8.7 万人，辖鸭子桥、南滨河、南新里、能源部、小马厂西里、天

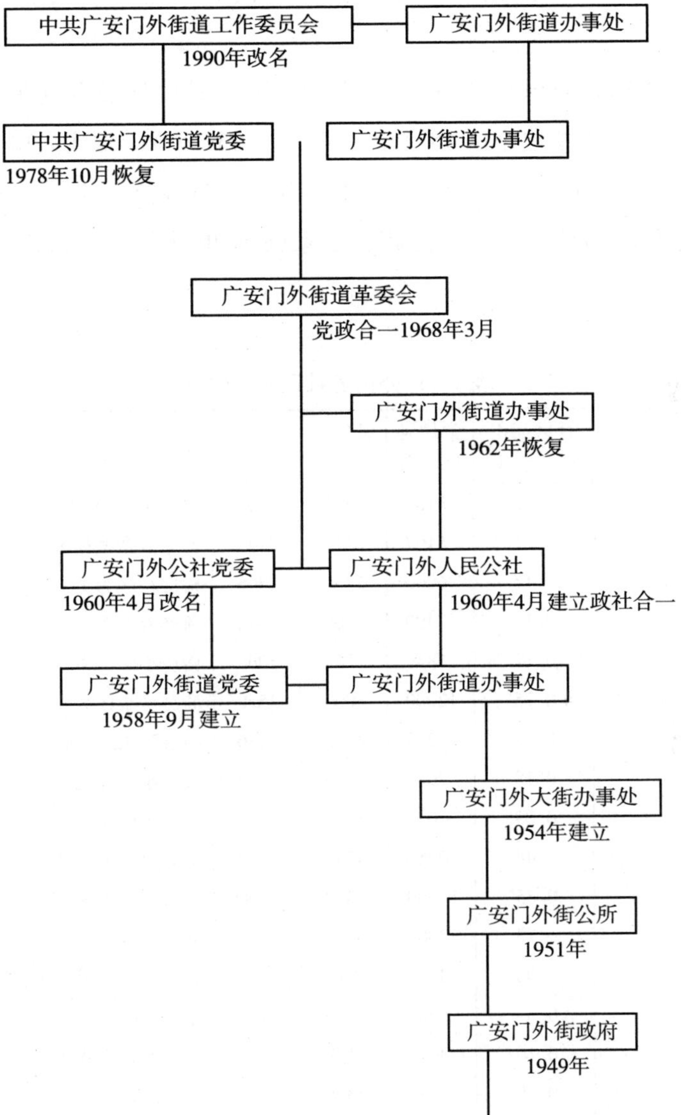

图 1　广安门外街道党、政机构沿革示意图（1947 ~ 1994 年）

宁寺西里等75个居（家）委会。2006年原北京市宣武区政府调整街道管辖范围，面积扩大至5.49平方千米，常住人口12.2万人。2010年北京市调整行政区划，广安门外街道属北京市西城区管辖，辖区范围、人口不变。

广外街道辖区面积5.49平方公里，辖30个社区居委会（见表1），299个居民小区（其中新建小区48个，老旧小区251个），常住人口18.6万人，其中户籍人口11.3万人，流动人口4.8万人。有汉族、满族、回族、蒙古族、维吾尔族、藏族、壮族、苗族、土家族等40个民族，汉族约占人口总数的96%。

表1　广外街道社区基本情况

社区简称	社区面积（平方公里）	常住居民人数	常住居民户数	户籍户数	特点
白菜湾社区	0.22	7182	2791	2595	老旧小区为主
车站东街社区	0.11	5107	2115	2145	新老混合型社区
车站西街15号院社区	0.17	6000	2350	2395	楼房小区为主
车站西街社区	0.15	7400	2700	2600	新老混合型社区
椿树馆社区	0.12	5849	2268	1966	楼房小区为主
蝶翠华庭社区	0.25	12000	5000	3520	商品房小区为主
红居街社区	0.18	9273	4522	4236	经济适用房、回迁楼和商品房组成
红居南街社区	0.18	7000	2860	2802	楼房小区为主
红莲北里社区	0.09	4028	1544	1583	楼房小区为主
红莲南里社区	0.44	10050	4243	4809	新老混合型社区
红莲中里社区	0.35	13000	5010	7600	楼房小区为主
朗琴园社区	0.13	7082	3130	3134	楼房小区为主
乐城社区	0.06	4588	1710	2381	新建经济适用房小区为主
莲花河社区	0.34	5580	2280	1328	楼房小区为主
马连道社区	0.10	3670	1389	2034	新老混合型社区
马连道中里社区	0.09	5492	2668	2668	新老混合型社区
青年湖社区	0.15	4790	1916	1664	混合型社区
荣丰社区	0.10	12142	2436	5740	商品房小区
三义东里社区	0.14	6253	2120	2120	新老混合型社区

续表

社区简称	社区面积（平方公里）	常住居民人数	常住居民户数	户籍户数	特点
三义里社区	0.08	3362	1570	1501	半封闭老旧社区
手帕口北街社区	0.21	8831	2416	2020	混合型社区
手帕口南街社区	0.28	2876	1113	1113	老旧小区为主
天宁寺北里社区	0.25	6517	2870	2545	老旧小区为主
二热社区	0.19	3813	1451	1233	宿舍区
天宁寺南里社区	0.16	5189	2339	2186	老旧小区为主
湾子街社区	0.43	17906	6312	6312	楼房小区为主
小马厂社区	0.22	10120	3458	5003	新老混合型社区
鸭子桥社区	0.25	5786	2506	2506	楼房小区为主
依莲轩社区	0.09	4520	2253	2536	楼房小区为主
中新佳园社区					商品房小区为主

二　完善“精益治理”理念，提升地区发展实力

近年来，广外街道紧紧围绕建设“活力、魅力、和谐”新西城的奋斗目标，不断完善“精益治理”理念，以党建工作为引领，以居民需求为导向，以群众满意为标准，积极创新群众工作方式方法，努力探索完善基层社会服务管理模式，大力提升城市功能和品质，地区各项事业发展取得了显著成效。

（一）优化发展环境，有力推动区域经济转型发展

以规划引导发展，积极推动马连道经济转型。一是逐步完善地区规划体系。充分利用第三次全国经济普查的统计数据，街道与马连道建设指挥部共同完成广外地区“一总三分”规划编制工作，进一步明确地区发展定位，积极应对复杂严峻的经济形势，统筹部署、协同推进广外地区经济发展，为今后地区经济又好又快可持续发展奠定坚实的基础。二是稳步提升特色街区影响力。坚持以品牌带动发展，研发启用“马连道中国茶叶第一街”官方

微信平台、与电子商务企业——京东商城联合打造“网络马连道”茶叶交易平台，不断探索、拓展网络宣传阵地，提升街区影响力。以北京“两展一节”（即：“北京国际茶业展”“2014 年北京马连道国际茶文化展”“第 22 届信阳国际茶文化节北京活动周”）、“宁波茶文化节”和“‘9·8’夏洽会”等活动为载体，组织、引导马连道茶企及地区茶叶协会，开展茶文化论坛、品牌推介等宣传活动。马连道茶叶街被联合国环境规划基金会、中国环境保护协会授予“2014 绿色中国环保杰出绿色产业街区”荣誉称号。三是不断优化服务环境。坚持以服务促进发展，街道开展领导班子成员联系企业“大走访”活动，及时了解掌握重点企业经营发展状况，有针对性地做好服务保障工作，2014 年共向 15 家重点纳税企业发放奖励资金 207 万元。注重加强与税务部门的沟通与联系，做好护税工作，基本实现在存量中求增量。

以创新提升管理，积极推动马连道管理转型。针对马连道茶城的发展现状，广外街道坚持“党建引领、政府搭台、协会协同、企业参与”的社会服务管理思路，积极推动地区管理向地区治理方向转型，大大提升了马连道特色街区社会服务管理水平。一是构建“七站合一”的综合服务平台。街道以马连道社会服务管理中心（类似于楼宇工作站）为平台，实施社会服务管理。该中心在街道工委、办事处领导下，依托公共服务部门、社会组织和地区资源，为马连道特色街企业和员工建立了党建、社会、工会、青年、妇女、统战、双拥“七站合一”的综合服务平台，免费为企业职工提供政策咨询、政务服务、党建指导、接转关系、学习培训、工团建设、法律援助、妇女保护、公共安全、文化体育、计生服务、公益慈善、志愿服务、联谊活动等 18 类 77 项服务，在联系政府、服务企业中发挥了积极作用，成为联系政府的桥梁、社会服务的平台、服务企业的窗口、职工活动的驿站。同时还成立马连道流动人口计生协会，加强流动人口计生服务管理；建立马连道流动人口交通安全委员会，针对流动人口司机开展交通安全宣传教育和服务管理；成立马连道茶叶街劳动纠纷调解委员会，处理特色街的劳动用工纠纷；打造马连道双拥示范一条街，探索新时期民营企业参与双拥共建工作的新路子。二是充分发挥协会商会作用。协会建设是马连道服务管理工作的一大特色，在日常的服务管理中起到非常积极的作用。马连道茶叶一条街目前共有各类协会、商会13个。针对协会与商会地域性和行业性强、内部之间容易沟通的特点，为了加强对协会、商会会长的培养和管理，并发挥其在自律、诚信及服务管理特别是流动人口等事务中的作用，强化协会、商会的内部管理，促进马连道街区的整体管理，在街道工委、办事处领导下成立了马连道茶业协会。该协会在街道的指导下开展工作，是政府联系茶商的桥梁。在马连道茶业协会人员组成中，各协会、商会的会长为马连道茶业协会的副会长，各协会、商会的秘书长为马连道茶业协会的副秘书长。马连道茶业协会组织协会成员单位开展参观考察、座谈研讨及诚信自律、品牌推展等活动，有效地将全地区3000多家茶商组织起来，为推进其他的服务管理，贯彻落实各项要求奠定了基础。三是打造马连道特色街区域化党建示范带。商业街区本身是一个综合性的生态系统，建立街区良好的政民、企民关系是题中应有之义。街道工委成立街区区域化党建协调委员会，建立马连道街区党总支，探索在各协会商会中建立党组织、成立非公党支部书记工作室等，将街区范围内的7个社区党组织、国有企业党组织、非公党组织、协会党组织、其他单位党组织都纳入进来，加强服务型党组织建设，加强区域的互动与协调，形成整体的街区区域化党建高地，以此为引领，推进街区的其他工作，提升特色街区服务管理水平。

（二）优化城市环境，地区承载能力得以充分提升

人口调控疏解不断加强。广外街道是西城区常住人口最多的地区，面临着较大的人口资源环境压力。要实现地区环境优美、服务优质、发展持续，做好人口疏解是前提。广外街道把人口疏解当作一项基础性工作，从落实街区功能定位、调控资源配置、加强规划引导等方面入手，把“以业控人”“以房管人”“以证管人”与拆除违法建设、清理地下空间、治理群租房、人口抽样调查、流动人员适龄儿童入学审批等工作有机结合，取得了良好的效果。一是强化领导，明确责任。成立街道党政主要领导挂帅的专项工作

组，街道副职领导结合各自分管工作、联系相关科室（部门）和社区，分别负责治理群租房、整治地下空间、拆违撤市、“七小”单位整治、户籍人口管控等方面的调控疏解工作，并逐级签定《目标责任书》，做到层层有任务、人人有责任。二是健全制度，强化落实。制定实施《人口调控措施办法》，健全目标考核指标体系，强化双向考评、奖惩挂钩。结合人口数量指标随时产生动态变化的特殊性，建立完善了领导班子、科站队所、社区等多层面会商制度。每周一次科室、社区调度会，便于了解工作进度；每月一次领导班子分析会，便于分析、解决难点问题；每季度一次阶段性小结会，便于总结成果和推广好的经验做法，促进街道人口调控疏解工作整体推进。三是抓住重点，强化基础。在工作中坚持以清除违法经营、居住空间为重点来带动人口疏解，下大力气对流管平台上的流动人口情况、普通地下室、人防工程、群租房等进行摸底核实，建立台账，严格执行《暂住证》办理的相关审批手续，并把违规地下空间、群租房、违法建设等不宜居住且存在安全隐患的地点列入“黑名单”，对凡是租住在“黑名单”里的外来人口，一律不予办理《暂住证》，收紧了“入口”。四是创新方法，强化监督。依托信息化手段，研制启用了广外街道人口疏解台账查询系统，有效堵塞了流动人口在本街道30个社区内相互流动而不掌握情况的漏洞，实现了对区域内流动人口的实时动态监测。各社区在上报人口疏解数据后，街道对数据进行汇总分析，“量化上墙”，形成街道整体进度汇总表。街道定期通过例会、通报等方式，小结近期工作开展情况，对工作进展快的社区予以通报表扬，对工作进展慢的社区予以通报批评，并将此项工作的完成情况作为年度考评社区等次的重要指标要素，从而形成积极向上的氛围。2014年广外街道流动人口数（平台数）共计47324人，经调控疏解已减少8347人，其中，拆除违法建设疏解619人，地下空间整治疏解5234人，清理群租房疏解482人，整顿“七小”门店疏解78人，其他情况疏解1934人，辖区流动人口无序过快增长的势头基本得到遏制，初步达到预期效果。

城市病治理取得实效。结合《城市环境精细化管理台账》，针对手帕口南街82号院、丽源路等重点街区，突出无照经营、店外经营、堆物堆料、

“僵尸车”等“城市病”问题，发挥街道统筹作用，组织公安、城管、工商、食药等部门定期开展“治污、灭脏、治乱”等专项整治活动 80 余次，切实加大对地区脏乱点的整治力度，市容环境秩序得到持续改善，城市精细化管理 40 项问题逐一得到解决并初见成效。

表 2　广外街道 2014 年城市病治理主要成效

问题类型	主要治理成效
环境秩序类问题	清理“僵尸”车 51 辆，取缔废品收购点 12 个，取缔露天烧烤摊点 11 处，查扣黑摩的 244 辆，清运堆物堆料垃圾渣土 311 处
管理类问题	普查地下空间 614 处（其中，依法关停散租住人场所 71 处），整治群租房 304 处，完成小红庙、三义里 2 个精品社区和马连道南街精品大街创建工作
执法类问题	整顿安全生产“七小”场所 93 处，查处无照游商和店外经营 3400 余人次，暂扣用于非法经营的三轮车 500 余辆，清除非法设置的各类户外广告牌匾千余块，拆除私装地桩地锁 458 个，拔除主要道路废弃的电线杆 48 根
建设类问题	应回收公共资源 1 处（拆除莲花河社区菜站）
资源政策类问题	广安门外街道养老照料中心投入使用已配备床位 62 张，建设完成“四季阳光职康站”为辖区残疾人提供职康服务，办理非京籍子女入学“五证”审核工作 1200 人次

基础设施建设持续推进。推进完成三义里、小红庙两个老旧小区综合整治和红莲路等 23 条区级市政道路雨污水管线改造，完成白菜湾 17 号院等 48 栋老楼节能保温工程，改造面积 16.9 万平方米，受益居民 2503 户；推进天宁寺东里 4、5 号楼等 13 栋老楼抗震加固综合改造工程，改造面积达 31264.9 平方米，受益居民 654 户。全力做好广外大街 3 栋简易楼解危排险腾退工作，启动小马厂“平改立”和白纸坊西沿线等重点规划道路工程。推进马连道南街“精品大街”建设，完成道路绿化、牌匾广告规范工作。完成对车站西街 17 号院、15 号院、小马厂南里等 11 条小区道路翻修、雨污水管线改造和自行车棚更换新建工作，提升优化了小区的停车、绿化等环境秩序。持续关注各项环境建设项目进展情况，统筹协调，积极配合区相关部门，全力推进项目落地实施。认真做好市重点建设项目和区解危腾退工作。完成地铁 7 号线湾子站点拆迁工作（共迁走 43 户），达官营站点拆迁

工作涉及的3户产权房和半户自建房均已进入裁决程序，做好广外大街355、359、367号三栋简易楼剩余居民（14户）解危排险腾退工作。

城市管理效能不断提升。在巩固2013年“拆违”工作成果的基础上，继续坚持“零容忍”的态度，健全巡查、督办、通报、问责机制，持之以恒地做好“防违、控违、拆违”工作，基本实现了“零增长”“减存量”的目标任务。年内共拆除上账违法建设448处、9844平方米。在取得“拆违”成绩的同时，为防止拆违后的场地再被新生违法建设占用，街道坚持拆建并重、拆管并重的原则，统筹规划拆违后的场地，并通过修建停车位、绿化带、自行车棚、健身器材等公共场所和休闲设施，使广大居民群众共同分享“拆违”成果。

自治主体作用得到发挥。以“门前三包”责任制管理为基础，把握全国“两会”“国庆”“文明城区创建”等工作节点，以社区劝导等活动为载体，动员地区单位、社区居民等社会各方面力量，共同参与环境管控工作，先后督导社区装修业主自行清运装修渣土1800余起，清除卫生死角千余处，清理张贴的各类非法小广告6万余条，切实发挥了人民群众在城市发展与管理中的主体作用。

（三）优化服务环境，让地区百姓拥有更多获得感

进一步完善就业保障体系。发挥街道就业援助中心、社区就业援助站、YBC广外创业服务站等作用，积极开展“马连道茶城青年创业启航计划”“创业实践基地”等就业援助、创业帮扶活动，实现1181人就业、70人创业。加强政策宣传、工作指导、巡查执法，规范企业劳动用工行为。

进一步完善社会救助服务体系。按照托底线、救急难、可持续的方针，认真贯彻落实国务院《社会救助暂行办法》，不断完善社会综合救助体系，提高地区综合救助的能力。街道针对弱势群体以基本生活保障为主，以临时救助、医疗救助、教育救助、各项慈善救助为有力补充，以合规及时有效为要旨，以公开公平公正为准则，准确把握政策，确保低保、住保等社会保障、社会救助及各项惠民政策落实到位，地区各类困难群体实现应保尽保、

应救全救。2014 年内共向 815 户低保家庭 1439 人发放低保金 930 万余元；实施临时救助 89 人次 28 万余元、医疗救助 765 人次 87 万余元；对 3902 户家庭开展“春节”等季节性走访慰问活动，发放慰问金 228.6 万元。受理各项保障性住房来电来访 1.5 万人次，发放材料 7000 余份，672 户家庭通过公开摇号的方式，享受到住房保障政策，居住条件得到改善。

进一步完善养老、助残服务体系。进一步完善“1 +6 +29”的广外地区养老服务平台体系，即：建立 1 个广外街道社会养老管理服务中心统揽整个广外地区为老服务项目工作，建设广外街道社会养老服务信息中心调配资源，分层管理，以“一刻钟服务圈”为基础，设立 6 个养老服务分中心，对接养老服务需求，实现项目管理，为辐射区域内的养老服务工作提供专业化的支撑。同时，6 个分中心又是 6 个养老服务的实体，在此基础上在街道的 29 个社区成立社区养老服务站，作为街道养老服务体系的支撑力量。2014 年街道与中铁和园合作，新建一处拥有 50 张床位，集生活照料、家政服务、精神慰藉等于一体的养老照料中心。同时根据 2014 年与民政局制定的原广外怡乐园增设 10 张床位的计划，街道利用现有的服务场所，新建 1 处小型的养老院，新增床位 12 个，目前 1000 余平方米街道级养老服务中心和红莲北里等 6 个分中心已投入使用，30 个社区养老服务站建设进展顺利，定期开展心理咨询、保健养生等老年专题讲座和文体活动，不断丰富老年人的精神生活；建立起车站东街、小马厂等 12 个送餐服务站，为地区老年人提供午餐、晚餐配送服务，妥善解决千余户老年人就餐难的问题，受到老年人及其家人的好评。规范四季阳光职康站和残疾人温馨家园管理，深化技能培训、健身娱乐等服务，与丰台区王佐乡绿缘谷公司共同探索职业康复新项目，探索针对精神和智力残疾人的艺术疗法、音乐疗法、生活技能、社会实践、劳动技能、自然观察、农疗乐等综合康复模式，受到地区残疾群体的称赞。

进一步完善全生命周期人口服务体系。围绕“大人口抓统筹，小人口重服务”的工作思路，稳步推进地区人口均衡发展。积极应对国家人口政策调整，建立完善“单独两孩”申请服务流程，审核上报计划内“两孩”

466例。顺利建成街道级“一中心、一家园”（“一中心”指儿童早期发展指导中心；“一家园”指心灵家园，即街道计划生育宣传中心），结合“一中心、一家园”服务阵地建设积极开展“文明倡导、宝贝计划、青春健康、健康生育、生育关怀、心灵家园”幸福家庭创建六大惠民工程，从0～3岁儿童早期发展指导到特扶家庭“五心”关爱，提供全生命周期的家庭人口公共服务，提升家庭发展能力。发挥马连道流动人口计生协会的作用，加强流动人口计生服务与管理，签订《服务管理责任书》512份，并定期对各茶城、商户开展专项检查。

进一步完善公共文化、体育服务体系。大力推进“一街一品”惠民工程，提升公共文化活动水平。举办第五届“品民俗过大年”社区民俗节等活动。作为广外的文化品牌活动之一，该活动充分汇集广外地区民俗文化资源，展现地区非物质文化遗产风貌，突出地域特色，凝聚广外人文精神。精神文明建设成效明显。大力开展社会主义核心价值观、“中国梦”、“北京精神”等主题宣传活动，居民群众思想道德水平和城市文明程度得到提升。进一步加强以驻地社区居委会、企事业单位和晨晚练点为基础的覆盖全地区的全民健身组织网络体系，充分发挥地区文体协会的作用。利用项目申请资金和区里扶持资金为多个社区配备健身器材等体育设施，积极创建体育生活化社区。小马厂社区服务分中心和红莲北里、莲花河社区图书分馆年初投入使用，街道、社区文化服务网络不断完善。结合小马厂社区服务分中心的落成，打造社区科普活动室，增加科普设施，开展网络夕阳红电脑培训、科普征文活动、废品再设计大赛评选、百万数字家庭评选、科普知识讲座等丰富多彩的科普活动，组织科技周、科普之夏、科普宣传日主题活动，丰富社区文化生活内容。

（四）优化社会环境，社会服务管理更加和谐有序

深入开展社区规范化建设，社会治理基础更加扎实。以“五星级和谐社区”和“六型社区”建设为载体，广外街道积极推动社区规范化建设。2014年内鸭子桥、车站东街等4个社区完成评估审核，累计已有18个社区

成为“六型”达标社区。一是加强社区设施规范化建设。通过购买、新建、置换、资源整合等多种方式继续为条件较差和尚未达标的社区解决问题。按照“办公最小化、服务最大化”原则，合理调整使用社区用房，缩小办公区域、扩大为民服务空间。着力推进手帕口北街、马中里、天宁寺南里等社区办公服务用房改造，确保社区基础办公条件达标。二是加强社区管理网格化建设。结合网格内基础元素情况，合理调整网格责任区人员力量，明确网格职责，梳理工作流程，确保网格化管理日益精细。不断深入落实入户走访责任制，健全走访记录，落实信息反馈制度、情况汇报制度，畅通网格内、网格间的信息，完善各类基础台账，实现通过网格整合各种社会服务管理资源、落实社会服务管理责任，在网格尽可能解决社会服务管理问题。以街道全响应指挥分中心和全响应服务平台建设为契机，健全完善社区—网格—楼门院管理服务和信息联络体系，形成社区全响应格局，夯实社区管理基础。三是探索社区建设标准化之路。结合文明城区创建、人口疏解（群租房整治、拆违等）、社区社会组织培育发展、老旧小区自我管理、邻里互助守望幸福志愿服务、社区自治（楼栋自管会建设）等工作，广外街道启动2014年“五星级和谐社区”评估工作，真正将“五星级和谐社区”创建作为社区建设工作的指挥棒和抓手，全面推进地区各项事业的发展。四是探索社区服务社会化途径。深化“项目申请”工作，各社区年内申报安全防范、环境管控等76个项目，街道投入517.8万元予以实施，确保涉及居民群众日常生活的热点、难点问题得到妥善解决。积极引导红莲中里“睦邻坊”、马中里“居家养老中心”、红居南街“社区楼院公共事务协调管理委员会”等社会组织和“邻里互助　守望幸福”综合包户志愿服务者参与社区建设，并通过购买公共服务项目的方式，挖掘、发挥红枫盈等专业社会机构在公共服务中的作用。五是探索公共服务信息化方式。依托街道全响应信息平台，建立完善社区综合受理、预约办理和延时工作等服务机制，做好“最后一公里”服务延伸。年内处理市非紧急救助事项1678条，办理各类服务事项4945条，登记民情日志5698条，答复便民电话和QQ在线咨询问题492条，居民群众诉求基本得到妥善解决，办事满意率明显提高。

积极完善社区自治体系，社区治理能力迅速提高。一是完善社区自治组织体系。强化社区居委会下属7个委员会在自治中的作用，形成上下贯通、左右联动的居委会及其下属委员会、楼门院、居民小组自治组织体系。二是探索社区公众参与的新途径。街道选取红居南街、红莲北里等19个以老旧小区为主体的社区进行楼栋自管会建设，明确其作为“社区公益服务类”社会组织的定位，对社区骨干进行培训，设立专项奖励资金，对积极开展楼管会建设的社区进行奖励。三是注重加强社区工作者队伍建设，公开选录73名社区工作者，充实到社区工作。定期组织社区书记、主任开展业务知识培训，并建立完善了人才培养、评价、使用、激励机制，不断提高社区工作者对群众的服务能力和服务水平。四是加快社会组织发展。落实《广外街道培育发展社区社会组织工作规划（2013～2015年）》、社区社会组织人才培养计划等，健全完善街道“枢纽型”社会组织工作体系，加快社会组织孵化基地建设，为社区社会组织协同管理参与社区公共服务搭建平台，着力提高社会组织服务社会的能力，重点培育一批社会组织创新项目。五是探索建立“参与式协商”治理模式。制定《广外街道关于推行参与式协商基层民主自治模式试点工作安排》，选取红莲中里、红居南街2个社区居委会为试点社区，给予场地、资金支持，从建立社区协商议事平台、完善社情民意表达和收集机制、创新社区议事协商机制、完善社区民主决策机制、建立协商共识和决策方案的实施办理机制、健全协商共识实施办理的通报评价机制等六个方面着手建章立制。

深入推进“平安广外”建设，积极化解社会矛盾。最大限度增加和谐因素，最大限度减少不和谐因素，确保社会和谐有序。充分发挥街道全响应指挥中心视频会商、指挥调度、前期处理的作用，以136个社区网格为抓手，发动“红袖标”、基干民兵、治安志愿者30万人次，圆满完成全国“两会”“APEC”会议等重大活动、重要节点的社会面防控任务。进一步加大物技防建设投入，街道出资100多万元，在发案率较高的街巷、小区增设必要的防范设施，确保物技防建设全覆盖，有效降低发案率。认真做好信访事项、物业纠纷、民事矛盾等排查化解工作，健全和完善重大决策信访风险评估机制，坚持处级领导接访、包案制度，年内妥善接待处理群众信访事项352件1090人次，司法调处民事矛盾303件，物业指导行政行为80余次，切实做到了“小事不出社区、大事不出街道”。强化属地管理责任，深入开展“平安广外”创建活动，对群租房屋、安全生产、食品药品监管、地下空间管理等问题进行专项执法检查，及时消除各类安全隐患1491项，依法关停散租住人场所71处，对12家存在隐患较为突出的单位实施行政处罚。以“司法大讲堂”等活动为载体，全面开展普法宣传活动，创建红居街社区为全市首个法治文化示范社区。以街道社区应急救援队为依托，应急处置体系、机制、装备建设更加完备，处理突发事件响应能力进一步提高。

（五）优化政务环境，地区发展保障更加坚强有力

教育实践活动取得实效。街道工委以党的群众路线教育实践活动为抓手，全面加强基层党建工作，为顺利开展各项工作提供强有力的组织保障。自党的群众路线教育实践活动开展以来，根据西城区委统一部署，紧扣“为民、务实、清廉”主题，街道工委坚持“照镜子、正衣冠、洗洗澡、治治病”的总要求，扎实开展群众路线教育实践活动。街道领导班子在活动开展中始终坚持率先垂范，带头学习提高、带头听取意见建议、带头相互谈心、带头开展批评与自我批评、带头立行立改，有力带动了辖区30个社区党组织、街道机关党总支和30个非公党组织，7176名党员积极参与教育实践活动，并注重把干部党员在活动中激发出来的工作热情和进取精神转化为做好本职工作的强大动力，实现了转作风、强组织、促发展、惠民生，做到了教育实践活动善始善终、善做善成。

区域化党建新格局逐渐形成。以马连道党群活动服务中心为载体，有效整合党建、工会、青年、妇联、统战、社会服务、双拥共建等服务资源，先后开展非公党建培训、青年汇、工会维权普法、手工才艺展示、军地乒乓球比赛等活动，实现了马连道特色街区“组织全覆盖、服务全响应”，构建了“各地茶商一个家”区域化党建新格局。街道以“党建带团建，团建促党建”为指导，完成了全市区域化团建试点工作。

党风廉政建设常抓不懈。高度重视、狠抓落实党风廉政建设责任制，积极强化领导干部“一岗双责”，严格执行党员领导干部个人事项报告、述职述廉等制度，做好廉政风险防控和防止利益冲突工作，建立起有效的“不想腐、不能腐、不敢腐”机制。

自身效能建设更加规范高效。全面梳理、完善行政权力和公开制度，切实简化办事流程，健全绩效考评体系，干部的履职能力、响应能力、创新能力不断提高。深入开展“千家评政府”活动，在自查自纠的基础上，主动接受人大代表、政协委员、特邀监督员等社会各方的监督检查。坚决贯彻落实中央“八项规定”和市、区有关规定，认真开展文风会风、办公用房清查、“光盘行动”等治理工作，一般性支出得到有效控制，“三公”经费明显下降，行政成本进一步降低。

三　落实首都新定位背景下广外治理新思维

（一）区域的主要特点

深刻把握地区发展的特点是提高地区治理水平的基础。从治理角度看，广外地区的主要特点如下。

一是区位特殊。广外街道在北京是一个十分特殊的街道。广外街道是“三区一委七街”（三区：西城区、丰台区、海淀区，一委：西客站管委会，七街：羊坊店、太平桥、卢沟桥、月坛、广内、牛街、白纸坊）交界之地，北临北京西客站，途经广外地区的公交线路多达60余条。地区既有完全的首都功能核心区街道的特点，又有部分城乡结合部新兴地区街道的特点。有完全的首都功能核心区街道的特点，指的是属于中心城区的街道，管理服务水平比较高，工作基础好、各类资源丰富、工作要求和工作标准很高。有城乡结合部新兴地区街道的特点，指的是位于城乡结合部，原来工厂、仓库多，这些单位外迁后，可开发空间很大，又没有古都风貌保护的限制，1990年代以来持续进行了大规模开发建设，经济发展快，人口增加迅速。

二是特色商业繁荣。主要体现在马连道茶叶特色街上。在长1.5公里的街道上分布着马连道茶城、国际茶城等10大茶城，有3000多家茶商户，汇聚全国各主要产茶区的各类名茶，年销售额近30亿元，被中国茶叶流通协会和中国步行街工作委员会分别授予“中国茶叶第一街”和“中国特色商业街”称号。马连道的发展经历了自发成市、政府引导、规范提升三个阶段，在区“十二五”规划中，被列为“一核一带多园区”发展空间布局中9个功能区之一。同时，辖区内还有天虹百货、华联商厦、家乐福马连道店、百安居马连道店、苏宁旗舰店、北京音像大厦等，新年华百货也在此开业，商业气氛浓厚。辖区现有商务楼宇26座，入驻企业近千家，已形成广安门桥区、广外大街、马连道三个商务比较集中的区域。

三是居住人口多、增速快。这几年随着一批新小区的先后建成，居住人口增加迅速，从第五次人口普查的11.3万人增加到第六次人口普查的18.6万人，年均增长12.9%，比北京市同期3.8%的年均增长率高9.1个百分点，并且这一趋势将随着一批新小区的建成而延续。在现有人口中人户分离（人在户不在36673人）现象很严重，流动人口多（商业繁华）、人口流动性大，人口异质化程度高，居民的归属感、认同感不很强，再加上区域交界、开发遗留的因素，一度社会矛盾很突出，是广外地区人口管理中显著的特点，也是工作中最大的难点，社会管理和公共服务面临较大压力。

四是驻街单位多。驻地各类单位5000多个，数量众多，但以微型单位为主。主要的单位有：中国烟草交易中心、卷烟销售总公司、烟叶公司、烟草投资公司等中国烟草行业7大公司，中国高新投资集团、中国机械电子设备进出口集团公司、机械大厦、希尔顿逸林酒店、深圳大厦（深圳市人民政府驻京办）、兵团大厦（新疆兵团驻京办）、华电北京热电有限公司（二热）、武警黄金指挥部、中国印刷集团、国家话剧院、中国电视剧制作中心及北京市西客站地区管委会、北京建工集团等。

五是社会面情况相对复杂。除了人口的因素外，广外地区紧邻北京西客站，处于区域交界，还有一部分与城中村交接，市容环境、街面秩序、治安状况相对复杂。同时，在前几年大规模的开发建设过程中由于房屋拆迁、开发遗留问题、物业服务问题等引起的社会矛盾，曾一度集中出现，一旦发生，就是群体性事件，目前虽然绝大部分问题已逐步得到化解，但有些问题至今仍没有得到彻底解决。目前广外地区仍有8片开发甩项的平房，共计1000多户，还有21栋简易楼、筒子楼，由于建成年代久远，房屋状况较差，安全隐患突出，居民居住条件不佳，同时也使低端产业聚集，居民要求改善的心情非常迫切。

（二）谋划地区治理创新需思考的几个问题

习近平总书记在考察北京时的重要讲话发表以后，北京的发展进入一个新的历史时期。新时期北京最重要的有三件事：一是贯彻落实“四个中心”首都城市战略定位；二是疏解北京非首都功能，推进京津冀协同发展；三是建设国际一流和谐宜居之都。围绕这三件大事，作为承载首都功能核心的重要地区，谋划新时期广外地区治理需要重点研究以下几个问题。

1. 如何在新形势下确立新目标，建立新机制，探索新路径

2014年2月26日，习近平总书记在北京调研时强调，北京的发展不能够抱着老目标，守着老机制，继续走老路。落实总书记重要讲话精神，广外地区的发展与治理也存在转变老目标、创新新机制和探索新路径的问题。

一是切实转变以集聚资源、集聚产业、集聚功能为主导的“老目标”，按照建设国际一流和谐宜居之都的标准做好“四个服务”。总书记讲话中指出，北京的问题表面上是人口太多造成的，深层次看是城市功能太多带来的。很长时间以来，北京除了肩负全国的政治中心、文化中心、国际交往中心、国际创新中心外，还担负着很多领域的中心作用，如北京要打造具有国际影响力的金融中心城市、国际商贸中心城市、国际旅游中心城市、国际体育中心城市、具有区域和国际影响力的物流中心城市，还有辐射全球的生产型服务业中心城市等。这种大而全的城市功能必然会聚集大量人口资源，对周边形成明显的虹吸效应，引发一系列的城市病。在这样的整体发展框架下，广外街道马连道街区集聚了福建、安徽、浙江、江西、四川、贵州等12个产茶大省的3000余家茶企，街区年销售额约占全国茶叶年交易额的十

分之一，是全国著名的三大茶叶集散地之一，成为“中国茶叶第一街”，同时也集聚了大量流动人口，街区常住人口近十年几乎以每年一万人的规模递增。广外地区马连道是北京近年来发展的一个缩影。对照习近平总书记的讲话要求，这样的发展态势无疑与落实北京新定位有巨大差距，马连道的发展急需转型。

二是改革封闭、割裂的老机制，建立与京津冀及周边地区协同各方、优化配置、统筹兼顾、共谋发展的新机制。协同发展包括两个层次。第一个层次是京津冀协同发展。新时期北京的发展和京津冀的发展关联密切，北京的发展离不开京津冀的协同发展，京津冀的协同发展也需要对接北京的发展。第二个层次是北京各区县之间的协同发展。“四个中心”的定位不是对某个区县的，而是中央对北京的定位，北京的城六区及其他区县是一个整体，如何拓宽视野，着眼全局，与周边协同建设，协同治理，转变思路很重要。从广外街道来说，广外本身就是一个“三区一委七街”的交界之地，而马连道茶城及北京西站早已超出广外街道、西城区的范畴而成为北京市的重要功能街区。对广外地区的治理、解决广外地区的问题必须善于从内部着眼、外部着手，把眼光放在北京市、京津冀的范围内统筹考虑、综合施策。

三是拓宽思路，探索大都市人口经济密集地区优化开发、内涵式发展的新路子，将“瘦身”与“健体”结合起来，找准地区发展的新支点。广外地区是人口经济密集的城市功能核心区，怎么优化开发？如何走一条内涵式解决发展的路子？解决“大城市病”的路子是什么？比如，马连道功能区的优化发展需要进一步解放思想、创新思路。目前，对科技创新中心有两个误区：第一个误区，把科技创新中心看成是一个目标，或者认为科技创新中心就是中关村国家自主创新示范区；第二个误区，照搬照抄上海经验，完全按照上海的路线走。科技创新中心是中央赋予首都城市的战略定位，是首都的核心功能。因此，要更多的关注科技创新功能，而不是怎么建设科技创新中心。中关村国家自主创新示范区是科技创新中心的引领者，科技创新中心的功能属于整个北京，不是属于中关村的。对科技创新中心的认识至少包括三个层次：首先，把科技创新中心放在全球创新体系中去认识、去建设、去发挥作用，让科技创新在全球范围内配置资源。其次，打造国家创新平台，促进创新型国家建设，为创新型国家做贡献。科技创新中心服务的不是北京，并不是北京发明了多少专利、有多少人才，而是首都作为国家创新平台，为创新型国家建设做出了多大贡献。最后，构建京津冀协同创新体系，通过京津冀的协同创新推动协同发展。按照这样的思维框架，马连道茶城在落实首都新定位中的位置和作用就不难找准，那就是要逐步淡化其全国茶叶交易中心的作用，强化其全国乃至全球茶技术、茶文化、茶信息中心的作用，打造全球性茶产业创新中心。这个定位找准了，产业转型就有了目标，地区发展就有了重心，地区治理就有了依托。

2. 如何创新发展理念，整合社会资源，打好疏解非首都功能和治理城市病两大战役

疏解非首都功能是新时期北京发展的关键环节、重中之重、首要任务，更是西城区、广外地区可持续发展的关键环节、重中之重、首要任务。广外街道必须牢固树立“强化疏解、优化服务、惠及民生、提升环境、发挥优势”的发展理念，努力以创新的举措和改革的精神，积极推动疏解非首都功能，为从根本上治理城市病夯实基础。

一是以“壮士断腕”的决心推动非首都功能有序疏解。疏解北京非首都功能，就是要调整、转移和外迁不符合首都城市战略定位的功能。北京非首都功能的疏解包括三个层次。第一个层次是首都核心功能以外的其他功能。首都作为全国的政治中心、文化中心、国际交往中心、科技创新中心，这四大功能以外的非竞争性的、非支撑性的功能需要疏解。第二个层次是引发北京“大城市病”的这些功能。疏解北京非首都功能就是要解决北京的“大城市病”，比如由空间结构、经济结构失衡延伸出来的产业功能、社会公共服务功能、行政功能。第三个层次，对周边地区形成明显“虹吸效应”的产业，是必须疏解的。对照马连道功能街区的产业形态和功能格局，部分农副产品、基础原料等大宗商品区域性仓储物流基地和区域性批发市场，以及劳动力密集支撑的服务产业应坚决予以迁出。

二是持续抓好城市病治理。履行好首都核心区的服务职责，必须着眼首

善，按照国际一流标准治理好我们的城市，推进城市管理向更加注重以人为本、精细管理、精准服务和智慧运行，更加注重内涵和品位，更加注重社会协同和参与转型，不断提升城市管理和服务品质。这就需要始终进一步探索专项整治与常态治理相结合的新机制，持续推进“拆违、灭脏、清障、治污、治乱、撤市、缓堵”，努力使城市环境秩序更加整洁有序；全面加强交通拥堵整治，精准治理拥堵节点，下大力打通“断头路”、消除“瓶颈路”，加快完善慢行系统，加强停车设施建管优化，不断改善交通状况；进一步健全人口规模调控工作责任制，不断完善调控工作机制，坚持以业控人、以房管人、以证管人，强化拆违、撤市、地下空间清理等专项治理的长效工作机制。同时，深入加强专题研究，系统谋划调控人口规模的方式和渠道，加强与有序疏解非首都功能、棚户区改造等重大工作的联动，统筹政策引导、项目疏导，集中力量分阶段解决问题，推动形成人口规模调控的累积效应。要在尊重市场规律、社会规律的基础上，综合运用经济、法律、行政手段，确保完成人口规模调控的阶段性目标。

三是不断提高城市精细化管理水平。进一步完善街道统筹辖区治理机制，理顺街道与专业部门的职能关系，在街道建立地区工作委员会制度，对科站队所力量进行有效整合。实行“权随责走、费随事转”，充分提供财力来保障街道履行职责。积极推进城市环境分类分级管理，有效提升城市管理效能。完善“五位一体”网格化管理模式，把城市管理同行政服务、社会服务、社会管理、应急处置有机结合，加强区、街调度系统的对接，运用电子信息技术将各系统功能进行整合，形成各类资源优势互补的工作格局，逐步实现对社会服务管理事项的监控、预警、上报、处置、分析、评价的全周期管理。通过划分社会管理网格单元，将“人、地、事、物、组织”等要素信息化、数字化，健全“两级指挥”（区、街）、“三级平台”（区、街、社区）、“四级管理”（区、街、社区、网格）的服务运行体系，促进社会服务管理重心下沉，延伸基本公共服务职能。加强社会责任建设，落实“门前三包”责任，研究探索老旧小区“准物业”管理模式，积极引导公众参与城市管理，使依法管理的城市运行环境更加和谐有序、充满活力。

3. 如何创新体制机制，让老百姓真正参与到地区公共事务管理中，在地区管理转型中完善治理体系、提升治理能力

人民群众发挥作用的多少，是衡量国家治理能力的重要标志①。习近平总书记强调，要“提高人民群众依法管理国家事务、经济社会文化事务、自身事务的能力”，“不断提高运用中国特色社会主义制度有效治理国家的能力”②。推进国家治理体系和治理能力现代化需要充分发挥人民群众的作用，完善治理体系和提升治理能力需要激发人民群众的积极性、主动性和创造性。

一是让老百姓有参与地区治理的动力。坚持以需求为导向，从老百姓迫切需要解决的问题入手补短板，科学配置公共资源，持续推进基本公共服务均等化、优质化。比如，棚户区改造是关系群众福祉的重大民心工程，是率先全面建成小康社会、补齐发展短板的重大任务。政府要带着对群众的深厚感情做好这项工作。要充分借鉴前期工作经验和有效做法，统筹规划、有序推进，加强政策引导，把现有政策吃透用足，立足实际不断创新，不断改善群众居住条件和生活环境。要把改造和疏解结合起来，同步做好保障房建设、人口规模调控、道路建设、公共服务配套等各项工作，系统解决各方面问题，努力实现城市发展、民生改善、环境提升的协调推进，让广大群众有更多的获得感。

二是有老百姓能够参与的平台和机制。以“党委领导、政府主导、社会协同、公众参与、法治保障”为原则，健全和完善社会治理体制，加快推进社会治理精细化，形成全民共建共享的社会治理新格局，努力实现社会治理的法治、善治、自治、共治和德治。推行“参与型协商”基层民主自治模式，实现政府治理和社会调解、居民自治良性互动。对社会组织加大扶持和培育力度，促进“枢纽型”社会组织工作体系的完善，培育一批贴得近、靠得住、用得上的社会组织，鼓励社会组织在扶老、助残、救孤、济困

① 丁元竹：《在群众参与中找到善治的答案》，《北京日报》2015年9月7日。

② 习近平在省部级主要领导干部学习贯彻十八届三中全会精神全面深化改革专题研讨班开班式上的讲话。

等领域提供公益服务。建立更加广泛的社会动员机制，加强社区工作者和志愿者队伍建设，引导企业履行社会责任。进一步完善全响应网格化社会治理体系，以需求为导向、服务为核心、街道统筹为重点、公众参与为基础、信息化手段为支撑，夯实社会治理基础。

三是营造让老百姓愿意参与的环境与氛围。最重要的是营造公平正义的法治环境。党委办事处要自觉践行法治精神，自觉维护法律权威和尊严，坚持依法促进区域经济社会发展，依法破解制约城市发展的难题，增强党员干部运用法治思维和法治方式的意识，努力提高党员干部推动城市发展的能力和水平。坚持依法行政，依法设定权力、行使权力、制约权力、监督权力，建设执法严明、公正公开、廉洁高效、守法诚信的法治政府，维护社会公平正义。完善社会矛盾排查调处综合机制，推进信访法治化建设，引导群众理性表达诉求、依法维护权益，以更严密的措施、更扎实的工作，全力以赴确保区域和谐稳定。

（三）新时期广外地区治理创新的总体思路

从以上分析可以看出，在习近平总书记“2·26”讲话发表以后，广外地区的发展治理与北京一样进入了一个新的历史时期。首都新的城市战略定位和战略目标的确立，为广外地区破解发展和治理中的突出矛盾问题，推动地区治理创新、提升治理水平与能力提供了重要依据。总体而言，新时期广外地区治理创新的目标选择要把握以下几个方向。

1. 把握一个标准——建设国际一流的和谐宜居之都

2014 年 2 月 26 日，习近平总书记在视察北京时发表重要讲话。讲话对首都北京的工作提出的明确要求，是当前和今后一个时期广外地区治理创新的基本遵循。这就需要地区治理紧扣新时期首都城市战略定位、建设国际一流和谐宜居之都的目标，坚决有序疏解非首都功能，优化提升首都核心功能，把工作重心越来越聚焦在履行好“四个服务”职责上，把衡量工作的标准越来越聚焦在国际一流这“一个标准”，和谐、宜居这“两把尺子”上，把发展愿景聚焦在“安全、安静、舒适、典雅、古朴”这五个核心概念上，按照建设“国际一流的和谐宜居之都”的标准，建设“宜居广外”，在更好更高的水平上实现区域经济社会持续健康发展。

2. 聚焦两个维度——推进区域发展转型和管理转型

从区域发展来看，对照落实首都新定位的要求，地区人口资源环境矛盾突出，城市承载的压力持续加大，人口过多、交通拥堵等“大城市病”问题亟待破解，城市环境与国际一流标准相比还有很大差距，地区基础设施总体上仍然薄弱，地区发展必须摒弃“一手抓疏解、一手抓增长”的路径依赖，尽快实现由产业主导向功能主导的转型，逐步弱化和疏解批发、仓储及加工等产业环节，强化其茶信息、茶文化、茶科技等创新环节的功能，优化调整产业结构，将地区发展有效纳入首都功能框架内。

从区域治理来看，人口老龄化问题日益凸显，部分群众的生活居住条件亟待改善，影响地区安全稳定的难点和问题有待进一步破解，一些关乎群众切身利益的民生需求有待进一步完善，公共服务方面距离群众的多元化需要还存在一定的差距，城市文明程度和管理服务水平有待提升，立体化治安防控体系建设仍需创新完善，群众参与地区治理的平台不多、机制仍然不健全，一些党员干部改革意识、法治思维和担当精神还不够强，思想作风和能力水平有待改进和提高。这就需要进一步切准群众需求的脉搏，充分调动群众参与地区治理的积极性和创造性，将政府一家独大的管理思维变为群众广泛参与的治理思维，积极创新平台、创新机制，努力实现城市管理向治理的转型。

因此，新时期广外地区治理创新需要在准确把握地区发展的阶段性特征的基础上，围绕落实首都城市战略定位、服务保障首都核心功能，坚持目标导向、问题导向，着力破解制约区域发展的瓶颈问题，着力提升城市管理和服务品质，努力实现地区发展转型和管理转型，不断提升地区治理水平和能力。

3. 突出五个重点——聚力创新五个建设

按照北京市整体功能布局对中心城区的定位，西城区是国家政治中心、文化中心的核心承载区，历史文化名城保护的重点地区，体现国家形象和国际交往的重要窗口地区。新时期广外地区治理必须围绕这一定位，在北京建设“国际一流的和谐宜居之都”的进程中走在前列，在更高水平上共同创造城市美好生活。

一是着力落实首都城市战略定位，建设“宜居广外”。坚持把落实首都城市战略定位作为衡量发展的根本标尺，有序疏解非首都功能，优化提升首都核心功能，提高服务国家、服务首都的水平，使地区经济社会发展与首都城市战略定位协调一致。有效控制常住人口总量，有效缓解“大城市病”，“四个服务”能力进一步增强。加大环境建设力度，促进城市持续发展、城市环境更加宜居、生态环境质量进一步改善、生产方式和生活方式更加绿色低碳、城市综合承载力和现代化治理水平不断提升。

二是着力强化城市管理和服务品质，建设“现代广外”。坚持以大数据思维梳理地区服务管理机制，进一步深化精益治理理念，完善精益治理体系，提升精细化城市管理和优质服务水平，促进基层治理体系和治理能力现代化。

三是着力推动社会文明程度，建设“平安广外”。针对影响社会和谐稳定的源头性问题和影响群众安全感的突出问题，以群众需求为导向、以改革创新为动力、以科技信息为支撑、以法治手段为保障，创新完善立体化社会治安防控体系，健全反恐怖工作体系，坚持依法治理、源头治理、综合治理、系统治理，深入推进政治稳定维护、社会治安防控、矛盾预防化解、人口服务管理、社会治理创新、基层基础建设，努力为地区经济社会发展创造安全稳定的社会环境、公平正义的法治环境和优质高效的服务环境。市民综合素质和城市文明程度显著提高，文明城区建设水平迈上新台阶。

四是着力改善民生，增进福祉，建设“和谐广外”。坚持以人为本，增进人民福祉，促进人的全面发展，充分调动人民群众的创造性、积极性和主动性，在共建共享发展中使地区人民得到更多的获得感，人民生活显著改善，基本公共服务均等化程度和优质化水平不断提高，公共服务体系更加完善，就业形势更加稳定，基础教育更加优质均衡，养老服务体系更加完善，群众健康水平普遍提升，困难群众基本生活进一步改善，棚户区改造任务基本完成，社会更加安定有序，人民生活水平和质量普遍提高。

五是着力提升地区治理能力，建设“效能广外”。切实加强党的领导，充分发挥党的领导核心作用，全面落实从严治党要求，深入强化“红墙意识”，不断增强党组织的凝聚力、创造力和战斗力，为广外地区发展提供坚强保证。坚持依靠改革破解难题、释放发展活力，提高运用法治思维和法治方式推动发展的能力，构建起与首都城市战略定位要求相适应的基层治理体系，城市治理能力进一步增强。

四　深化“精益治理”，统筹推进“五个广外”建设

总结广外街道近年治理实践的经验，可以看出，一是始终坚持红墙意识，不折不扣地执行市区安排，以担当精神围绕中心工作创造性地推动地区工作；二是始终坚持问题导向，以服务居民和驻区单位为中心开展工作，得到群众的广泛支持与配合；三是始终坚持统筹兼顾、和谐发展，以有序、协调、干净、整洁的社会环境和城市环境提升地区品质；四是始终坚持科学精神，积极运用先进的科学技术到社会治理中去，提升地区治理效率。这些经验凝结成五句话，就是广外街道的“精益治理”理念——“精细化管理、个性化服务、信息化支撑、多元化参与、持续性改善”。这一理念在落实北京新定位的新形势下，需要结合新形势的新要求，进一步坚持和加以完善，进一步健全和完善为民服务、城市管理和综治维稳等工作体系，全面提升地区治理水平。

（一）精细化管理：提升地区治理能力，打造优美城市环境

以建设“宜居广外”为目标，实施城市精细化管理，强化源头治理和综合整治，加快实现地区城市环境绿化、净化、亮化、美化。

深化街道管理体制改革，完善街道城市管理体制。街道整合属地环境治理是实现城市精细化管理的根本保证。这就需要进一步深化城市管理体制改革，全面落实街道属地的城市管理组织、资源统筹、职能整合的权限与责

任，逐步使街道成为自主管理、责任明确、资源保障、监管严格、指导有序的管理责任主体，努力推动实现街道属地管理责权利相协调的全覆盖。重点在于完善属地整合的组织模式，确立街道在属地城市管理中的主体地位；扩大街道的城市管理事权、财权和人事权；建立街道与专业部门责任连带机制；探索不同形式的社区自治模式。

加强基础设施建设，完善城市功能。针对地区基础设施相对落后的现实，街道要协调配合有关部门，在基础设施建设上补齐短板：一是加强道路建设，打通断头路，优化交通组织设计，进一步完善城市微循环道路系统，解决道路不通不畅问题，提高道路通行效率。二是加强老旧小区道路、雨污水管线、绿化的升级改造，改善居民生活环境及停车难问题。继续推进老楼抗震加固、节能保温等民生工程及解危腾退工作，确实改善群众居住条件。三是从长远考虑，要完善城市建设统筹协调机制，促进城市功能不断完善。重点是建立城市开发建设协调机制，强化城市功能设施建设执法，逐步建立城市基础设施信息资源调查、环境基础设施使用、运转情况预警等机制，将街道属地职能有机纳入地区水、电、气、热、路、绿化等城市基础设施建设管理的大系统中，更加有效地组织城市运行，优化城市功能。

加大城市秩序管理，提升城市环境品质。发挥街道统筹作用，完善城市综合管理体系，形成环境建设、运行管理、施工作业、应急处置、考核监督、行政执法“六位一体”的工作格局，提升城市精细化管理水平。加强部门协调联动，继续推进“拆违、灭脏、清障、治污、治乱、撤市”六大战役。加大对背街小巷环境脏乱、占道废旧机动车辆、废品回收站点等城市痼疾顽症的整治力度。建立对开发甩项的执法机制，组织对未按规划实施代征、代建的单位进行联合执法。以天宁寺、红莲广场周边为重点开展秩序乱点整顿；以红居街、车站西街为重点开展环境乱点整治；以红莲南路为重点开展沿街牌匾标识规范整治。广泛发动社会力量参与城市环境建设，切实落实“门前三包”责任制，使社会单位、居民群众真正成为城市环境建设的参与者、受益者。

拓宽社会参与渠道和途径。一是推进城市管理市场化、社会化进程。将一些城市管理事务通过向社会转移或委托代理等方式转移出去，以提高效率。同时，加大市政市容环境基础设施引资力度，开展专项作业和综合作业社会化试点，完善扶持环境公共服务业发展的产业政策。二是扩大城市管理社会参与的领域。推动政府和企业出资、专业队伍实施作业的“门前三包”等项目的社会化运作；促进行业协会发挥专业优势参与城市管理，在社区垃圾分类、环境维护等领域发挥社会组织和社会单位作用；扩大社会单位停车设施、文体设施等服务资源向社会开放的范围。三是完善城市管理领域志愿者组织体系。依托文明城区建设形成的共驻共建共享基础，以社会组织建设为核心，建立和完善包括各类志愿者的社会参与组织机制；按照环境建设项目化管理要求，指导城市管理志愿者组织开展“群众有需要、自己办得到”的城市管理服务活动。

建立健全社会沟通和宣传动员机制。一是建立城市管理沟通机制。加大城市管理信息公开力度，对一些关系民生的城市管理重大项目和政策，通过公示、座谈会、论证会、听证会、媒体宣传等形式，广泛听取市民的意见建议，提高市民对环境问题治理的认同度。二是建立城市管理宣传教育制度。利用电视、广播、网络平台、社区广告牌等载体，宣传城市环境秩序法律规章，进行清洁环境、文明出行、绿化美化家园等教育，传递有关环境秩序的共同价值观，培养具有文明习惯的市民。三是强化城市管理社会参与的激励机制，开展“志愿服务品牌”“社会组织服务典型范例”等活动。

（二）人性化服务：创新社会服务管理，提高居民幸福指数

以建设“和谐广外”为目标，以保障民生为重点，不断加强社会建设，创新社会服务管理，切实解决好群众最关心的现实问题，维护好群众的根本利益。

优化创新环境，推动地区经济转型。立足西城区功能定位，结合辖区所处地理位置和资源条件，科学规划地区发展，努力营造良好的区域发展环境，推动马连道街区经济由大物流、大人流的批发贸易型产业向研发型、总部型、创意型特色街区转型。认真分析地区发展的潜力和驱动力，在突出地

区功能特色的基础上，与有关部门密切配合，做好辖区道路交通以及马连道特色街区城市设计和产业规划设计，强化与其他相邻街区规划建设的衔接，推进二热老厂区功能调整，加快文创产业园建设进度，推进天宁寺、太液池文保区周边环境改善进程。加快马连道地区业态调整，逐步弱化茶叶物流仓储功能，加大功能街区街景标识及周边环境建设，提升特色街区品质。强化特殊文化建设，借助马连道国际茶文化节，组织好茶文化交流，提升马连道茶品牌形象。推进马连道政务微信服务平台和数字马连道地理信息平台建设，应用科技信息手段加大对外宣传力度，进一步扩大马连道特色街区的影响力。不断健全城市公共设施，强化城市综合治理，依法规范监管，引导诚信经营，为企业发展营造良好的社会环境。

着力做好民生保障工作。统筹辖区就业资源，健全完善“一中心、两站”就业创业服务长效机制。依托街道就业援助中心，构筑地区就业服务支撑体系，开展“政策宣传、技能培训、岗位推荐”全程跟踪就业服务；依托 YBC 广外服务站，推进“马连道茶城青年创业启航计划”，开展形式多样的创业服务活动；依托社区就业援助站，对社区失业、无业人员开展上门帮扶服务。进一步完善“1 +6 +29”养老服务体系，构建养老服务格局，以居家养老为基础，以社区养老为依托，以机构养老为支撑，增强辖区养老服务能力。认真落实低保、住保、社会救助、助老助残等各项惠民政策，加大对弱势人群和低收入群体的关爱和帮扶力度。加强和完善“一刻钟社区服务圈”建设，使居民群众切实享受到更加方便快捷的社区服务。积极开展六大计生惠民工程，提高人口素质，促进家庭和谐幸福。以马连道双拥一条街建设为重点，创新活动载体，突出文化双拥，开展系列共建活动，为西城区争创全国双拥模范区做出积极贡献。

进一步拓展社区服务功能。在完善社区服务体系、加大软硬件投入的基础上，街道需进一步将社区服务载体化、品牌化、项目化，打造社区服务品牌。几年来，广外街道已经成功打造了再就业工作方面的“同心家园”、“和谐号”就业援助直通车、“宣武区人力资源超市广外市场”、“社区灵活就业联合体”等品牌，为老为残服务方面的街道残疾人“温馨家园”和

“居家养老星级服务超市”、“广外街道托老所”，文体方面的街道书画协会、社区国学社及“品民俗、过大年”系列活动、“天宁风韵”社区书画展、“红莲杯”合唱邀请赛、“社区之韵”艺术节、“全民健身体育节”、“和谐社区杯”乒乓球比赛等，通过品牌的影响，提升社区服务水平，吸引更多的社区居民和社会单位广泛参与。继续实施社区项目申请制[①]。由社区居委会根据群众反映集中的问题和大多数群众的意愿，向街道提出书面申请，街道项目管理委员会对申请的项目逐个进行可行性评估，审批决定投资项目，并通过招标、过程监督和效果评估规范项目运作，切实解决群众最关心、最直接、最现实的利益问题。

努力提高公共服务能力。大力发展基层文化建设，整合各类文化资源，扶持文化型社团，深化“社区之韵”艺术节、“天宁风韵”社区书画展等特色文化品牌，满足群众多样化文化需求。依托街道文艺志愿服务基地，加强与市文联文化活动交流对接，推动社区群众性公共文化建设。广泛开展全民体育健身活动，提升居民身体素质，完成6个体育生活化社区创建。发挥社区教育学校、市民学校等阵地作用，深入开展“学习型社区”“学习型家庭”创建活动，积极开展西城区学习型示范社区创建活动。广泛开展地区幼儿学前教育和青少年教育实践活动，形成学校、幼儿园、社区、家庭“四位一体”素质教育格局，促进地区青少年健康成长。

（三）多元化参与：强化社会综合治理，促进社会安定和谐

以建设“平安广外”为目标，始终将安全稳定工作作为第一位政治责任，着力提升维稳、防控能力，不断夯实安全稳定工作基础，全力维护地区安全稳定。

创新社区治理模式，深化“五星级和谐社区”建设。结合新的工作要求，进一步修改完善“五星级和谐社区”指标评估体系，继续深化“五星

---

① 这一做法已实施6年，共审批项目243个，街道财政投入资金近千万元，吸引社会资金150万元，解决了一批居民反映较集中的环境、社区设施等难点问题，支持民间社会组织和地区教育机构开展公益性活动，受到了社区居民的充分肯定。

级和谐社区”创建活动，推进干净、规范、服务、安全、健康、文化“六型社区”建设。加强社区工作者队伍建设，修改完善社区工作者管理制度和社区工作制度，研究制定《社区工作者能力提升三年发展规划》，对新一届社工开展多层次、多形式、有针对性的业务培训，切实提升社区工作水平和为民服务能力。加强对社区社会组织的扶持和培育，构建“枢纽型”社会组织工作体系，促进社会组织规范运行、健康发展。建立广外街道社会组织孵化培育中心，大力培育、孵化社会组织，创造一批新的社会建设项目，引导社区社会组织参与社区管理和服务。加强社区民主自治建设，探索社区治理与服务创新，建立以社区为平台、社会组织为载体、专业社会工作者为主要支撑、社会志愿者广泛参与的“四社联动”社区治理新模式。总结推广红莲中里、红居南街“参与式”协商民主自治模式，进一步畅通社区社情民意表达反馈渠道，提升社区自治水平。深入开展“邻里互助　守望幸福”综合包户志愿服务行动，建立激励社区志愿服务的长效机制，集聚社会志愿服务资源力量，扩大志愿服务覆盖面。加强社区硬件建设，指导社区合理利用现有房屋资源，实现“服务最大化、办公最小化”。加大对社区基础设施的完善提升，完成中新家园、京铁和园等 6 个社区用房的装修改造和社区服务中心天宁寺分中心三层装修工程。加快推进社区信息化硬件建设，充分利用互联网技术，实现街居“全响应”系统对接。继续做好项目申请工作，强化项目申请在老旧小区基础设施改善、社区安全防范、丰富社区文化、开展便民服务等民生方面的作用，将项目申请与社区多元治理、民主协商有机结合，充分体现问题导向和居民需求，激发社区、居民和社会单位的参与积极性。

严密社会面防控。紧紧围绕重点人群、重点部位、重要时段，做实网格防控，做强联动防控，做精科技防控，做大群防群控，形成点面结合、专群结合、物技结合的防控体系。完善治安防控联网机制，严格做好平时和战时防控，做到准备充分、实时干预、快速反应。统筹治安专业队伍、社区治安志愿者队伍和社会治安力量，专业执法与综合执法相结合，专业力量与社会力量相结合，联动开展群防群治。充分运用新型科技手段加快物技防建设，提高社区治安防范水平。完善社会稳定风险评估体系，对稳定风险进行先期预测和源头预防。加强信息情报的体系建设，严密防范暴力恐怖事件，提高应对突发事件能力。

加大矛盾调处力度，切实维护社会稳定。坚持以群众工作统揽信访工作，加大矛盾隐患排查化解力度，提高矛盾纠纷化解能力，有效预防和处置群体性事件。认真解决群众合理诉求，对群众集中反映的治安隐患、矛盾纠纷等热点难点问题，做到早发现、早控制、早解决。充分发挥社会组织在社区矛盾调解中的作用。积极运用司法调解手段，做好社区矫正和安置帮教工作。继续推进“劳动用工规范一条街”工作，加强劳动监察，规范企业用工，促进地区劳动关系和谐稳定。扎实推进人口调控，确保实现既定目标。按照人口调控时间节点，全面推进人口调控工作进度。进一步细化完善“以房管人、以业控人、以证管人”措施，加大疏解和管理力度，引导流动人口合理有序流动。强化部门联动配合，通过拆违撤市、群租房治理、地下空间整治等措施，多措并举确保完成人口调控任务，有效控制地区人口规模。

强化安全监管责任，打造安全生产环境。继续做好国家安全社区建设和小微企业安全质量标准化评审工作。广泛深入开展安全生产宣传，增强经营单位安全生产意识。强化安全监管，切实落实企业安全生产主体责任。加大对工地、地下空间、六小单位等重点部位和食品、药品、消防等重点领域的监管力度，严厉打击安全生产违法违规行为。建立社区安全检查员队伍，实现安全生产监督检查无缝隙、全覆盖，全面营造地区安全生产环境。

积极培育壮大社区社会组织。如何组织居民，如何为居民参与搭建平台，如何实现自我教育、自我管理、自我服务，是社会建设中要解决的一个重要课题。广外街道大力培育发展社区的社会组织，将共同爱好、共同荣誉、共同工作、共同责任、共同区域的居民组织起来，通过购买服务、项目支持、信息传递、教育培训等方式，扶持、推广优秀民间社会组织的典型做法和经验，带动更多的民间组织积极发挥组织群众、服务群众和参与社区建设的作用。重点打造广外街道文化艺术者联合会、广外街道再就业协会等枢纽型、公共服务型社会组织。

积极探索物业服务指导新途径。物业矛盾纠纷是全市比较普遍的问题，特别是在新型商品房小区多的区域，广外街道新的商品房小区多，物业纠纷是广外街道社会矛盾新的增长点，街道工委、办事处把强化物业服务作为新时期维护社会秩序、构建安定祥和的社会环境的重要一环来抓，进一步明确居委会、业委会、物业公司之间的关系，坚持在社区党委的领导和居委会的指导下成立业委会，严把程序关、人选关、议事规则关，规范引导物业公司和业委会的行为，化解物业服务矛盾。同时，在有物业管理小区的社区，普遍建立“五位一体”物业协调机制。

（四）信息化支撑：深化“全响应”体系，推动社会服务管理

以建设“现代广外”为目标，始终把创新作为地区治理的核心动力，深化全响应网格化社会治理模式，坚持将先进的信息化技术运用到社会服务管理的方方面面，着力提升地区治理水平与能力。

坚持以网格化为基础推进社会服务管理信息化。网格化是十八届三中全会提出的重要社会治理手段，是新形势下改进社会治理方式、坚持源头治理的重要途径和抓手。广外街道从 2007 年下半年开始实施社区网格化管理工作法，将社区以 500 户左右为单位划分成若干网格，每个网格由一名社区工作者负责，带动积极分子，及时了解掌握该网格内基本情况，做到“三活、四清、五百家”。“三活”，即要成为负责区域的“活户籍、活档案、活地图”；“四清”，即做到“家庭情况清、人员类别清、区域设施清、隐患矛盾清”；“五百家”，即通过入户走访联系群众，达到“进百家门、知百家情、解百家难、暖百家心、和百家亲”。同时，将社区网格工作法与社区已有的信息网络、服务网络、防控网络、文体网络、自治网络融合，固化在日常工作中，努力实现对社区的精细化管理和服务。

加大资源整合力度，健全“五位一体”的信息化平台。充分整合利用现有资源，依托街道城管监督指挥中心，推进行政服务、社会服务、城市管理、社会管理、应急处置“五位一体”，逐步实现监控、预警、上报、处

置、分析、评价（系统）全生命周期管理。在社区层面，逐步推广应用PDA（移动智能终端）、随手拍、民情日记和楼门院长管理系统等技术，为社情民意从感知到快速处理提供有效的技术支撑。

完善街道全响应网格化社会服务管理运行机制。夯实地区基础数据信息，加强数据中心建设和深化应用，推进信息资源共享和业务协同。探索建立“人房关联、人事关联、以房管人”的信息动态更新机制。推进智慧社区和数字家园建设，落实社区网格化管理工作法，充分发挥“一格五员”工作力量，努力实现“把各种社会服务管理资源和力量整合到网格、把社会服务管理责任落实到网格、把社会服务管理问题解决在网格”。

（五）持续性改善：全面加强党的建设，提升服务群众能力

以建设“效能广外”为目标，巩固拓展党的群众路线教育实践活动成果，以首善标准抓好从严治党，深入推进党建工作创新，大力提升党组织服务能力，全面提高党建工作科学化水平。

着力推进区域化党建。以社区党组织换届为契机，切实加强社区党员队伍建设。以区域化、服务型为目标，强化服务能力，着力提高基层服务型党组织建设科学化水平。充分发挥马连道党群活动中心的阵地作用，打造开放式、多功能、专业化党群活动平台，丰富党建活动及服务群众工作的内容形式。继续创设和深化联系服务群众的载体建设和工作机制建设，丰富完善服务功能，逐步形成街道、社区、马连道功能街区三个层面各具特色、各显成效的区域化党建格局，推动地区党建创新能力和服务群众水平的全面提升。坚持做好非公企业党组织书记和非公党建指导员教育培训，提高非公党建队伍素质能力。做好非公企业建党组织工作，扩大非公企业党组织覆盖面，提升非公党建精品化水平。

加强思想宣传，提升地区软实力。把十八大、十八届四中全会以及习近平系列讲话精神作为学习宣传重点，加强领导班子理论中心组和党员干部学习，不断深化“依法治国、依法执政”理念，努力推进学习型党组织建设；以培育和弘扬社会主义核心价值观为核心，全力推进公民思想道德建设，不

断提高居民思想道德素质；围绕基层党的建设、地区城市管理、民生服务保障、和谐社区建设等重点，充分利用微博、微信等新载体，做好新闻宣传和舆论引导工作，为区域经济社会健康发展提供良好的社会舆论环境；以全国文明城区复查工作为契机，不断提高区域文明程度和居民群众的文明素质，推动地区精神文明建设工作。

强化党风廉政建设。认真落实党风廉政建设责任制，切实履行党风廉政建设主体责任，严格执行领导干部“一岗双责”和“三重一大”制度。充分利用会议、办公网络、机关 LED 屏等多种形式和载体，广泛开展党性党风党纪廉政宣传教育。通过任职前廉政谈话、签订廉政责任书，增强领导干部廉洁自律的自觉性和主动性。不断加强廉政风险防控体系建设，完善权力公开透明运行监督制约机制，加大党务、政务、居务公开透明度。加强对权力运行的过程监督和风险点防控。认真组织开展“千家评政府”工作，推进工作作风转变，有效加强政风行风建设。

汇聚合力，全面做好统战、群团工作。认真做好对人大代表、政协委员履行职能和参政议政的服务工作。做好对统战各界人士的宣传引导和服务工作。团结好各民主党派、工商联、无党派人士，为地区经济发展和社会和谐稳定献计献策。全面加强工会组织建设，组建马连道地区茶业工会联合会，实现马连道茶商工会组织全覆盖。认真落实《西城区企业文化建设三年规划》，组织开展形式多样的文体活动，丰富活跃工会职工文化生活。大力推进区域化团建工作，扩大基层团组织覆盖面。继续优化和完善马连道社区青年汇旗舰店服务功能，发挥其桥梁纽带作用，凝聚地区青年力量。切实发挥好妇联在维护妇女儿童权益方面的积极作用。

扎实推进机关作风建设。巩固教育实践成果，把群众路线内化于心、外化于行。深入贯彻落实中央八项规定和市区有关规定，切实转变文风、会风。认真贯彻落实十八届四中全会精神，强化依法治国理念，不断提高法治意识和依法行政能力。加强领导班子和干部队伍建设，健全完善各项规章制度，不断增强履职能力。坚持领导干部带头改进工作作风，带头深入基层调查研究，带头密切联系群众，带头解决实际问题。深入推进处级领导“六个一”工作举措，即打造一个亮点工作、探索一个创新项目、走访一个重点企业、指导一个薄弱社区、联系一个困难家庭、攻坚一个难点问题，提升执政水平和服务能力。继续深入开展访听解工作，解决好联系服务群众“最后一公里”问题，建立完善更多与民生息息相关的长效机制，更好地服务地区百姓。

参考文献

张凯兰：《社会治理创新中网格化管理服务的基层实践与思考——以长沙市城区为例》，《湖湘论坛》2014 年 5 月 1 日。

徐华江：《全力开创品质之城幸福家园建设新局面》，《政策瞭望》2013 年 12 月 20 日。

任晋锋、吕斌：《北京核心城区社区公共服务设施问题及对策研究——以西城区调研为例》，《现代城市研究》2012 年 2 月 15 日。

蔡惠卿：《广州新型城市社区服务体系建设研究》，华南理工大学硕士论文，2013。

广安门外街道：《街道工委、办事处年度工作总结》，2012 ~ 2014 年。

广安门外街道：《街道工委、办事处各科室年度工作总结》，2012 ~ 2014 年。

詹姆斯 · P. 沃麦克（James P. Womack）、丹尼尔 · T. 琼斯（Daniel T. Jones）著《精益思想（白金版）》，沈希瑾、张文杰、李京生译，机械工业出版社，2015。

广安门外街道志编纂委员会：《广安门外街道志》，2002。

数据报告

Data Reports

B.2
广外街道基于工作人口的地区公共服务问卷调查报告

摘　要：为推进街道公共服务工作，课题组针对广外街道辖区内的驻区单位工作人员随机进行了街道公共服务需求问卷调查，主要从社区服务机构认知度、社区服务参与度、地区生活便利度、社区公共服务满意度和社区公共服务需求度五个方面着手展开调查，通过对反馈问卷的数据统计分析做横向对比、纵向对比及频数分析等，了解广外街道公共服务现状、趋势及诉求，为整体提升广外街道公共服务水平做好数据支撑，并对存在的主要问题提出对策建议。

关键词：广外街道　公共服务　工作人口　需求满意度

随着社会转型和结构调整，街道的服务管理责任不断增强。街道公共服务供给对于城市发展建设和维护社会稳定与团结起着至关重要的作用。本报告所涉及的调查对象是北京市西城区广外街道所辖30个社区的驻区单位工作人员，除中新佳园社区因本次调查活动之后才成立没有参与调查外，其余29个社区，每个社区随机选择不同类型的20位驻区单位工作人员作为调查对象。调查时间为2015年1月。共发放问卷580份，回收550份，其中有效问卷543份，有效回收率为93.6%。

一 调查样本情况

调查对象中，男女比例约为1.09∶1；年龄在26～35岁以及36～45岁所占比重最大；职业分布以公司白领为主；户籍以本市户籍为主，其中本区户籍比例达到20.1%；教育程度是大专或本科的人群所占比例最高；家庭组成结构方面，三口之家所占比例最高；从家庭人均月收入来看，有53人的家庭人均月收入低于1560元，家庭人均月收入在1560～3400元的被调查居民数量最多，其次是家庭人均月收入在3400～5000元的受访者。

表1 调查样本基本情况统计

单位：人

性别	男			女		
	274			252		
年龄	25岁以下	26～35岁	36～45岁	46～55岁	56～65岁	65岁以上
	69	163	142	105	48	12
户籍	本市户籍	本区户籍	居住证	暂住证	居住半年以上但未办理居住证	外籍
	188	109	13	205	15	12
职业	公司白领	机关事业单位职工	公务员	其他		
	116	89	13	291		
家庭人数	四口以上	四口	三口	二口	一口	
	97	92	229	64	35	

续表

学历	硕士及以上	大专或本科	高中或中专			
	28	256	220			
家庭人均月收入	1560元以下	1560～3400元	3400～5000元	5000～10000元	10000～20000元	20000元以上
	53	209	138	103	25	4
本社区居住时间	三年以上		一年到三年		一年以下	
	322		126		65	

注：回收问卷中，全部题目漏答率在15%及以下，判定为有效问卷。由于题目漏答，表中对各属性的汇总统计数存在不一致并且小于有效问卷数的情况。

二　社区服务机构认知度

（一）街道办事处认知度：70.4%的受访者表示“知道”

对于广安门外街道办事处，被调查者的认知度较高，70.4%的受访者表示“知道”办事处地址，20.3%的受访者表示“知道大体位置，但没去过”，但也有9.4%的受访者表示“不知道”。

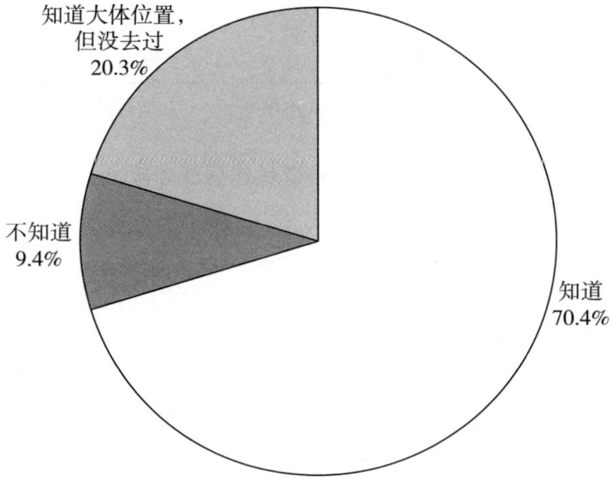

图1　广外街道办事处认知度

（二）社区居委会认知度：78.9%的受访者表示“知道办公地点”

对于社区居委会的认知度，表示“知道办公地点”的受访者占比达78.9%。但是受访者对居委会有更加详细的了解的占比则有所下降，其中，表示“了解服务项目”的受访者占比为41.1%，表示“知道领导姓名”的受访者占比为34.0%，表示“参加过活动”的受访者占比为44.9%。值得注意的是，仍有10.5%的受访者对以上情况都不知道。

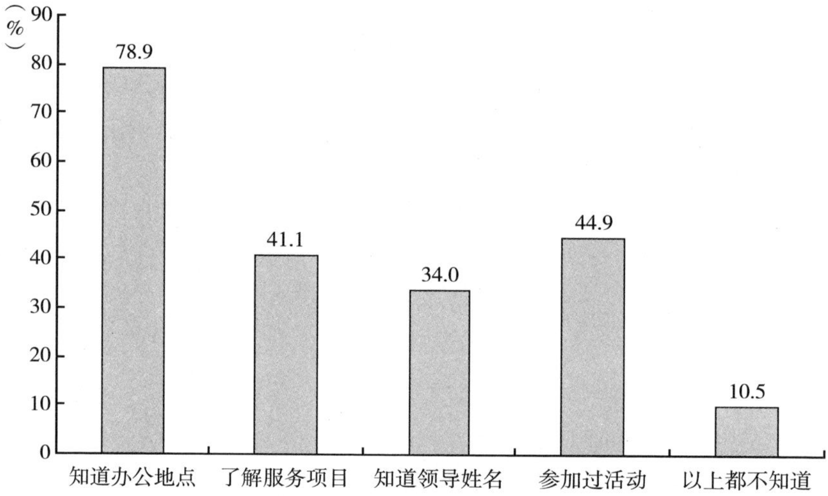

图2 广外街道社区居委会认知度

（三）社区认同度：75%的受访者表示会以社区为荣

调查问卷以“您会以您单位所在的这个社区为荣并经常向朋友或亲人提起和夸耀吗?”这一问题来了解被访者对社区的认同度，结果显示，27.8%的受访者表示“会”，47.3%的受访者表示“有时候会”，25.0%的受访者表示“不会”。

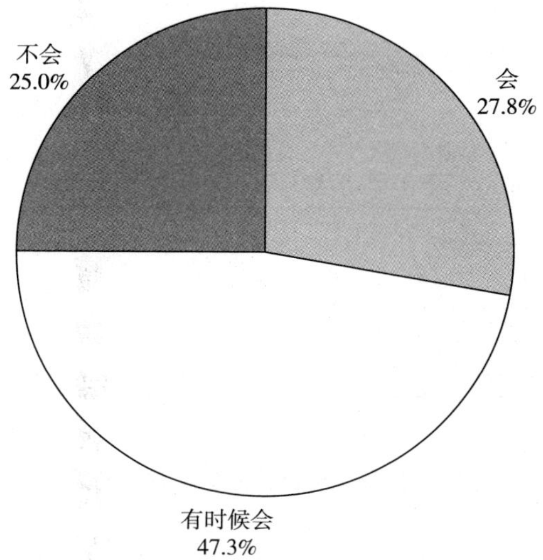

图 3　广外街道社区认同度

三　社区服务参与度

（一）社区服务项目参与度："法律服务"参与度最高

社区建设以人为本，人既是社区建设的客体，又是社区建设的主体。提高居民的社区服务项目参与度，是推动社区建设发展的根本动力。调查显示，社区服务项目参与度方面，参与"法律服务"的受访者达 34.5%，所占比例最高。其次是参与"图书阅览"及"棋牌娱乐"的受访者，所占比例分别为 23.8% 和 20.2%。但需要注意的是，表示"都未参与"的受访者占比仍有 26.5%。

（二）社区文化活动参与度：67%的人曾参与

广外街道社区文化活动参与度方面，20.7% 的受访者表示"经常参加"，46.4% 的受访者表示"偶尔参加"，33.0% 的受访者表示"从来

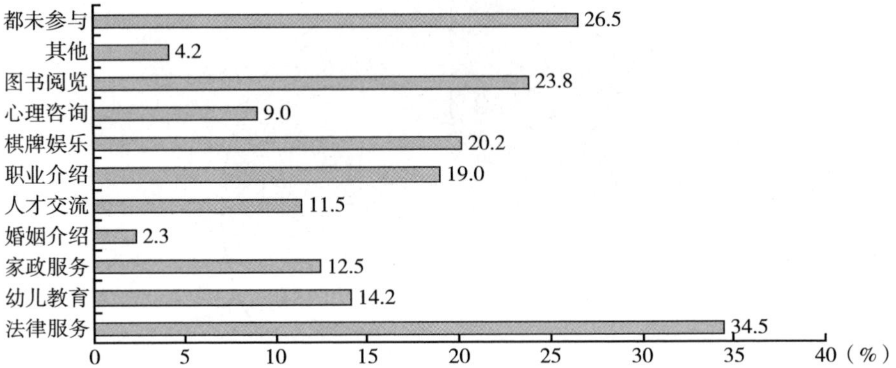

图 4　广外街道社区服务项目参与度

没有”。其中，马连道中里社区和手帕口北街社区表示“经常参加”的比例最多，分别达到了 60.00% 和 57.89%；而车站西街 15 号院的受访者参与程度最低，其“从来没有”参加过社区文化活动的比例为 73.68%。

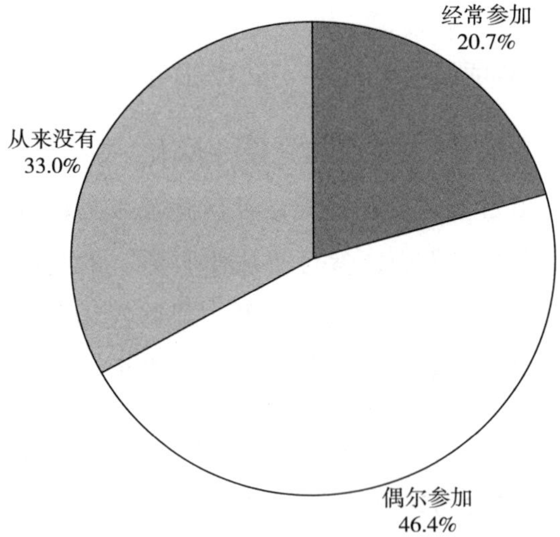

图 5　广外街道社区文化活动参与度

表 2　广外各社区文化活动参与度

单位：%

社区	经常参加	偶尔参加	从来没有
白菜湾社区	15.79	31.58	52.63
车站东街社区	27.27	27.27	45.45
车站西街 15 号院	0.00	26.32	73.68
车站西街社区	26.32	47.37	26.32
椿树馆社区	23.53	17.65	58.82
蝶翠华庭社区	30.00	25.00	45.00
二热社区	33.33	55.56	11.11
红居街社区	5.56	77.78	16.67
红居南街社区	0.00	70.00	30.00
红莲北里社区	5.00	50.00	45.00
红莲南里社区	40.00	40.00	20.00
红莲中里社区	10.53	52.63	36.84
朗琴园社区	5.00	50.00	45.00
乐城社区	55.00	30.00	15.00
莲花河社区	15.00	50.00	35.00
马连道社区	31.58	31.58	36.84
青年湖社区	10.00	50.00	40.00
荣丰社区	0.00	80.00	20.00
三义东里社区	21.05	52.63	26.32
三义里社区	33.33	46.67	20.00
手帕口北街社区	57.89	36.84	5.26
手帕口南街社区	26.32	63.16	10.53
天宁寺北里社区	15.79	63.16	21.05
马连道中里社区	60.00	35.00	5.00
天宁寺南里社区	30.00	50.00	20.00
湾子街社区	11.11	50.00	38.89
小马厂社区	15.00	60.00	25.00
鸭子桥社区	0.00	40.00	60.00
依莲轩社区	5.56	27.78	66.67

（三）社区公益事业参与度：公益培训、治安、绿化居前三位

社区公益事业参与度方面，参与“公益培训”的受访者占比达37.8%，所占比例最高。其次，参与“治安”和“绿化”的受访者占比相当，分别达31.2%和30.0%。受访者对其他社会公益事业的参与度平均在30%左右。

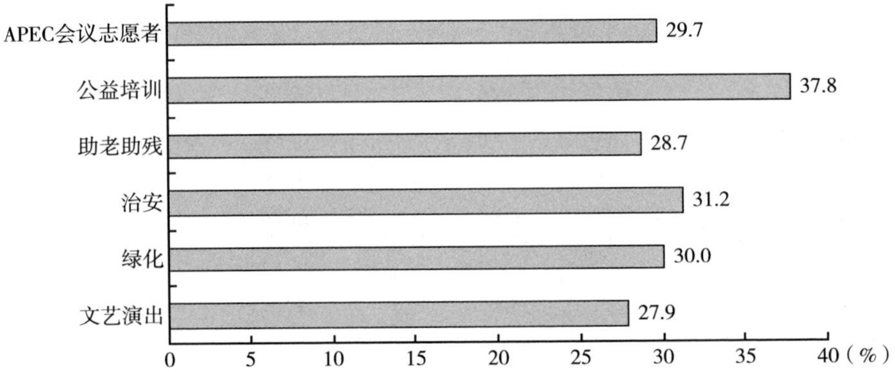

图6　广外街道社区公益事业参与度

四　地区生活便利度

（一）停车资源情况：条件不好成为82.3%的受访者的共识

停车难、停车乱的现象在广外街道管理中相对突出。对于停车资源的调查结果显示，只有17.8%的受访者表示“很好，没有”；而有27.3%的受访者表示“很不好，严重影响工作”（见图7）。其中，朗琴园社区反映出来的问题最为突出（见图8）。

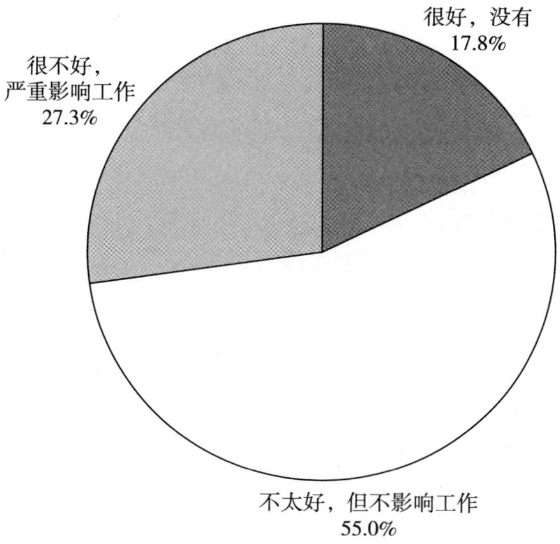

图7　广外街道的周围停车条件

（二）交通便利度：超半数受访者“最后一公里”步行上班不超过10分钟

公共交通的发展是缓解交通拥堵、转变城市交通发展方式、提升人民群众生活品质、提高政府基本公共服务水平的有效途径。调查问卷对“最后一公里”换乘情况做了了解，各调查选项分布较为均衡。其中，33.5%的受访者可以步行“5～10分钟”到达，只有21.6%的受访者表示需要步行“15分钟以上”才能到达单位（见图9）。

（三）早餐便利度：44.8%的受访者能较方便地找到正规早餐点

调查显示，广外街道早餐便利度方面，44.8%的受访者表示“稍有不便，多走几步能找到”，37.1%的受访者表示“有流动的摊点，卫生难以保障”，7.9%的受访者表示“很不方便”，另外10.2%的受访者认为“基本没有”相对正规的早餐点（见图10）。

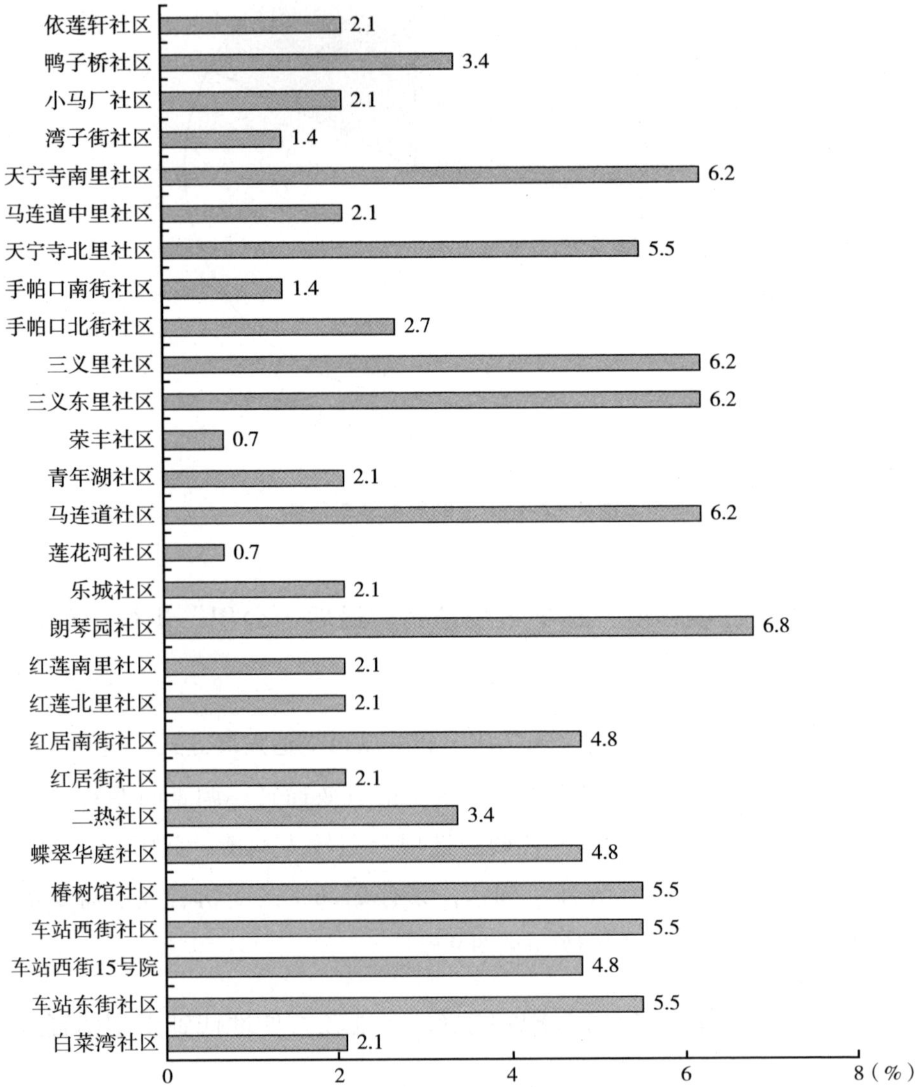

图 8　反映停车条件不好的样本社区分布情况

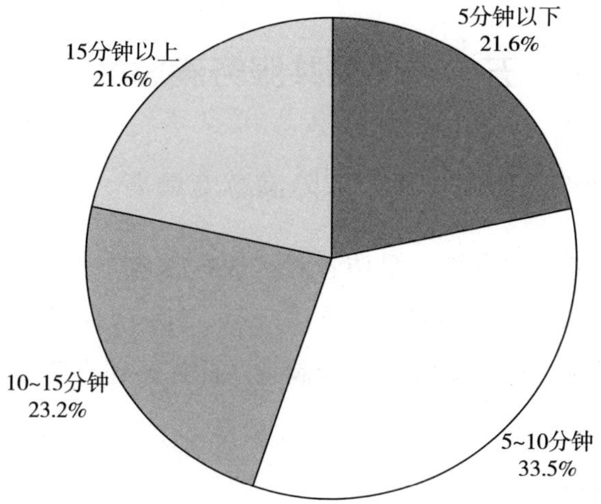

图 9　广外街道的交通便利度

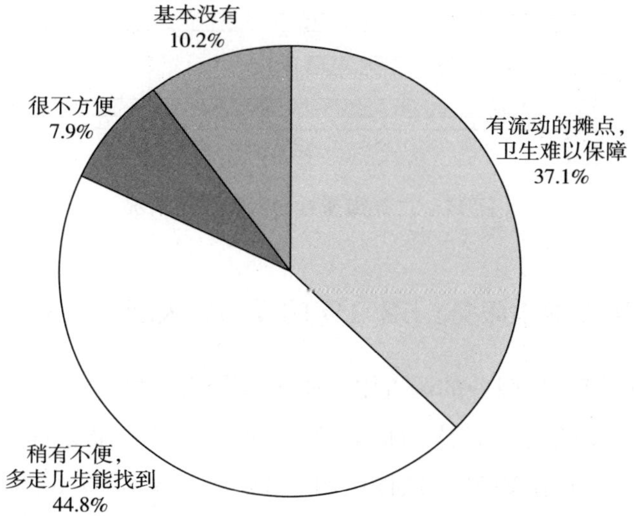

图 10　广外街道的早餐便利度

五　社区公共服务满意度

（一）社会保障服务：医疗保险满意度最高

社会保障服务项目方面，受访者对“医疗保险”和“就业服务”的满意度较高。调查显示，37.3%的受访者对“医疗保险”较为满意，而35.3%的受访者对“就业服务”较为满意。此外，还有7.6%的受访者选择了“都不满意”（见图11）。

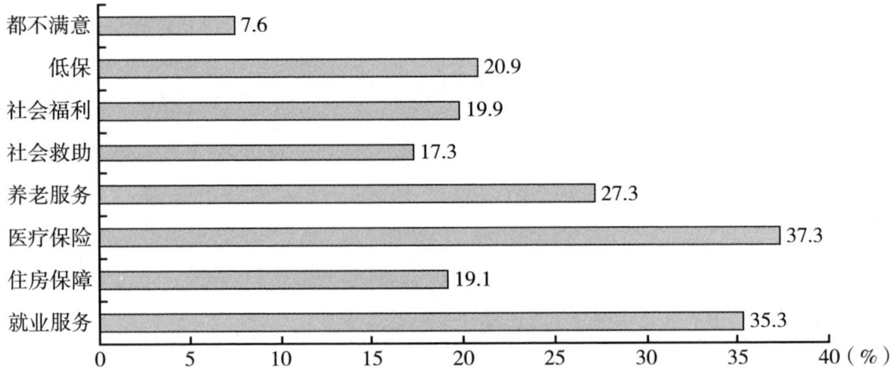

图11　广外街道社会保障服务情况

（二）医疗卫生服务：52.1%的受访者表示“就医方便”

在关于医疗卫生服务的调查中，受访者最为认可的是“就医方便”。数据显示，52.1%的受访者认为广外街道的医疗卫生服务优势是“就医方便”；其次是“价格合理”，选择比例达36.9%。但还有16.8%的受访者表示“都不满意”（见图12）。

（三）公共安全：66.4%的受访者对社会治安表示满意

公共安全方面，有66.4%的受访者表示对“社会治安”满意。除此之

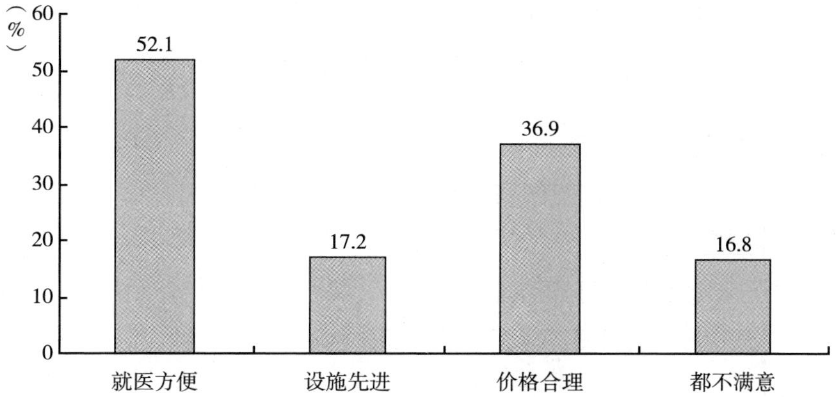

图 12　广外街道医疗卫生服务满意度

外，38.7%的受访者表示对“流动人口管理”满意，27.7%的受访者表示对“突发事件处理”满意，仅有2.3%的受访者对“以上都不满意”（见图13）。

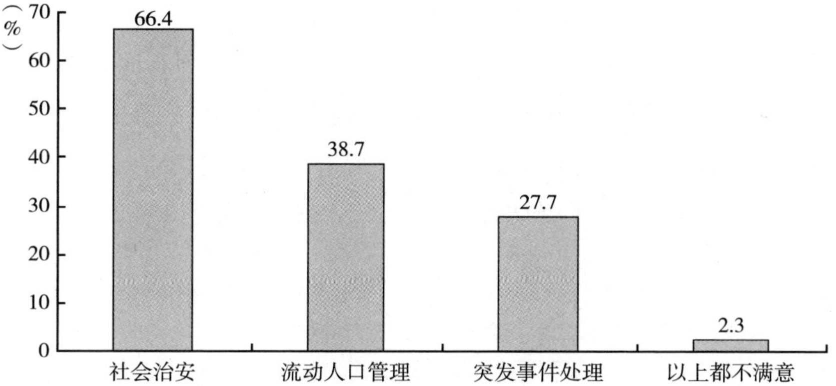

图 13　广外街道公共安全情况满意度

（四）城市管理：57.2%的受访者认为城市管理存在的主要问题是违章停车

城市管理方面，调查显示，57.2%的受访者认为城市管理存在的主要问题是“违章停车”，37.4%的受访者认为是“绿化不够”，认为是“街巷保洁”以及“游商占道”的受访者占比分别达30.4%、28.3%。

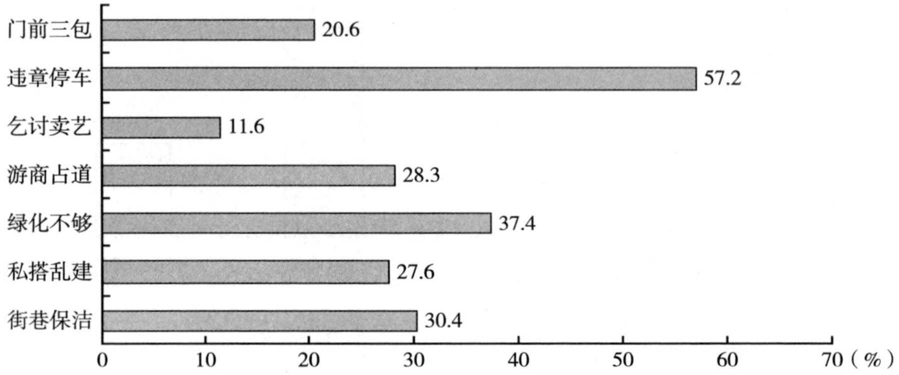

图14 广外街道城市管理情况

（五）市政公用事业：仅21.5%的受访者对城市“规划布局”满意

市政公用事业方面，受访者对供水、供电等项目的满意度较高。而与此相对应的是，满意度低于30%的为：24.0%的受访者对“信息化水平”满意，21.5%的受访者对城市“规划布局”满意及27.2%的受访者对“市容市貌”满意，此外，还有6.7%的受访者表示“都不满意”（见图15）。

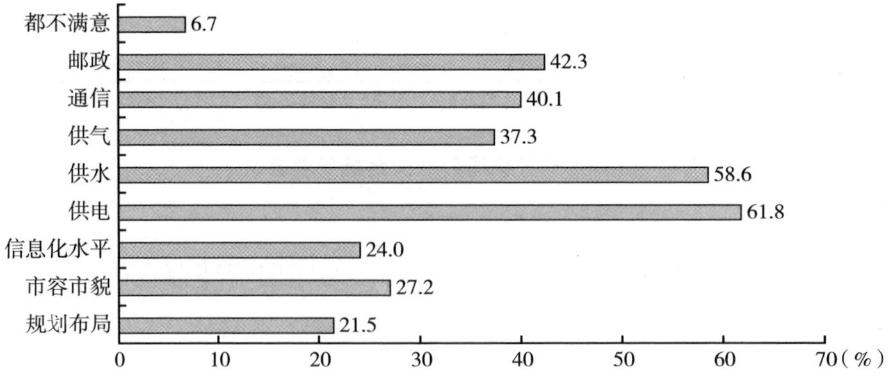

图15 广外街道市政公用事业情况满意度

（六）消防安全情况：59.7%的受访者认为“防火设施很好，会安全逃生”

消防安全方面，调查显示，59.7%的受访者表示“防火设施很好，会安全逃生”，34.9%的受访者表示“防火设施一般，火势不太大的情况下可以逃生”。另外5.4%的受访者表示“防火设施不好，逃生机会不多”（见图16）。进一步从社区分布来看，认为“防火设施很好，会安全逃生”的受访者占比排名最靠前的社区是红莲北里社区和车站西街15号院（见图17）。

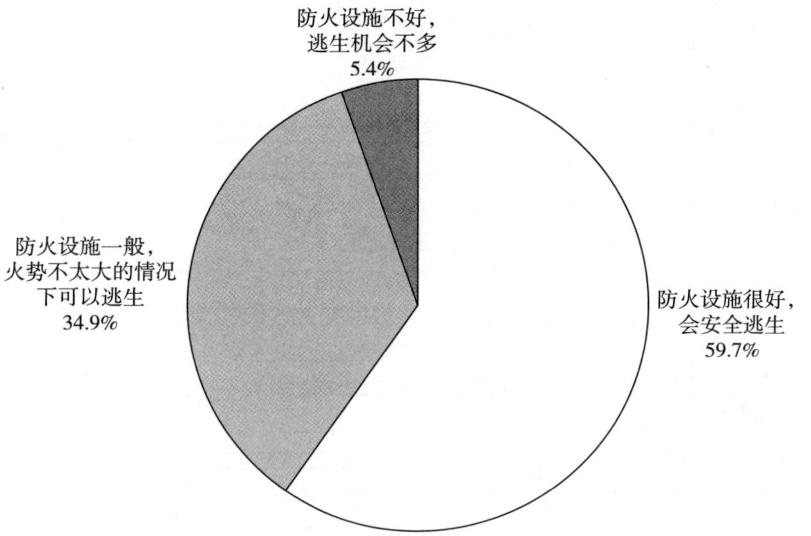

图16　广外街道消防安全情况满意度

六　社区公共服务需求度

（一）硬件设施需求：46.1%的受访者需要体育健身点

随着人们物质文化生活水平的提高，居民服务需求日益多元化。反映到

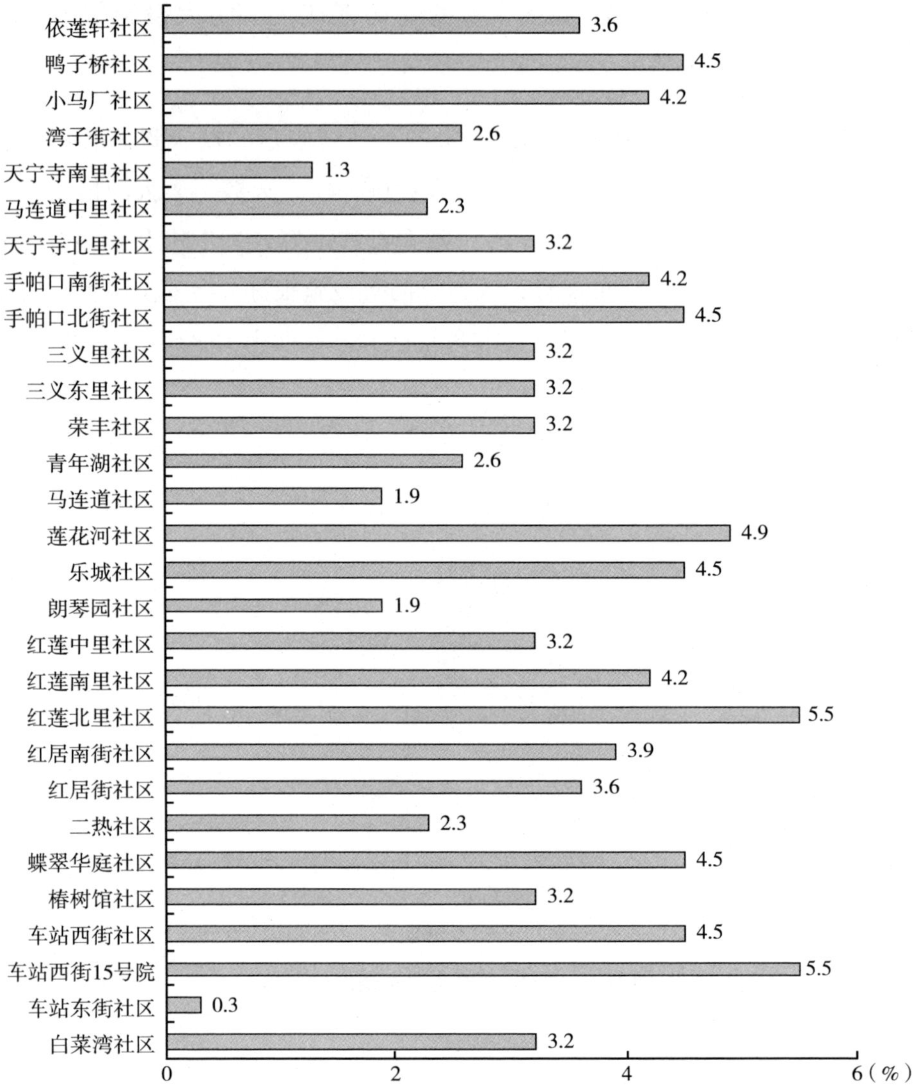

图 17　广外街道各社区“防火设施很好，会安全逃生”的受访者统计

广外街道社区硬件设施需求方面，46.1%的受访者表示社区最缺乏的是“体育健身点”，28.3%的受访者表示社区最缺乏的是“文化活动室”，23.9%的受访者表示社区最缺乏的是“图书室”。

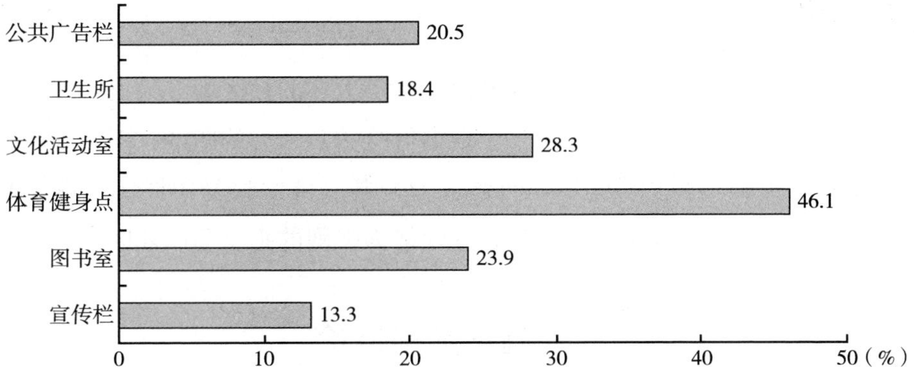

图 18　广外街道硬件设施需求情况

（二）服务项目需求：便民利民服务、文化娱乐和医疗保健位列前三

服务项目需求方面，调查显示，39.3% 的受访者表示最需要的是“便民利民服务”，其次是“文化娱乐”和“医疗保健”，需求比例分别为 34.2% 和 32.9%（见图 19）。

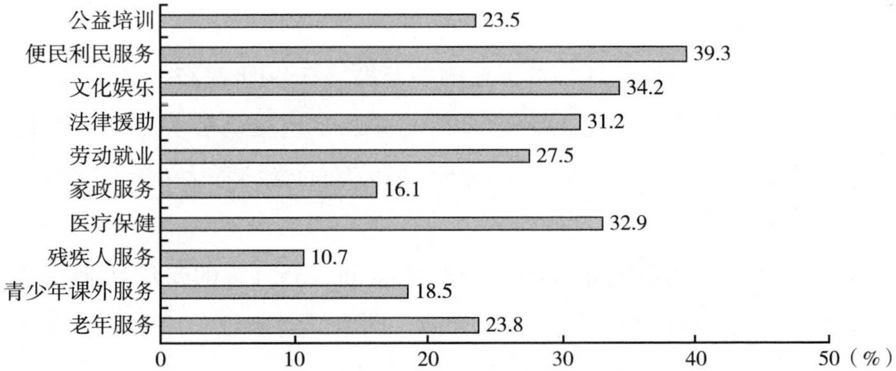

图 19　广外街道服务项目需求情况

（三）服务缺口情况：停车难、办事手续烦琐复杂、卫生环境差是存在的最大问题

广外街道居民在服务项目需求方面，除了上述的社区服务项目之外，还有很多问题在调查过程中反映出来。根据对受访者意见的归纳，停车难、办事手续烦琐复杂、卫生环境差等问题成为公共服务中最受关注的问题。其中，受访者对办事手续烦琐复杂问题反映最为强烈的是小马厂社区。

七 基本数据结论

基于对广外街道驻区单位工作人员的调查，围绕社区服务机构认知度、社区服务参与度、地区生活便利度、社区公共服务满意度和社区公共服务需求度五大方面进行公共服务的供需现状分析，得出以下结论。

第一，驻区单位 70.4% 的受访者表示“知道”街道办事处地址；78.9% 的受访者知道居委会的办公地点。

第二，社区服务项目中，参与“法律服务”的受访者达 34.5%，所占比例最高，26.5% 的受访者从未参与过社区服务项目。

第三，社区文化活动参与度方面，33% 的受访者表示“从来没有”参加过社区文化活动。

第四，驻区单位对社区公益事业的参与度均在 30% 左右。

第五，停车难问题突出，有 27.3% 的驻区单位受访者表示该问题已经严重影响工作。与停车难问题相对应的，57.2% 的受访者认为城市管理存在的主要问题是违章停车。

第六，公共交通系统布局仍有改进的空间，55.1% 的受访者表示“最后一公里”换乘步行时间不超过 10 分钟。同时，对市政公用事业的调查显示，仅 21.5% 的受访者对城市规划布局表示满意。

第七，正规早餐点设置仍有优化空间，44.8% 的受访者表示“稍有不便，多走几步能找到”。

第八，对于社会保障服务项目，受访者对医疗保险的满意度最高。

第九，驻区医疗资源方面，52.1%的受访者表示广外街道的医疗卫生服务优势是就医方便；社会治安环境有待提高，66.4%的受访者表示对社会治安情况比较满意。

第十，有59.7%的受访者表示“防火设施很好，会安全逃生”。其中，红莲北里社区和车站西街15号院的消防设施最能得到受访者的认可。

第十一，硬件设施需求方面，受访者对体育健身设施需求较高，46.1%的受访者表示社区最缺乏的是体育健身点。服务项目需求方面，受访者最需要的是便民利民服务。

八 数据分析反映的突出问题及对策建议

从分析结果可以看出，广外街道群众参与度不足、停车难、办事程序便利度还难以满足公众需求、便民利民服务和文化娱乐等服务项目供需不平衡等问题显著。因此，应加强街道便民公共服务体系建设，优化社区资源配置，推进综合信息平台建设，为居民群众提供更加细致的人性化服务，促进街道和谐稳定发展。

一方面，加强街道服务中心管理，推进社区服务一站式建设，提升服务质量，完善便民服务体系。街道服务中心要强调“以居民为本”，关注居民最关心的问题，把居民满意度作为核心标准，注重街道公共服务供需平衡，通过有效提供社区居民所需的公共服务，充分满足居民的生活需求和精神需求。改变以行政化推动为主的传统街道工作理念，简化办事流程，积极拓宽、畅通群众办事渠道，推行便民服务举措，广泛调动街道各类组织资源参与到街道建设中，创造出具有自身特色和推广价值的社区管理模式。

另一方面，推进公共服务信息平台建设，建立“实体+网络”的服务模式。完善公共服务供给方式，打通服务群众的“最后一公里”。一是加强社区信息化建设，完善社区服务热线。通过使用移动互联网、QQ、微信等先进的网络平台，构建社区信息化互动体系，增进与驻区单位的沟通联系，提供方便快捷的多样化服务。二是完善社区服务信息平台建设。推动实体政务大厅向网上办事大厅延伸，丰富综合信息平台，提供基本的公共服务项目。规范信息共享的范围、方式和标准，实现办理进度和办理结果网上实时查询，满足驻区单位工作人员的公共需求，为其提供方便快捷的多样化服务。三是提高驻区单位公益事业参与度。利用信息技术和互联网的力量，引导驻区单位发挥优势，提供专业的公共服务，如医疗、教育、培训、就业等，形成长效合作机制，实现资源共享，带动整个地区公共服务发展。四是做好居民培训指导，使居民能随时随地通过网络获得街道提供的各项信息服务，享受家政服务、法律咨询、远程教育等多元化社区服务。

B.3
广外街道基于社区居民的地区公共服务问卷调查报告

摘　要：　为推进街道社区公共服务工作，让居民公平享有均等的基本公共服务，课题组对广外街道辖区内各社区居民随机进行了街道社区公共服务需求问卷调查，主要从社区服务满意度、社区存在的问题、受访者家庭问题、社区服务匹配度分析、社区养老五个方面着手展开调查，对广外街道的公共服务现状、趋势及居民诉求，通过实证数据进行反映和分析，并对存在的主要问题提出对策建议。

关键词：　广外街道　公共服务　社区居民　需求满意度

本报告所涉及的调查对象是北京市西城区广外街道所辖30个社区的居民，除中新佳园社区因本次调查活动之后才成立没有参与调查外，其余29个社区，每个社区随机抽取20位居民进行调查，调查共发放问卷580份，回收565份，其中有效问卷559份，有效回收率为96.4%。

一　调查样本情况

（一）调查样本基本情况

调查对象中，男女比例约为1∶1.8；年龄在46～55岁以及56～65岁所占比重最大；以离退休人员和在职职工为主；户籍以本市户籍为主；教育程度是大专或本科的人群占比最高；家庭组成结构方面，三口之家所占比例最高；从家庭人均月收入来看，有 58 人的家庭人均月收入低于 1560 元，家庭人均月收入在 1560 ~3400 元的被调查居民数量最多，其次是家庭人均月收入在 3400 ~5000 元的被调查居民；被访者居住在广外街道辖区的时间超过三年的比例最高。

表 1　调查样本基本情况

单位：人

性别	男			女		
	199			358		
年龄	25 岁以下	26 ~35 岁	36 ~45 岁	46 ~55 岁	56 ~65 岁	65 岁以上
	18	96	81	126	143	92
户籍	本市户籍	本区户籍	居住证	暂住证	居住半年以上但未办理居住证	外籍
	314	186	5	40	3	3
职业	公司白领	机关事业单位职工	公务员	在职职工	个体工商户	私营企业主
	7	17	4	186	9	6
	专业技术人员	商业服务业员工	自由职业者	离退休人员	下岗失业人员	其他
	4	7	15	286	11	21
学历	硕士及以上	大专或本科	高中或中专	初中	小学及以下	
	20	259	191	55	12	
家庭人数	四口以上	四口	三口	二口	一口	
	90	88	255	91	17	
家庭人均月收入	650 元以下	650 ~1560 元	1560 ~3400 元	3400 ~5000 元	5000 ~10000 元	10000 元以上
	14	44	218	152	86	28
本社区居住时间	三年以上		一年到三年		一年以下	
	432		53		10	

注：回收问卷中，全部题目漏答率在 15% 及以下，判定为有效问卷。由于题目漏答，表中对各属性的汇总统计数存在不一致并且小于有效问卷数的情况。

（二）特定群体分析

1. 空巢或独居老人：人均月收入在1560 ~3400元的占比较高

空巢老人是指无子女或子女不在身边、独自生活的老年人，其对社区提供服务需求度更高，需要重点关注。此次调查将受访者年龄大于55 岁并且家庭人口数少于等于2 人的单独抽离出来，共计66 人（户），其基本特征如下。

在性别构成方面，女性所占比例为59.1%，男性所占比例为40.9%；89.2%的为北京市户籍，其中本区户籍占35.4%；38.1%的受访者受教育程度为高中或中专；96.5%的受访者在本社区的居住时间在三年以上。在家庭人均月收入方面，43.8%的空巢或独居老人家庭人均月收入为1560 ~ 3400 元，其中，1560 元以下有3 人，占比4.7%。

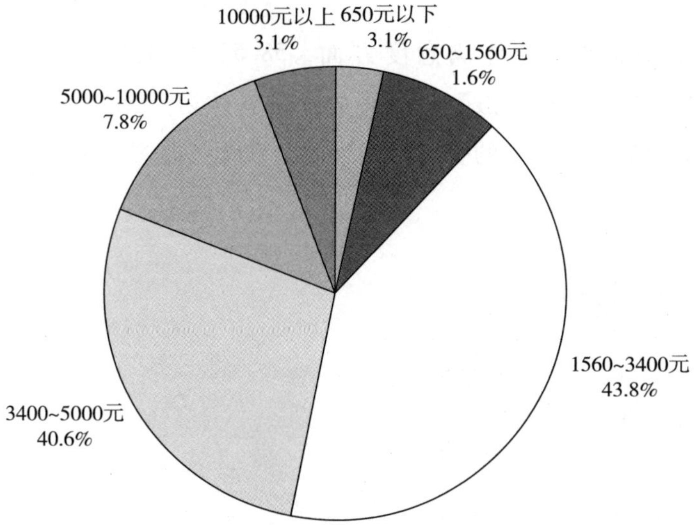

图1　空巢或独居老人家庭人均月收入

2. 流动人口群体的构成特征：以离退休人员为主

流动人口管理是街道日常工作中的一个重点与难点，我们在此次调查中也试图对这一部分人群进行描述，但是由于问卷下发对象选取的困难，所涉及的样本数量与实际人群分布存在一定差异。在进行样本选择时，我们将户籍选项中标明“暂住证”和“居住半年以上，但未办理任何居住证件”的两类人群作为研究对象。共涉及调查对象42人，其基本特征如下：在居住时间方面，选择“一年至三年”的人数比例达25.6%，高于全体样本水平；在职业构成方面，以离退休人员为主，达47.6%；在受教育程度方面，高中或中专所占比例最大，为48.3%。

二 社区服务满意度：总体满意度达58.5%

（一）社区服务的总体满意度：58.5%的社区居民表示满意

社区公共服务的总体满意度方面，58.5%的调查对象选择“好”，36.6%的受访者认为“一般”，2.2%的受访者认为“不好”，1.8%的受访者表示“不清楚”，0.9%的受访者认为“与我无关”。

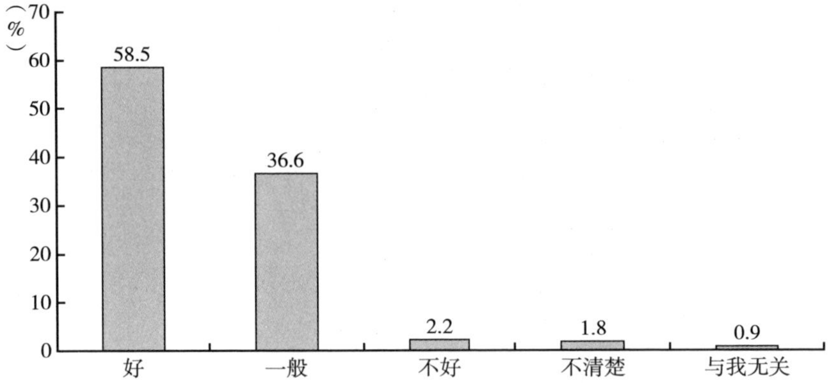

图2 广外街道社区公共服务需求人员总体满意度构成

（二）分社区服务满意度：天宁寺北里社区和莲花河社区满意度最高

在广外街道参与调查的29个社区中，满意度排名位居前三的依次是莲花河社区、天宁寺北里社区、依莲轩社区，分别为100.0%、94.7%、94.0%（见图3）。

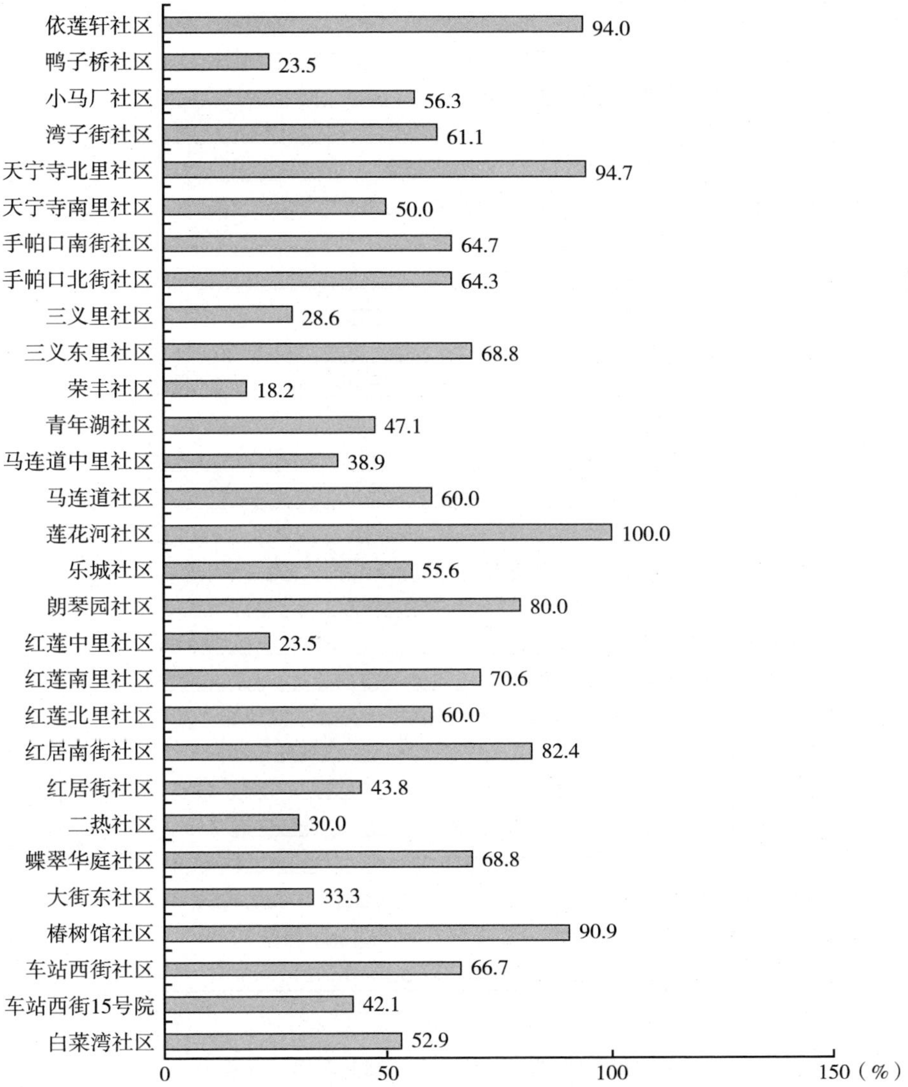

图3　广外街道29个社区的公共服务满意度排名

进一步分析13项细分服务内容的满意度评价，加权汇总之后，排名前三的依次是天宁寺北里社区、红居南街社区、莲花河社区，得分均超过4.4分（见图4）。

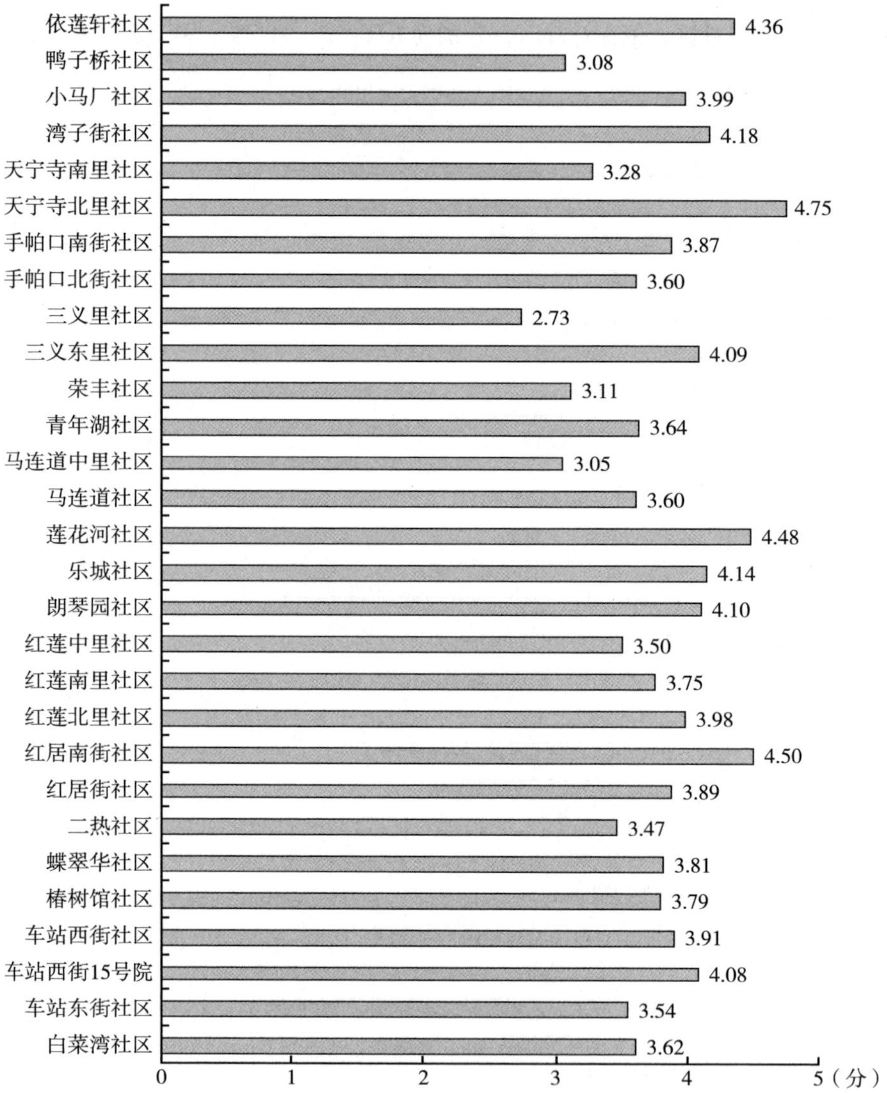

图4 广外街道29个社区13项细分项目评价得分

汇总以上两项可以看出，天宁寺北里社区和莲花河社区均居于前三位，是29个社区中居民满意度最好的。而荣丰社区和鸭子桥社区这两项的排名均靠后。

（三）社区居民对居委会服务最满意

调查显示，在广外街道参与调查的29个社区公共服务13项内容评价中，调查对象对社区的居委会服务最满意，均值为4.57分；对停车条件的评价得分最低，均值为2.96分（见图5）。

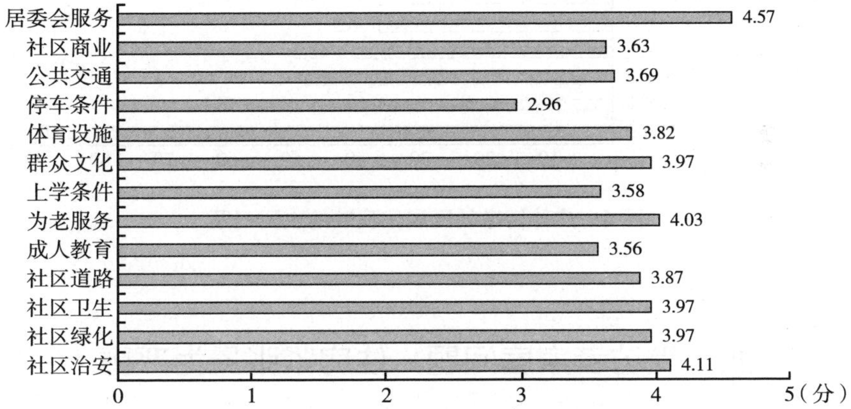

图5　广外街道社区公共服务内容评价情况

三　社区存在的问题：停车不方便最为突出和普遍

“居民停车不方便”“托儿所、入学难”“健身活动场所和设施不足”排名位列前三。“居民停车不方便”是社区居民最关注的问题。在社区存在问题的20个选项中，83%的居民认为社区应在“居民停车不方便”的问题上加大工作力度，紧随其后的问题依次是“托儿所、入学难”（56.7%）、“健身活动场所和设施不足”（47.7%）、“公共文化场所缺乏”（42.2%）以及“吃早点地方少”（36.2%）（见图6）。

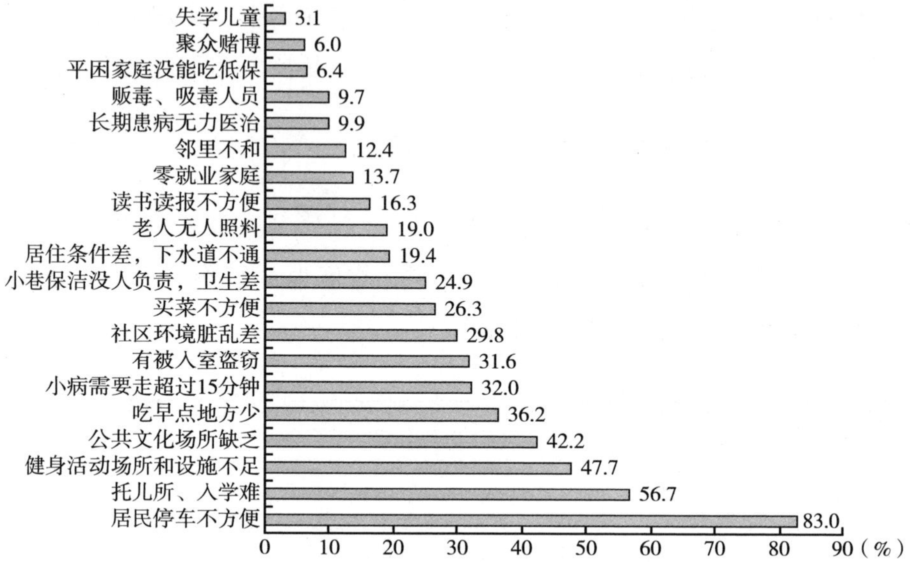

图 6　广外街道社区居民反映的主要问题

四　受访者家庭问题：住房紧张最为严重

对于受访者家庭自身而言，“住房紧张”是最为突出的问题。30.4%的受访者认为“住房紧张”，希望改善住房条件，所占比例最高。其他排前5位的问题分别是“就学不便”（29.6%）、“缺少健身锻炼”（27.9%）、“缺乏公共活动场所”（24.5%）和“养老不便”（22.6%）（见图7）。

五　社区服务匹配度分析：家庭医生缺口最大

受访者在被问及最为重要的社区服务需求时，物业、养老服务、社区医疗、幼儿园和法律咨询五项是占比较高的项目。调查显示，受访者对物业的需求占比达到62.1%，其次是养老服务和社区医疗，分别占到59.7%和51.4%（见图8）。

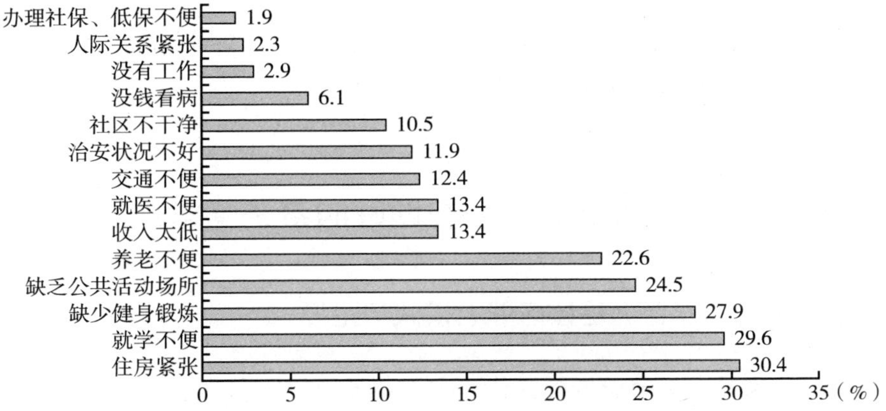

图 7　广外街道社区受访者家庭问题调查情况

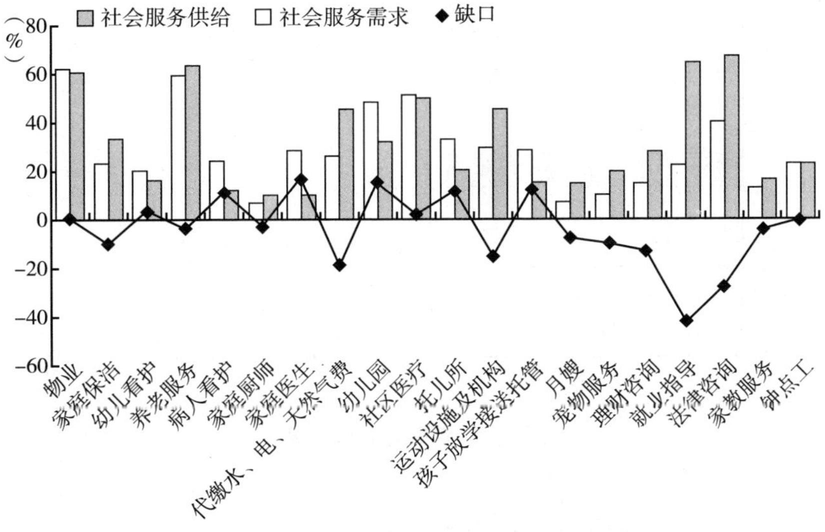

图 8　广外街道社区公共服务项目供需对比

在社区可以提供的服务项目中，选择比例最高的是法律咨询，被选比例达 67.2%，其后依次是就业指导（64.6%）、养老服务（63.7%）、物业（60.8%）和社区医疗（49.8%）（见图 8）。

从服务项目的供需配比来看，“就业指导”和“法律咨询”两项明显供大于求，而家庭医生、幼儿园、病人看护、托儿所、孩子放学接送托管等存在缺口，进一步来看，家庭医生是缺口最大的领域。

六　社区养老：紧急救助呼叫系统需求最高

（一）居家养老仍是社区养老模式的主导

从目前来看，居家养老模式依然占据主导地位。调查结果显示，受访者选择居家养老的比例是 66%；其次是老年公寓，比例达 34%；敬老院占比最低，为 16.2%（见图 9）。

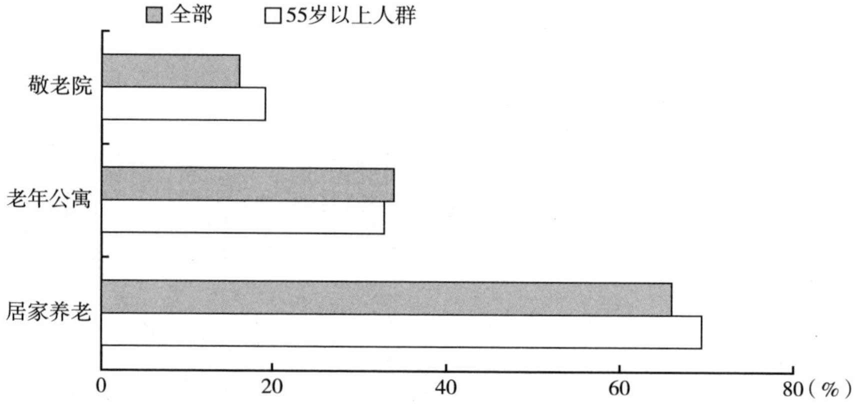

图 9　养老模式需求情况

（二）养老服务项目需求最多的是紧急救助呼叫系统

调查显示，广外街道社区受访者对养老项目需求最多的是紧急救助呼叫系统，需求比例为 66.4%；其次是老年食堂和家庭医生，需求比例分别是 59.4% 和 52.1%；此后依次是基本体检（50.8%）、专人指导（43.2%）和家庭保姆（28.4%）（见图 10）。

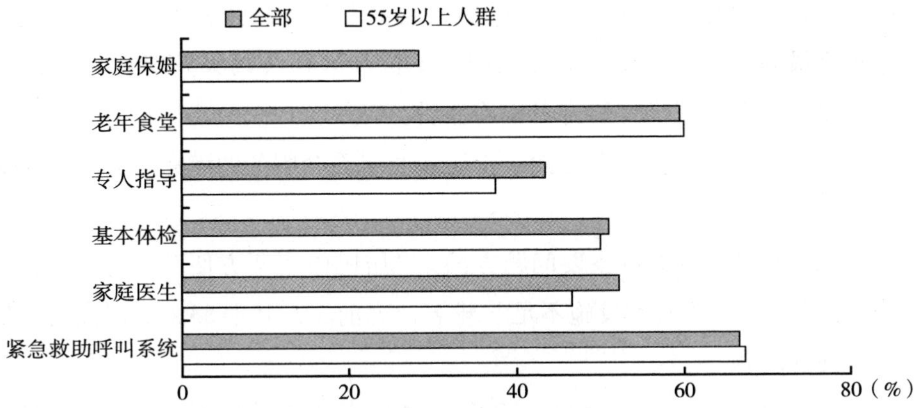

图 10　养老项目需求分布

（三）重点群体养老项目需求分布

社区养老直接对象是年龄大于 55 岁的人群，他们对养老项目具有较高的关注度。以下对这部分群体的养老项目模式和养老项目需求进行分析。

调查显示，这个年龄段的重点群体对养老模式的需求依然是居家养老，比例占到 69.5%。但是在与全体样本相比时，重点群体选择敬老院的比例要更高一些，达 19.2%。

重点群体对养老项目需求较高，除紧急救助呼叫系统和老年食堂外，家庭医生、基本体检、专人指导、家庭保姆 4 个项目的占比均低于全部样本水平。此外，在 6 个养老项目需求中，重点群体与全部样本群体对紧急救助呼叫系统的关注度都很高。

七　基本数据结论

基于对广外街道社区辖区居民的调查分析，可以得出以下结论。

第一，广外街道社区公共服务的总体满意度方面，58.5% 的受访者表示满意。

第二，在参与调查的29个社区中，天宁寺北里社区和莲花河社区是居民满意度最高的社区。而荣丰社区和鸭子桥社区在公共服务满意度及其13项细分服务内容满意度评价排名中均靠后。

第三，分项满意度调查方面，受访者对居委会服务的满意度最高，而对停车条件最不满意。

第四，在社区存在的主要问题方面，“居民停车不方便”“托儿所、入学难”“健身活动场所和设施不足”排名位列前三，其中83%的居民关注停车不方便的问题。

第五，对于受访者家庭自身而言，“住房紧张”是最为突出的问题。30.4%的受访者认为“住房紧张”，希望改善住房条件，所占比例最高。

第六，从服务项目的供需配比来看，家庭医生是缺口较大的领域。

第七，居家养老仍是社区养老的主导模式，受访者对养老项目需求最多的是紧急救助呼叫系统。

八　数据分析反映的突出问题及对策建议

（一）加强社区软硬件设施建设

在社区公共服务设施硬件建设方面，广外街道社区存在基础设施不足、居民的满意度不高等问题，尤其是缺乏公共活动场所、健身活动场所和设施不足等问题凸显。因此，从硬件建设层面考虑，一是以居民需求为导向，对社区公共服务设施进行升级改造，并通过长效监督机制来确保建设过程的顺利进行；二是加强日常维护和管理，确保现有健身场馆等公共服务设施的运行使用和不流失。从软件建设层面考虑，一是制定相关政策，采取激励机制和财政补贴方式，充分调动社会单位参与社区建设的积极性，促进资源共享；二是推进管理体制改革，提高社区公共服务设施的服务能力和水平，加强精细化管理和服务，提高社区公共服务设施的使用效率。

（二）推动家庭医生服务提质创新

针对广外街道社区家庭医生这一突出的社区服务缺口，实施家庭医生签约制度。一是加强培训宣传，营造有利于家庭医生签约服务的社会环境。要分层次、分类别进行，对行业内管理技术人员展开培训，厘清家庭医生、全科医生的职责定位、服务内涵。向居民宣传解读家庭医生制度、签约服务惠民政策，以获取广泛的认同。二是强化能力建设，提高家庭医生的服务能力。实施城市社区卫生机构特色科室建设，鼓励开创服务特色、拓展服务项目、深化服务内涵。要以基层需求为导向对接医院支援建设，鼓励引导医院医师骨干走进基层、留在社区，培育和发展传帮带社区全科医生，提升整体服务质量。三是深度挖掘群众需求，打造个性化签约服务的“金字招牌”。要转变服务理念，变“坐堂行医”为“主动服务”，从贴近群众的需求入手，制作个性化服务菜单供群众选择，满足群众多样化、个性化的服务需求。以全科医生团队为依托，以对口支援医师、多点执业医师为特色，提高家庭医生服务能力。同时，运用大数据技术发挥信息化和远程医疗、集约式检查检验、医联体的优势，提高家庭医生帮助群众解决复杂医疗问题的能力。

理论报告

Theory Reports

B.4

精细化管理助推城市和谐发展

——以西城区广安门外街道为例

摘　要：首都经济社会和城市建设加速发展，各项改革不断深化，人民群众物质文化需求不断增长，这对城市管理创新发展提出了更高的要求。特别是当前北京进入了强化全国政治中心、文化中心、国际交往中心、科技创新中心的城市战略功能和建设国际一流和谐宜居之都的新阶段，推进城市精细化管理已经成为推进首都城市发展转型的基础性工作。西城区广安门外街道（以下简称“广外街道”）近年来实施现代城市精细化管理，为促进城市和谐发展进行了探索实践。本文在对其实践进行梳理的基础上，就推进城市精细化管理中存在的问题进行分析并提出建议，以期对城市管理的研究实践提供借鉴。

关键词：　城市管理　精细化管理　和谐发展　广外街道

城市管理是一个复杂、多元、开放的动态系统，是社会管理的重要内容，始终处在不断的改革和发展之中。面对新形势、新需求，必须坚持依法管理，坚持科学管理，坚持精细管理。精细化管理在城市发展中起着非常重要的作用，高效能的城市精细化管理，能够增进全民参与的积极性，促使城市的资源配置优化、功能空间扩大、运营成本降低，推动城市的创新发展和可持续发展。

一　城市精细化管理的理论概述

（一）理念解读

精细化管理最初是日本在20世纪50年代用于企业管理的一种理念和技术，经过逐步推广后被应用于各种类型的社会组织中。它是追求管理完美的一种理念和方法。城市精细化管理是在城市管理领域引进精细化管理思想的一种全新管理方式，以精明增长和精细管理为目标，对城市管理予以量化对象、细化空间、创新流程、规范行为，从而实现全时段监管、全方位覆盖、高效能管理。

城市精细化管理是突破资源约束对城市发展的限制，全面提升城市管理水平，将区域整体生态体系的均衡和公平融入城市的发展中，实现城市可持续发展。城市精细化管理的核心是精明增长与精细管理。2005年，我国国民经济与社会发展中长期规划中提出了“建设资源节约型社会、环境友好型社会”的战略任务。从本质上讲，建设资源节约型和环境友好型社会正是目前我国促进城市精明增长的手段。对于城市而言，精明增长就是城市空间能够紧凑成长、城市环境资源利于有效保护、城市经济能够良好运行、城市宜居且有高品质的生活质量。精细管理是对城市活动的规范细化，把规则细化和系统化，采取数据化、程序化和标准化的手段，促使城市管理各单元高效、精确、持续和协同运行，将管理工作做细、做精。

（二）管理内涵

城市精细化管理是对城市管理各环节采取合理调配资源、优化工作流程、细化管理标准、完善考核体系等措施，做到指挥信息化、管理网格化、定责精量化、操作精准化，建立相配套的制度体系，实现常态化、标准化、数字化的全覆盖、无缝隙、零缺陷管理。其主要特点表现在：一是精细化，即重视管理过程及细节、优化流程，追求高质高效；二是制度化，即建立完善的精细化管理制度；三是规范化，即按照相应的流程规范运作；四是科学化，即以科学的流程设计和先进的管理手段来优化和改进管理。

城市精细化管理具体涉及市政、民政、财政、行政四个方面（见图1）。

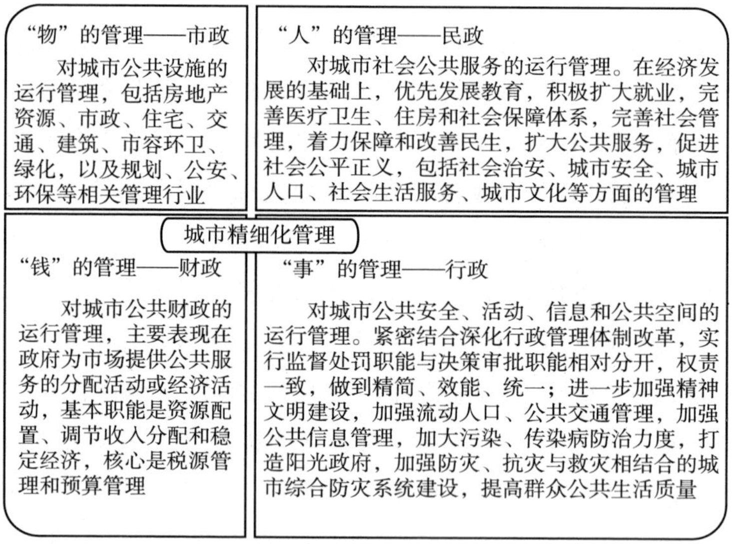

图1　城市精细化管理

（三）现实意义

1. 精细化管理关系城市管理的成败

推进城市精细化管理，必须抓小做细，建立长效管理机制，为创建和谐宜居城市，妥善解决在城市管理中存在的现实问题。如果一座城市不能着眼于长远管理，从细处抓、精处做，就谈不上有发展后劲，特别是造福于民的“生命工程”“良心工程”等，基础设施设计标准要以自身质量和应对自然灾害为目的。例如，2014 年 6 月 6 日，大雨袭京，北京市气象台接连发布雷电黄色预警、暴雨蓝色预警、蓝色地质灾害气象风险预警，相关职能部门随时准备应对突发的气象灾害，注意预防强降雨导致的城市内涝和山区的滑坡、泥石流等地质灾害，以及雷电、大风、冰雹等气象灾害，关注高温高湿天气对城市安全带来的影响，确保城市运行和人民生命财产安全，实现“保安全，多蓄水”的总体目标。精细化管理从某种程度上来讲也是一座城市管理的灵魂所在与衡量标尺。

2. 精细化管理体现城市管理的宗旨

城市管理的宗旨是提升城市管理水平，不断造福人民，满足人民对城市环境及城市管理的需求。城市管理涉及的范围广、程度深、质量高，关系到城市居民的衣食住行等方方面面的切身利益，城市管理者只有解决好市民需求的细节问题，把人民生活满意不满意、赞成不赞成作为衡量自身工作的最基本标准，才能体现出以人为本的特色，照顾到大多数，也才能将城市精细化管理的理念渗透到整个城市发展的各个方面。

3. 精细化管理提高城市管理的效率

加强城市管理信息化建设，全面提高科学化管理水平，坚持精细化、智能化管理，实现城市综合管理效能的提升。运用动态、实时、定量、综合的城市管理来整合和分配资源，促进城市管理手段、管理模式的创新和政府的职能转变。通过建立系统化、程序化、透明化和网络化的城市管理内部机制，推进管理主体多元参与，优化整合城市管理资源，科学创新管理流程，提高城市的运行效率，实现“精细管理、严格执法、立体监督、提升形象”

的管理目标。

4. 精细化管理决定城市的创新发展

我国城市化进程加快，城市的形象、品牌意识越来越得到城市管理者重视，良好的品牌与准确的定位决定着城市发展的未来，而适合城市自身发展特点的品牌需要精心谋划、精雕细琢。只有把有用实效、关键重要的城市管理细节固化为一种城市管理制度、一种常态城市管理机制，才能使城市管理和服务成为一种品牌，才能提高城市管理部门和政府的公信力，从而推动城市经济和社会发展，增强城市的核心竞争力。

（四）创新模式

北京市在城市精细化管理探索方面走在全国前列，比较有代表性的是东城区、朝阳区和西城区。东城区 2004 年首创了“全国闻名”的万米单元网格的城市管理模式，2013 年开始实行“大城管”体制，推动城市管理综合执法向社会管理领域全面延伸。朝阳区的“全模式”涵盖社会服务管理领域各项工作，不但可以实现精细化和监督制约的管理，而且可以构建无缝隙社会服务管理体系。西城区的“全响应”管理模式通过构建网格化社会协同平台，拓宽公众参与渠道，对社会需求的各类主体积极响应，信息互通共享，行动协同联动，建立合作信任，推动形成多元主体共同治理社会的工作格局。这些探索在实践中都取得了很好的效果，但是从全市来看，这些探索还处于基层创新的阶段，还没有上升到市级层面进行全面部署，还没有形成全市统筹推进城市精细化管理的格局。

二　广外街道实施城市精细化管理的实践经验

广外街道面积 5.49 平方公里，人口 18.6 万，辖区内共有 30 个社区，住宅楼房 600 多栋，其中 1990 年建成的 246 栋，面积约为 105 万平方米。居住密度大（西城区第一）、老旧小区多，城市环境承载压力大。

表1　东城区、朝阳区、西城区城市精细化管理模式比较

项目	东城区“网格化”	朝阳区“全模式”	西城区“全响应”
组织体系	在城市管理体制中形成“双轴心”，即城市管理指挥中心负责协调、处理，城市管理监督中心负责监督、评价，将管理职能和监督职能分开，明确各自的职责	整合街道（乡镇）城市管理指挥中心、综治维稳中心功能，建立区、街道（乡镇）两级社会服务管理中心，负责全区和街道（乡镇）两级社会服务管理的指挥与调度、组织与协调、监督和评价	推动三级互联：一是在区级建立全响应社会服务管理指挥中枢，二是在街道建立全响应社会服务管理指挥中心，三是在社区逐步推广应用PDA（移动智能终端）和楼门院长管理系统等技术
任务划分	以1万平方米为基本单位，把东城区分为街道10个、社区137个、网格单元1593个，由城市管理监督员（350名）全时段监控负责各自分管的单元	以355个社区和154个村的行政区域为基础，将全区470.8平方公里划分为509个管理网格，把人、地、事、物、组织全部纳入网格进行管理	整合了80多个市区街业务系统316个台账以及社区所有数据，梳理了4000多项数据项，梳理和分析了2.6亿条数据
管理内容	以“人、地、物、事、情、组织和房”为核心的7大类、32小类、170项信息、2043项指标的基础信息数据库	涵盖党建工作、社会事业、城市管理、社会保障、综治维稳、应急管理、安全生产、社会服务、法律司法、经济动态10大模块，共79个大类、439个小类	实现三个功能：一是整合人、地、事、物、组织等基础信息。二是完善三级联动服务系统。整合91项街道办理事项，71项社区办理事项和区街联办、同区通办事项，以及三级社情民意咨询服务。三是联通垂直管理系统。整合民政、计生、流管、劳动保障等各职能部门专项工作信息化系统
管理流程	分为六个阶段，即信息收集、信息登记与核实、任务立案、任务分配与处理、核实结案、综合评价	步骤分为信息报送、受理立案、任务派遣、任务处置、处置反馈、核查结案、监督评价等	实现了信息采集、问题受理、处置流程、考核评价的标准化

近年来，广安门外街道按照市、区政府城市管理工作“精细管理，服务群众”的思路，紧紧围绕“人文北京、科技北京、绿色北京”的战略部署，立足首都功能核心区的定位，瞄准“服务立区、金融强区、文化兴区”的三区战略，以理顺城市管理体制为主要目标，以建立长效管理机制为重要抓手，提升区域城市环境景观水平，解决环境建设重点难点问题，改善群众

身边的工作生活环境，全面实施城市精细化管理，主动作为，多措并举，有力地推动城市管理模式的转变，有效地提升了城市管理的水平。

（一）“六项”精细化管理举措提升城市管理水平

1. 以“调研分析”为依据，梳理解决城市问题

自 2011 年开始，街道城管科组织协调城管执法队、城管网格监督队、统计所等相关科站队所，对辖区老旧小区、老旧楼房、主要干道及背街小巷的城市部件等进行了全面的调研走访，了解群众反映最强烈的问题、群众最不满意的工作、群众最需要的是什么，对各类城市问题进行梳理分类，先后建立了《街道城市精细化管理工作台账》《老旧小区改造台账》《广外地区交通组织优化方案》《棚户区改造底册》等，按照台账内容，对症下药，建立挂销账制度，推进城市环境问题的解决。

为准确掌握本地区的违法建设情况，街道多次组织召开专题会，部署违法建设调查摸底工作，建立信息准确的工作台账。街道从城管科、城管分队及各社区抽调专人组成违法建设专项调查组落实此项工作，主要步骤：一是进行统一组织、划定区域（社区），责任到人；二是坚持社区自查自报及调查组核实的原则；三是加强社会监督，公布城管科、城管分队举报电话，鼓励群众举报；四是坚持属地责任，对瞒报、虚报等行为实施逐级责任追究；五是通过准备、调查核实、登记阶段，经社区主要负责人签字，确保数据的准确性和严肃性，并通过明确工作时间进度和工作方法与措施，认真组织编制街道违法建设总台账。

2. 以“便民利民”为重点，提升基础设施建设

街道积极配合、主动协调，强化基础设施精细化整治力度，努力在打造精品、形成亮点、增加看点、便民利民上下功夫，推进重点工程项目有序开展。一是先后完成了三义里、小红庙等 10 余个老旧小区精品化的整治工作，对道路、雨污水管线、雨水井、自行车棚、磁卡表电等进行了升级改造，改善了居民的居住条件；二是完成辖区老旧楼房节能保温工作任务 143 栋、改造面积 76. 5 万平方米、受益群众 12803 户，任务量位居西

城区第一，全力推进鸭子桥北里等26栋老楼的抗震加固综合改造工程，提升老旧小区居民的生活品质；三是完成57条、2.1万平方米老旧小区周边道路及雨污水管线的升级改造等工程，极大方便了居民的出行；四是配合推进了广外大街355、359、367号三栋简易楼居民的解危腾退工程，推进地铁7号线达官营站拆迁工作，确保年底通车，推进地铁16号线建设工作顺利开展等。

3. 以“六大战役”为载体，推进环境秩序整治

广安门外街道从精心谋划、精准发力、精细管理诸方面同时着手，坚持绿色发展、垃圾不落地、广外更美丽的理念，推进“灭脏、撤市、清障、治污、拆违、治乱”六大战役在辖区内的大街小巷、楼里室外向纵深开展，强化环境秩序精细化整治力度。其中，在“拆违”战役中，拆除违法建设950处、17792.57平方米，疏解外来人口1500余人，拆违任务处数和速度居于西城区第一、全市乡镇系统第三。

4. 以“清洁行动”为突破，积极推进月末工作

开展“城市环境清洁行动”，积极推进月末清洁日、环保、节水及煤改电工作。组织开展城市清洁日活动12次，发动1万人次，发放药品1900公斤，发放工具1800个；清理大街小巷脏乱点和小区大院600个；清理涂鸦2.8万条；对辖区280个社会单位和30个社区居委会进行了禁烟和除四害、病媒生物防治的检查，合格率在90%以上；在公共场所投放鼠药和灭蚊蝇药1000公斤，清除卫生死角300处，劝阻随处吊挂晾晒36起，治理白色污染410处，发放宣传品12500余份，协调工商、卫生监督所对辖区单位食品卫生、环境卫生等进行综合检查12余次；新签、补签门前三包责任书1300余份，向辖区500个单位发放2014年度用水指标告知书；倡导低碳减排、绿色环保生活，积极开展各类健康讲座36余次，发放环保宣传手册和“告居民一封信”15000份、宣传画600张，制作宣传板报300块，全方位宣传，增强大家的环保意识；为406户居民办理煤改电补贴。

5. 以“生态建设”为落脚，强化分类环保监管

一是积极开展垃圾分类工作。2014年广外街道在巩固已有56个达标小

区成果的基础上，完成了对新增 4 个小区的垃圾分类达标工作。现已有 60 个小区、244 栋楼、47623 户居民参加了垃圾分类达标工作。按照区管委的要求，为新增小区招募垃圾分类指导员 34 名，为新增小区 3554 户居民配发了家用桶 7108 个、家用袋 259 万余个，并签定承诺协议。为达标小区配发、老旧小区和单位更换了收集桶 60 升 30 个、120 升 432 个、240 升 93 个；配发人力收集车 38 辆；为上千户开展垃圾分类达标小区配发电动三轮车 19 辆。为 60 个达标小区完善分类桶站设施，制作安装宣传公示牌 75 个、宣传展板 60 块。

二是强化绿化监管工作。与古树养护单位签订养护责任书，与辖区内全部社区签订美国白蛾防控责任书，协助社会单位审批、申报危险树木 39 棵，正常养护树木 298 棵，修剪树木 17197 棵、花卉草坪 366247 平方米，补植树木 1500 棵、花卉草坪 850 平方米，清理绿地垃圾 220 吨；开展“鲜花进家庭”活动，为社区居民发放盆栽花卉 3000 余盆；完成美丽街巷——马连道南街的改造工程，升级改造绿化面积 2357 平方米，栽植各类苗木 1.8 万棵；国庆布置花卉 7000 盆；汛期伐除危险树木 39 棵。

6. 以“日常管理”为基础，确保应急保障到位

一是积极发挥城市监督管理作用。结合区、街总体工作计划，阶段性工作重点、季节特点等不同情况，充分发挥城市监督中队的职能作用，适时发现影响城市运行的不安全、不稳定因素，及时上报城市环境秩序中存在的问题，为城市管理职能部门提供第一手资料。截至目前，地区共发现上报各类城市案件 49091 件。集中进行白色污染、下水道排水口、雨污水井盖、交通设施等专项工作普查上报，按照街道要求对人大代表提出的荣丰社区无照经营、底商扰民等问题进行了处理。

二是积极开展扫雪铲冰、防汛等应急保障工作。完成扫雪铲冰工作，共计 1.7 余人次参与到扫雪铲冰工作当中，及时清理背街小巷、楼前楼后积雪 70 余吨，确保了大型居住小区、医院、学校周边的主要道路畅通；组织地区防汛演练一次，处理汛期危树 21 棵。

（二）广外实施精细化管理的经验与启示

1. 发挥联合党支部作用，保障民生工程顺利进行

一是夯实项目工程。以联合党支部为平台，助推重大项目建设工程有序实施。为配合老旧小区综合整治工程的顺利实施，广外街道成立老旧小区综合整治联合党支部 10 余个，实现了对项目工程的全覆盖。联合党支部以辖区重点整治工程项目为基础，以社区为基本单元，职责明确，责任到人。

二是坚持“四联”工作法。重点项目工程联合党支部坚持“组织联建、条块联动、服务联做、党群连心”的工作方法，充分发挥市派干部、街道干部、社区书记、社区党员骨干、产权单位党员骨干“五位一体”的协调联动作用，当好工程推进中的政策宣传员、矛盾排解员、工程质量监督员。围绕重点工作，通过积极开展“结对共建，先锋同行”系列活动，实现联合党支部与项目工程的对接、互动，促进工作开展。

三是强化日常和定期会商相结合的工作制度。每周研究工程进度一次、深入群众现场办公一次、安全督导检查一次，每月组织安排专项培训一次，并做好《工程日记》。街道协调小组每月听取工作汇报，研究解决工作中的难点问题，督导联合党支部发挥作用情况和施工进度。

联合党支部自成立以来，充分发挥桥梁纽带和战斗堡垒作用，实现与企业、居民之间的有机对接，深化重大项目“访、听、解”工作机制，先后研究协调解决了工程推进中群众和企业关心的重点、难点问题400余个，真正达到了推动项目工程顺利实施、提升民生工程惠民程度的目标，被《北京日报》等相关媒体进行了专项报道，在全市老旧小区综合整治中起了很好的示范引领作用。

2. 完善体系化组织建设，提供拆违工作坚强后盾

成立拆违工作领导小组，充分发挥示范带动作用。夯实拆违工作责任体系，落实岗位实名制管理，加大对各科站队所在拆违工作的履职考核力度。有步骤、有重点、按分类推进。确保了处级领导包片，科级干部、联

系社区干部包社区的责任衔接体系；确立了各社区书记为辖区违法建设发现及上报的第一责任人，将社区对违法建设的监管工作纳入街道年终考核体系。

按照“严控增量、逐减存量、分类解决、重点整治”的总体工作思路，抓紧推进台账内老旧违法建设的拆除，严控新生违法建设的零增长，做到发现一处、拆除一起；按照先易后难的原则，以自拆、帮拆、强拆相结合的方式，加快推进拆除工作进度，如先后拆掉兵团大厦西侧500平方米、红居斜街4号院400多平方米违法建设等，造成拆违高压态势；对群众反映强烈、存在严重安全隐患、用于出租经营的重大违法建设，通过几个硬仗，啃下几个硬骨头，如全力拔掉了荣丰小区东门处的违章“钉子户”、车站西街17号院1号楼西北角2层违法建设等，形成拆违工作强势战斗力，为后期工作营造了氛围。

同时，疏堵结合加强措施对接，扫清环境建设重点项目障碍。街道在拆违工作中发现，涉及居民住宅的、仓储的违法建设拆后如何恢复，居民用于存放自行车的简易棚拆后车辆无处存放等成为难题。经过与区重大办、区环境办的及时沟通，很快保障了拆后恢复队伍，全力加快自行车棚拆后恢复建设工作，确保拆除一处，跟进恢复一处，针对个别住户拆后窗户护栏破损的情况，一律按照标准给55户居民安装了新的防盗护栏，既保证了整治效果，又确保了美观，及时解决了老百姓存车难的问题。由于政府的措施得力，打消了大多数群众的顾虑，其纷纷主动配合拆违，确保了拆违工作的快速推进。

为全力避免长期以来老旧小区改造陷入“反复整、整反复”的恶性循环。在本次拆违整治中，街道会同区市政市容、区环境办、区重大办多次研究，确定了“重塑老旧小区环境，拆违治乱先行”的工作思路，为后期施工和管理扫清障碍。办事处结合辖区的实际情况，审时度势，果断决策，及时调整拆违目标方案，步步推进。对于因违法建设妨碍区级重点改造工程施工的三义里、小红庙小区，将其作为第一批拆违重点对象，以尽快为施工提供条件，保障两个老旧小区综合改造工程顺利实施。

3. 深入开展群众性动员，落实拆违为民服务宗旨

拆违工作组每天挨家挨户进行走访、动员，讲政策，讲法规，始终以开展思想工作为主线，在宣传政策的同时耐心与居民沟通，争取达成一致。对于一些比较固执的居民，工作组想方设法做好工作，结合居民劝说、限期拆除等方法，逐步推进工作。如针对小红庙社区个别涉及违章且还在服刑期的人员，主动把工作做到了监狱里，并和管教一起对其进行耐心的开导，取得搭建人的配合。通过对群众需要明确的情况，进行利弊分析，讲清形势，讲透政策，解答疑惑，让群众真正明白政策，并能够支持和理解，在思想认识上从“要我拆”转变到“我要拆”，使自拆和助拆率达到了 60% 。

在拆违中，针对那些生活、居住、就业、上学、社会保障和医疗保障等方面存在特殊困难的群众，落实救助帮扶政策，积极给予帮助。街道为 3 户无房可住的困难群众迅速找到地下空间用于储物和临时居住；为 3 户群众及时争取绿色通道补报廉租房申请；为 5 户困难群众补办了低保；为 7 户居民发放了救济金等。这一系列措施的有效实施，进一步保证了困难群众不受拆违影响，没有造成生活无保障和无房可住的现象出现，也没有因工作不到位而出现恶性事件。保障措施的实施顺民心、合民意，使整个工作得到了群众的支持。

4. 强化精细化管控力度，实现城市管理效能提升

探索精细化、长效化管理模式，全力突破长期以来城市环境建设“建管不平衡”的思维定势，着重从身边琐事做起，在管理上下功夫，研判分析城市管理中屡整治、屡反弹、效率不高的症结，强化属地管理职责的落实。

一是建立区、街、社区城市管理协调沟通机制。针对辖区环境建设难点、重点问题，确立了社区日报告、科站队所周例会、整体工作两周总结的工作制度，通过积极协调，使一些城市管理重点、难点问题得到了快速有效的解决。

二是建立专门队伍。广外街道区别于其他 14 个街道的特色，就是街道

出资在城管科配备一支队伍——城市管理应急分队。分队主要承担城市日常保洁（清理无主大件垃圾）、零星拆违、协助联合整治及地区防汛抢险、扫雪铲冰应急等任务。每天上街巡查，做到随时发现脏乱问题，随时清理，每年清理无主大件垃圾5000～6000吨，确保了大街、背街小巷的干净整洁。通过几年的锻炼，目前这支队伍的专业能力很强，出现应急情况时，能确保及时赶到现场，解决问题。

三是统筹专业管理。进一步整合资源，将城管科、应急分队、天宁寺和广外两个城管执法分队、城市管理网格监督队、广外绿化队、环卫六队等一线科站队所有效捆绑，搭建地区环境秩序综合执法平台，建立综合巡查管理队伍，推行广外特色的“六位一体”的巡管模式，逐步形成了清扫、保洁、清运、管理、执法、监督“六位一体”的城市管理模式。赋予巡查队检查考核权、指挥调度权，加强对街面的综合监管，变群众“上访”为管理者主动“下访”，切实提高对违法建设、积存垃圾渣土、无照游商等环境顽症的主动监管效能。

四是每周例行联合执法。有效捆绑地区综合执法小分队，针对露天大排档、擅自摆摊设点等无照经营行为，每周不定时组织两次联合执法，打击无照经营行为，确保辖区环境秩序的干净、整洁、有序。

五是创新环境问题快速处理机制。以拆除新生违法建设为例，突出“三快”，即发现快、处理快、拆除快。发现快，即对于居民的举报、“随手拍”或“六位一体”成员单位发现的问题，及时上报城管科。处理快，即城管执法部门第一时间赶到现场，约谈相对人，并张贴限期拆除公告，限期1～3天内自行拆除。拆除快，即如相对人在规定期限内未拆除，街道组织公安、城管、工商等科站队所联合执法强制拆除。

5. 发挥多元化参与机制，助推城市管理和谐发展

一是充分发挥社区居委会对辖区环境建设的协调、反馈和责任机制作用。针对居委会在环境建设方面的履职问题，纳入年终考评体系，并组织每月进行打分，量化考核，对于履职不到位或在城市管理中存在重大问题的社区，年终取消参加各类先进评选的资格。各社区居委会每天安排专人巡查本

社区，对破坏环境卫生、环境秩序和违法建设等行为进行制止，并及时反馈到街道城管科和城管执法分队。

二是积极发挥城市环境志愿者的作用。街道已初步组建了1000余人的环境志愿者队伍，涵盖城管志愿者、治安巡防队员、物业单位及社区工作者等，将针对在城市管理中部分社区存在的违章停车、乱摆摊点、游商泛滥、店外经营等不和谐现象，进行劝导、举报，配合城管部门依法进行处理，提高环境问题的处置效率，并每月开展一次志愿者“城市清洁日”活动。

三是督促落实环境卫生责任区管理机制。与辖区3000余家社会单位签订了环境卫生责任书。要求各社会单位按照《市容环境卫生责任告知书》的要求，加强本单位环境卫生责任的落实，对责任区内发生的损害、破坏市容环境卫生的行为，积极进行宣传、告知、劝阻、制止，对劝阻无效的，积极向地区城管执法部门举报，确保门前环境卫生的整洁、有序。努力实现“全天候、无缝隙、精细化”街道、社区两级联动管理格局，加强常态化管理，坚持疏堵结合、方便群众，巩固城市环境建设来之不易的成果。

三　广外街道进一步推进城市精细化管理的思考

广外街道在进一步推进城市精细化管理方面还存在一系列难题。一是人口密度大，空间狭小，管理难度大，历史遗留问题多，行政成本高，单靠街道本级力量解决起来有很大的难度。比如，市政道路遗留的断头路、拆迁甩项、新小区不能及时实现规划、老旧小区私搭乱建和停车难（私装地锁地桩）等问题。部分卫生保洁及绿地责任主体不清，管理问题艰难复杂。二是拆违工作任务重。特别是针对住宅的违法建设，对接措施不够完善，导致推动进度较慢。三是部分断头路还没有全部打通。这成为影响居民出行和区域经济发展的障碍。四是老旧小区停车问题难以解决。由于老旧小区建成年代久远，当初没有规划足够的停车位，近年来在整治中，街道挤出一些废弃绿地或公共空间用于建设停车场，对此一部分居民持反对意见，但大部分居民实际需求又很大，利益平衡起来困难重重。五是大部分老旧小区物业不够履职，区、街、社区在监督上有些失控，导致政府管理成本很高。建议立法或出台相关规定，加大街道、社区对物业的监督力度。六是部分科站队所履职不到位，协调起来比较困难，导致一些城市环境问题不能得到有效解决。针对这些问题，需要进一步创新管理思路。

（一）以解决群众需求为导向，提升基础设施建设服务群众的能力

加快推进基础设施建设，解决困扰辖区居民多年的出行难问题；积极协调有关部门，打通部分道路实现对接，推进道路拓宽、腾退拆迁工程，解决辖区交通不畅的问题。积极配合区有关部门推进地铁16号线建设工程，做好地铁7号线（广外段）周边环境整治工作，落实广外南街、马连道南街架空线入地改造工程。继续加快推进辖区老旧楼房的抗震加固、节能保温、拆迁腾退等工作，改善居民的居住条件、出行条件，解决居民身边环境问题。

（二）以治理城市顽症为重点，推进群众反映强烈的环境问题的解决

加大拆违力度，拆除群众反映强烈的主要大街、占压燃气管线、存在安全隐患等方面的违法建设。加大红莲南路（白纸坊桥至马连道路南口）沿街牌匾、标识的整治工作，美化市容环境面貌。加大城市病的治理力度，以《广外街道城市精细化管理台账》为基础，严格落实挂销账制度。强化联合执法力度，强化整治废旧机动车辆、废品回收站点、店外经营、乱堆乱放、占道经营等，形成管理、建设、作业、应急、执法、监督“六位一体”的工作格局。

（三）以广泛宣传发动为基础，营造城市环境人人参与的良好氛围

充分利用市/区媒介、广外报等各级媒体平台，有主题地宣传环境建设

重点工作进展和先进经验，教育、引导群众，赢得群众对环境建设工作的理解和支持，为重点工作有效开展创造良好的氛围。督促辖区城建、城管、网格、环卫、绿化等一线科站队所，针对非法散发、张贴、喷涂小广告等重点整治内容，采取上街头、下社区、进工地的形式，向社会各界、居民群众告知落实门前三包责任制，自觉维护环境，抵制违法行为。发动30个社区居委会，充分利用辖区管理网络，以及橱窗、宣传栏、广外报等宣传阵地，采取张贴宣传画、悬挂横幅等形式，广泛宣传工作的重要性，引导社区居民、社会单位、沿街商户等社会各界积极参与环境保障工作。坚持开展“城市月末清洁日”活动，举办卫生大扫除活动，发动驻地机关、企事业、部队、学校等积极参加公共地段的环境卫生清洁日义务劳动，加大力度清理白色污染、建筑垃圾、污水污物、小广告等，解决好事关民生的环境卫生问题，为周边居民和社会单位创建和谐干净的生活环境。

（四）以强化责任落实为前提，确保城市应急保障的安全平稳运行

针对城市运行过程中随时出现的新情况、新问题，进一步明确管理责任、强化部门协同，做好水、电、气、暖、道路和环境保障工作，加大城管监督人员的管理和监督力度，完善辖区居民生命线、防汛、扫雪铲冰工作机制和方案，提高防范处置能力，落实应急各项工作，确保地区安全平稳运行。

（五）以完善社会参与为支撑，强化城市环境建设共同参与的力度

充分发挥社区居委会对地区环境建设的协调、反馈和责任机制作用，将居委会对环境建设的管理纳入年终考评体系。强化各社区居委会落实环境问题日报告制度。积极发挥环境志愿者的作用。针对在城市管理中部分社区存在的违章停车、乱摆摊点等现象，进行劝导、举报，配合城管部门依法进行处理，提高环境问题的处置效率。调动各社会单位落实门前三包的积极性，

强化环境卫生责任落实，对责任区内发生的损害、破坏市容环境卫生的行为，积极进行宣传、告知、劝阻、制止，对劝阻无效的，应积极向地区城管执法部门举报，确保门前环境卫生的整洁、有序。

城市的繁荣是支撑中国崛起的动力源泉。21 世纪被称为“城市世纪”或“城市时代”。城市化进程加快推进，城市问题及其相关问题成为经济、社会、文化、技术发展的缩影，城市正成为解决环境、资源等急迫问题的关键。多年来粗放式的增长造成了能源和资源短缺，致使城市环境问题日益凸显，城市成为资源环境的高压区域。此外，居民消费模式的改变和人口规模的急剧增长，产生了生活垃圾和污水的处理等问题，使得城市环境管理面临严峻挑战。如果不能突破经济发展的环境负荷与资源瓶颈，就会影响城市的发展。精细化管理有助于城市的可持续、健康发展。

广外街道应坚持以城市精细化管理为抓手，加快城市管理网络的完善，创新管理机制，规范管理行为，细化管理标准，强化监督手段，落实责任管理，加强提升城市管理效能、城市环境卫生、市政设施建设维护、城市应急保障和社会宣传等方面的工作，努力为广大市民创造环境优美、功能完善、文明和谐的宜居环境。

参考文献

李彦军：《精明增长与城市发展：基于城市生命周期的视角》，《中国地质大学学报》（社会科学版）2009 年 1 月 15 日。

李军：《推进精细化管理　实现长沙城市管理五大提升》，《城市管理与科技》2011 年 6 月 15 日。

吴良镛：《世界进入“城市世纪”》，http：//www. bjkp. gov. cn/hd/k1009 – 03. htm，2008 年 1 月 30 日。

李保立：《试论城市“精细化管理”》，http：//www. hsfz. gov. cn/fzyw/gzdt/2014/04/01/content_ 290689. shtml，2014 年 4 月 1 日。

北京东城区：《网格化的工作模式　精细化的城市管理》，《信息化建设》2011 年 9

月 15 日。

魏军：《基于绩效评价的数字化城市管理研究》，山东大学硕士论文，2011。

沈聪、朝组：《朝阳全模式：探索社会服务管理新路径》，《前线》2012 年 5 月 15 日。

广外街道：《2014 年度城市建设管理工作总结》，2015。

B.5

关于基层网格化管理的研究

——以广外街道为例

摘　要：我国经济社会的高速发展和城市化进程的加快，对我国现代化城市建设和管理提出了新要求，同时，信息技术的发展和“数字城市”建设的不断深入为城市管理模式创新奠定了基础。本文在论述网格化城市管理模式产生的背景、概念、特征的基础上，总结了广安门外街道网格化管理的运转情况、成效，并针对存在的问题提出了相关建议。

关键词：数字城市　网格化管理　社会治理　广外街道

一　网格化管理是城市管理的新趋势

（一）传统城市管理模式的弊端

城市管理是政府的基本职能，是城市发展的永恒主题。我国传统城市管理经历了多次调整和变迁，必须用客观的眼光加以审视和回顾。传统的城市管理模式，有五个与现代要求不相适应的弊端（见图1）。传统的城市管理方法已经无法解决当前城市发展所面临的各类问题，网格化管理模式应运而生，成为一种较好的选择。

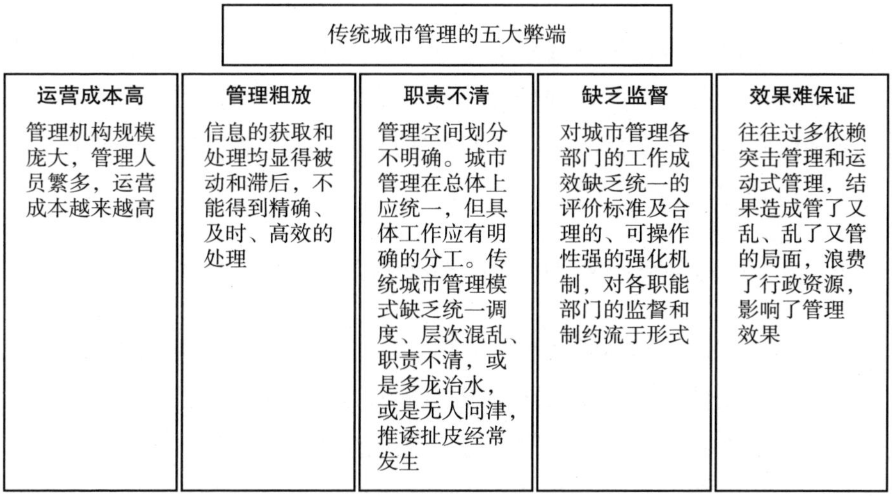

图 1　传统城市管理的主要弊端

（二）现代信息技术发展下的城市网格化管理

近年来，网格①成为一种重要的信息技术，新兴的资源共享模式以及开放的基础设施环境为其重要特征。网格技术的发展，完善了网格化管理的核心思想。网格化管理的核心理念主要体现在用户需求与服务响应间的便捷交互，即提交需求的简洁性和网格响应需求的精准与迅捷，这些都对当今社会经济管理“网格化”带来了深远的影响，也体现了“以人为本”的理念，适应了政府管理理念的不断创新。

城市网格化管理模式是随着“数字城市”的不断发展而产生的一种新型城市管理模式。城市网格化管理的关键技术有四项，分别是“3S”（即GIS、RS、GPS）及其集成技术、网络及网络通信技术、分布式数据库及分

① 网格是利用互联网把地理上广泛分布的各种资源（包括计算资源、存储资源、带宽资源、软件资源、数据资源、信息资源、知识资源等）连成一个逻辑整体，就像一台超级计算机一样，为用户提供一体化信息和应用服务（计算、存储、访问等），最终实现在这个虚拟环境下的资源共享和协同工作，彻底消除资源“孤岛”，充分实现信息共享。

布式计算技术、移动 GIS 技术。2004 年 4 月，北京市东城区政府首创了数字化城市管理新模式，其通过整合多项数字城市技术来实现城市的网格化管理。该模式通过建立城市管理信息平台，实现了城市管理的动态化、精细化、标准化和信息化。城市网格化管理通过应用现代信息技术，极大地突破了传统城市管理模式。

（三）城市网格化管理模式的概念与特征

1. 城市网格化管理的概念

网格化管理是指借用空间网格及计算机网格管理的思想，运用信息化、数字化技术手段，将管理对象按照便于管理的原则，以街道、社区、网格为层级区域，分成若干个网格单元，并把处置单位作为责任人，通过现代网络信息技术，促进网格单元间的信息交流和对各种资源的互通共享，从而实现市区街的三级联动、资源整合与管理高效。网格化管理作为一种现代化城市管理新模式，其关键核心是设计并建立统一的城市管理以及数字化的平台，网络信息技术创造的即时事件发现及反馈优势，有利于建立一种监督与处置相分离的方法，同时，大大提高政府的城市管理能力和处置速度。

2. 城市网格化管理的特征

和传统的城市管理模式相比，城市网格化管理模式有一定的优势和特征，其管理形式具体表现如下。

一是数字化。其离不开现代信息技术的发展。移动通信技术、数据存储技术等为城市网格化管理打下了良好的技术基础。在数字技术的支撑下，现代管理理念在工具和手段上实现突破。

二是闭环式。传统的城市管理模式，通常耗费人力、物力、财力且效果差，其根本原因就是管理方式为单向循环传递，在管理指令发出后，执行过程和结果往往难以控制和监督，也就是人们通常说的“一阵风”式的运动管理，管理难以形成闭环。城市网格化管理模式在整个数字化管理信息平台上，通过对任务指令发出、执行痕迹、过程监督、监督反馈和公众评价等的整体运作，使各管理部门的工作能得到有效监督，管理的全过程形成了闭环。

三是精细化。以往的粗放型城市管理模式已经无法适应当前城市规模扩大、管理内容庞杂、需求日益繁复的趋势，城市管理正在朝着精细化的方向发展。网格化管理实现了精细型和长效型管理机制。首先通过地理编码技术，能够精准定位管理空间和管理对象；其次，通过建立管理中心系统，再造了管理流程，与此同时，规范了信息采集、工作流程、人员岗位、监督评价和激励约束机制。

3. 网格化管理平台的基本框架和流程

从总体上看，网格化管理平台分为 4 个层次，即发现层次、市级监管层次、区级监督指挥层次和处置层次（见图 2）。

区别于传统的城市管理模式，城市网格化管理主要是管理体制的优化与管理手段的现代化。城市网格化管理从问题的发现开始，经过核实立案、任务派遣、处理反馈，最后到核实结案，全程跟踪整个过程。

（四）社会治理创新中网格化管理服务的重要性

党的十八届三中全会通过的《中共中央关于全面深化改革若干重大问题的决定》明确提出，要改进社会治理方式，创新社会治理体制，以网格化管理、社会化服务为方向，健全基层综合服务管理平台。随着我国城市化进程的加快，在大建设、大发展的同时，经济社会发展正处于矛盾凸显期，作为基层的街道直接面对群众，必须时刻掌握群众的多样化需求，确保群众的多元化利益，化解纠纷矛盾，维护社会稳定。以改善民生、提供多元的公共服务为社会建设的重点任务，巩固党的执政基础。“网格化管理”的出现，为街道创新发展和完善社会管理与服务创造了条件，优化了工作流程、创新了工作机制，成为密切党群干群关系、固本强基、改善民生的一个重要机制。

开展“网格化管理”工作，就是要将其与推动政府职能转变和经济社会发展相结合，与改善民生和为民办实事相结合，与创新社会管理服务机制和创造社会和谐稳定相结合，最终转变以往政府单一主体的管理模式，发挥居民自治的作用，实现政府治理与居民自治的良性互动，努力在基层建立多

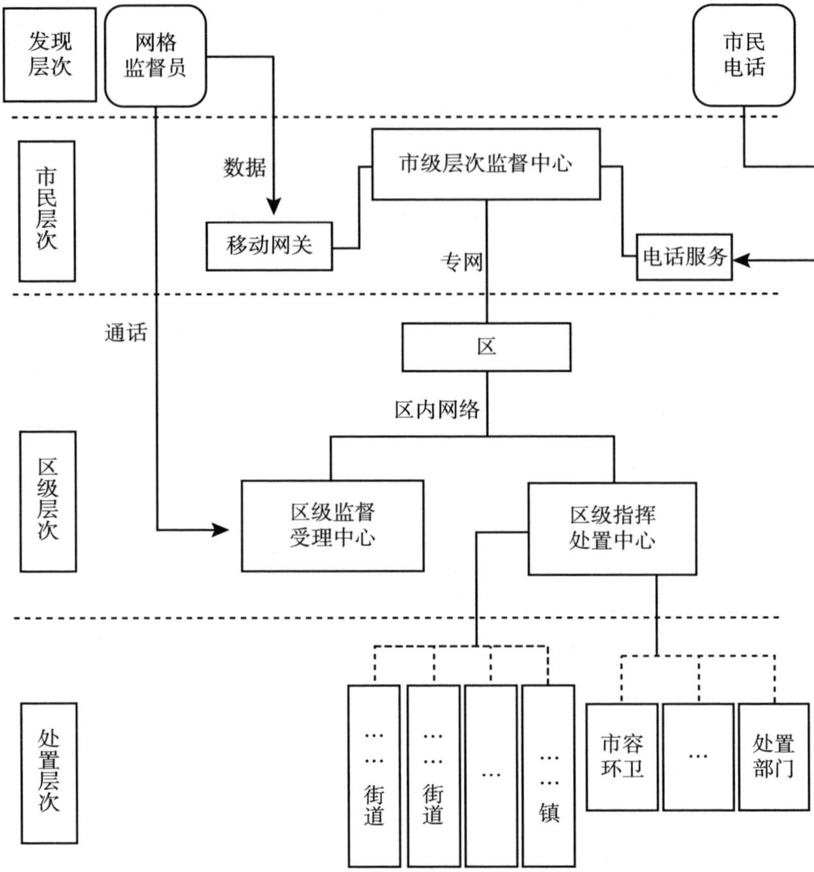

图 2　城市网格化管理平台基本框架

元主体参与、全过程的动态管理服务机制。由此可见，“网格化管理”成为创新社会治理体制机制的重要载体和有效载体。

（五）开展网格化管理的主要任务

1. 合理划分管理网格

网格的合理划分是实现网格化管理的最基本环节。具体操作是以“全面覆盖，界线明确，不留空白，不交叉重叠”为原则，依据便于组团服务、上门调查、责任明确等要求，并按地理位置和人口状况，合理将辖区分为若

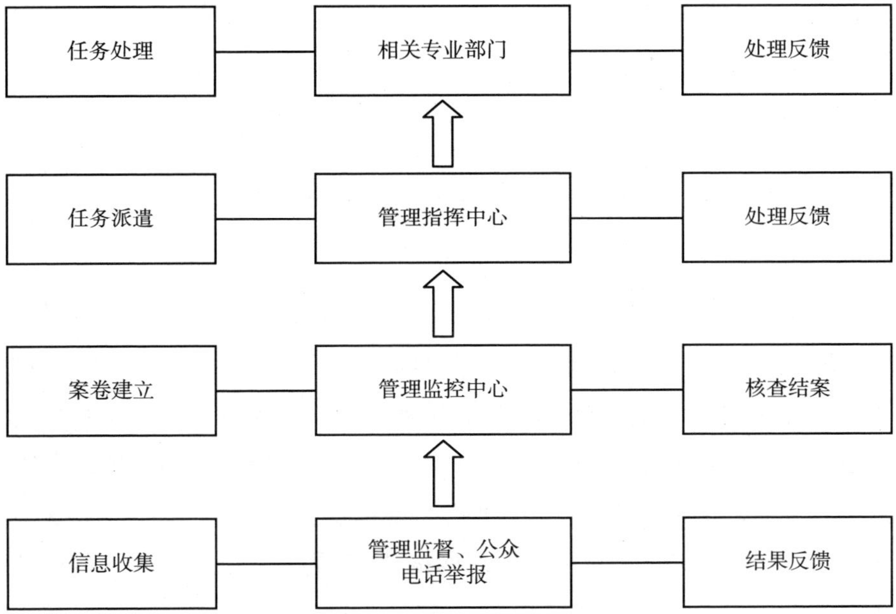

图 3　城市网格化管理的流程

干个责任网格。

2. 瞄准需求提供服务

调查了解摸清民情民意后，建立统筹兼顾的全覆盖管理服务体系。把做好群众的各项工作作为“网格化管理、组团式服务”的核心，建立起完善的信息采集、监督、反馈、督办系统，做到上下互通，及时传达、反馈民情民意，节约管理成本，整合优势资源，更好地满足群众需求。

3. 合理配备网格人员

网格化管理的重中之重是加强人才队伍建设、组建好服务团队，合理配备网格人员，努力打造作风正、业务精、高素质的管理服务队伍。要立足实际，因地制宜，每支团队组成人员中包括街道机关干部、社区干部及相关辅助人员，通过对网格内的居民进行定期或不定期地走访，以便尽快尽早处理和收集居民所反映的问题和意见。

4. 搭建信息管理平台

积极推进信息化建设，建立起以街道为单位，集服务对象的家庭成员状况、住房、教育、就业等信息资料于一体的资源共享、高效运作的网络信息管理平台，准确归类汇总，掌握工作动态，及时了解情况，做好信息的日常维护和更新工作，提高信息的使用效率，使管理服务更加人性化。

二　广外街道网格化管理的应用情况

广外街道抓住基层社会建设在新形势下的新变化，充分挖掘区域优势，探索创新基层社会服务管理模式，构建以改善民生为重点的社会服务管理工作体系，树立“精细化管理、个性化服务、信息化支撑、全方位响应、持续性改善”的“精益治理”理念，以需求为导向，以服务为保障，以街道统筹为重点，以落实责任为核心，加强力量的整合和流程的优化，推进城市管理网格、综治维稳网格及社会管理网格“三网合一”，落实每个网格的基础力量、专业力量、响应力量。

（一）区域网格整合与人员配置

1. 实现了“三网合一”

广外街道参照原有网格与城管网格，整合城管、综治、社区网格，对广外地区重新进行网格规划，实现了“三网合一”；立足自身实际，每个社区按一个单元网格有 500 户左右，合理划分成若干责任网格，大多数社区有 5 ~8 个网格，全地区划分为 223 个网格；完成空间标绘，形成 GIS 电子地图，并通过短信平台、多媒体信息会议等方式构建起覆盖整个街道的信息化网格支撑体系。

2. 统筹配置网格队伍

实行处级领导包片、科级领导包社区、科员包网格的“三包”机制，将工作重心进一步下移至网格内；整合社区工作者、巡防队员、街道科员、科站队所等力量，合理纳入专业政府管理部门、社会机构、协管和志愿服务力量以及楼（门、院）长等，形成工作合力，建立健全全方位、多层次、动态性的社会信息反馈网络，在人员的配备上实现实名制，同时，为精细化管理奠定基础。

（二）制度建设和工作网络建设

1. 建立“三活、四清、五百家”的信息采集制度

社区工作者对所辖网格每年要走访一遍，每周入户走访10户以上，做到“三活、四清、五百家”。“三活”即“活地图、活户籍、活档案”，社区工作者要熟悉所负责网格详情及变动情况；“四清”即“家庭情况清、人员类别清、区域设施清、隐患矛盾清”，社区工作者要对所负责网格的各类情况掌握到位；“五百家”即“进百家门、知百家情、解百家难、暖百家心、和百家亲”，社区工作者要通过入户走访，及时解决群众困难、化解矛盾，建立健全动态工作台账，准确掌握网格内的人、地、事、物、组织，进一步明晰所负责辖区情况，提高管理服务水平。

2. 建立健全网格服务管理制度

建立网格工作入户走访、信息沟通、各方协同服务、情况受理反馈、社情民意反映、舆情分析、居民预约办事、工作台账动态调整等制度，实现社区网格工作服务管理规范化，保证各类问题情况的及时解决和有效处理。街道通过“走千户访千人”社区工作者岗位大练兵活动，将社区工作者的职责进一步理清明确，不仅完善了制度，也使工作队伍在实践中得到了锻炼。街道通过梳理后编制了《广外街道社区工作者“社区网格化管理”工作手册》，各社区也建立了“入户手册”，进一步完善了登记制度、情况反馈制度，构建了“听百姓说事，与百姓交心，为百姓解忧”的民情走访机制，使大部分社区工作者都能够做到“最大限度了解居民相关情况”。为社区各项工作在网格中的开展，特别是为加强基层民主政治建设和社区服务奠定了一定的基础。

3. 完善工作网络体系

以社区网格为基础，充分挖掘和调动网格中各类组织和人员的主动性与积极性，把各类专业管理、社会管理、自治管理与服务队伍力量进行整合，将社区网格化管理工作法渗透到社区中的党建、信息、自治、防控、服务、应急等网络，承担起协调解决社区公共事务、组织开展互助服务和志愿服

务、加强日常治安巡逻防控、及时妥善解决社区突发事件、组织居民开展群众性文体活动等职责。形成源头预防、信息收集、分级调处、快速响应等社会管理服务功能相对完善和各类管理网络相互衔接、统一协调、高效运转、便民利民的社区网格化联动运行体系。此外，更潜移默化地激发了社区组织宣传动员居民参与社区建设的积极性和创造性，进一步提高了社区服务和管理的效率，同时更大程度地提高了群众的满意率。

（三）社区网格化管理框架和内涵

1. 多网融合互动

广外街道充分利用街道局域网、地区管理网、地区公众服务网，以及建立起的城市运行管理平台、街道应急指挥信息平台、社区便民利民服务平台及其他专业部门的信息服务平台，实现了社区、街、区、市四级联网，城市运行管理和社会服务管理全方位信息共享。自此，广外街道“精益治理信息平台”建设完成并投入运行，形成了广外街道的社会服务管理网络支撑体系。

2. 建设社区网格化管理信息系统

以“活地图、活户籍、活档案”为主要内容建设社区网格化管理信息系统。以地理信息系统为支撑，通过网络实现社区数据的获取、分享和交互处理。将涉及人、地、物、事、单位、组织的图、文、表信息关联到空间地图上，实时更新数据，使街道、各职能部门和社区居委会对辖区的管理实现全方位响应。内容包含党建工作、综治维稳、社区建设等 8 个大栏目，有经济、社区、网格、航空影像和 3D 城市等 5 大类 20 多层 7 种比例的城市空间地图。以第六次人口普查数据为依据，完成流动人口、建筑物、城市部件、社区服务、经济单位等 17 类 68 个图层近 20 万条属性数据的入库工作。

3. 推进分中心建设，完善功能模块

广外街道的全响应网格化社会服务管理平台共建有四个中心，分别是指挥中心、社会服务平台、社会管理平台和指挥分中心。指挥中心是感知整个地区情况和快速做出反应的中枢神经和大脑。中心大脑作用的发挥，依托于

社会服务平台和社会管理平台的高效运转和有效衔接。社会服务平台为辖区社会公众和企事业单位提供自助式、个性化、智能化的各类服务。广外街道有效整合社会党建、社会组织、志愿者服务等多个服务系统，实现对居民、单位、社会组织等服务的全覆盖。社会管理平台是由街道指挥中心一级平台（简称“中心管理平台”）、各科室二级职能平台、各社区分中心平台构成的相互联系的智能平台体系，整合了各类资源、汇集了各种渠道、集成了各个业务系统，通过“一张图”的GIS系统，按照“街道—社区—网格化责任区”的层次，层层递进地对各类资源、事件、力量进行配置、监控和分析，实现事件的上报、接收、分流、处置等一系列业务高效流转。指挥分中心占地面积108平方米，包含指挥中心、机房、办公区等功能场所。可实现地区视频图像监控内容全部接入和街道社区多媒体信息会议联动，随时掌控地区视频监控信息，配合多媒体信息会议系统，能够全面实现街道与社区间各类情况第一时间的传达与反馈，有效应对各类突发事件。指挥中心主体监控墙由18块46寸高清LED液晶拼接屏组成，全部设备均采用模块化的设计。为街道提供稳定、安全的网络集中监控平台、信息资源共享平台、分析决策平台、多媒体信息会议平台和指挥调度平台。指挥中心通过社会服务和社会管理两大平台的高效运转和有效衔接，实现民生服务、城市管理、应急处置、绩效考核、分析研判、统筹推进六大职能，打破科室与科室之间、科室与社区之间的壁垒，实现跨科室、跨社区的指挥协调，快速反应、统一应急、联合行动，真正实现社会服务管理的联动，有效应对各类事件。建立起“信息采集、源头发现、任务分派、问题处置、核查反馈”的闭合流程。

广外街道进一步完善系统建设，在功能模块上进一步开发，包括数据中心、惠民服务系统、社区经费管理系统、社区事件处理系统、街道网站、网上服务大厅、办事服务网、街道生活服务网等。

4. 推进党建网格化

在对社区网格化管理工作进行探索实践的基础上，把基层党建工作纳入其中，建立健全党建“网格化”管理模式，以网格为单位对党组织设置合理调整，将生活、工作和居住在社区内的在职党员和流动党员、离退休党员等各类党员都网进“网格”里。通过党建网格化，实现社区党组织的网格全覆盖，有利于发挥党建的组织动员优势，实现党员服务群众的有效对接、社情民意的畅通联系。通过建立党建信息化平台，实现社区网格间的互联互动机制，有利于增强基层党组织凝聚群众和服务群众的能力，增强党员的自我管理能力和自主教育。通过党建网格化，使社区的各领域都能渗入党建工作，形成区域化党建新格局。

（四）工作流程优化再造

1. 明确各部门责任和业务主体

信息化软件是服务于具体业务的，需要负责相关业务的委办局来牵头，系统才能发挥更大的价值。街道积极整合住房、社保、公用事业等领域的资源，梳理行政职权和公共服务事项，整合优化审批和服务流程。推进系统平台与各委办局间的联动反馈机制的进一步完善，提高系统平台使用效率。

2. 推进网上办事相关工作

梳理拓宽街道社区办事事项，推进街道社区办事服务平台深度使用，并分批推进街道社区办事“全区通办、三级联动”，以提高社区网上服务大厅的运行效益。

（五）网格化管理取得的成效

一是有效整合网格内的服务资源与项目，建立了辖区人、地、事、物、组织的信息数据库，并在基层建立起全覆盖、全过程的动态管理服务机制。以常态化的社区入户走访制度和联动性的处理机制，使社会矛盾的化解更具有便捷性、针对性和有效性。在网格化管理下，调解社区内各利益主体间的矛盾，以及解决社区环境治安整治、社区公共设施建设等方面的问题，顺畅并缩短了需求与管理服务间的对接途径，监督评价更为有效。网格化管理对于积极探索复杂动态条件下的基层社会管理，以及实现辖区的人性化服务和精细化管理具有重要意义，形成了党委领导、政府负责、社会协同、公众参与的社会治理格局。

二是加强了与居民的直接联系和有效沟通，增强了社区组织的亲和力和居民的归属感，夯实了社区工作的群众基础，深化了和谐社区建设。结合网格覆盖面广的性质，以“六型社区”建设为目标，广泛引导和动员居民共同参与社区建设，使社区成为具有一定价值认同感和归属感的社会共同体，有利于实现社区的和谐发展。

三是进一步建立健全了社情民意表达机制。通过网络信息平台和全覆盖的网格化工作体系，使机关党员干部、社区工作者深入到群众中，及时了解掌握群众基本情况和利益诉求表达，为群众办实事，与群众联系更加密切。建立完善了为居民服务、为社区服务的长效机制，对维护稳定、创造宜居宜业的良好社会氛围起到了促进作用。

三　进一步完善城市网格化管理的思考

城市网格化管理作为一种新型的城市管理模式，与传统城市管理模式相比，其优势显而易见。但在提高城市管理效率和管理能力的同时，具体实行过程中也存在一些问题。比如，技术成本高，信息系统需要不断更新和维护。网格化管理模式是建立在数字技术和设备的基础上的，在传统管理模式向全新的信息技术应用下的管理模式的转换过程中，需要投入大量的资金用于设备添置、系统测试和人员培训，随着互联网技术的不断更新，以及服务管理要求的不断提升，系统的再开发升级需要不断地投入资金，日常的设备维护也是一笔不小的开支。再如，理念更新还需要再认识及专业培训。新理念的提出，需要在观念上有所转变，然而人们往往认识不够，存在偏差，没有认识到网格化管理的意义和重要性。有些人将网格化管理简单地看作是按片划分责任人的办法。在技术层面，技术工具的使用、系统的维护和技术的规范都需要具有一定经验的人员才能完成。因此，需要对工作团队进行专业知识的培训，使其进一步转变思想。

（一）建立社会参与制度

公众参与是确保各个政策符合民意及政策合法化的根本途径。一方面，建立公众参与制度有利于增强城市网格化管理的透明度，同时，公众的监督也有利于提高城市管理的效率；另一方面，城市管理不仅是自上而下的，更需要社会公众的配合，十八大强调基层治理，就是要实现社会协同、公众参与的共治局面，也就是建立社会参与机制，从而实现社会的配合管理、主动管理和自我服务。

（二）完善社会监督考评机制

公共关系强调的是组织与公众之间的沟通传播关系，只有建立良好的信息交流关系，才能获得公众的理解、支持和认同，营造更好的社会环境与发展环境。网格化管理本质是数字化发展背景下的一种互联互通的管理模式，需要建立完善的互动机制，创造良性的管理环境，把与公众互动的反馈和满意度作为城市网格化管理考评的内容。

（三）完善网格化管理体制

需要进一步理清城市网格化管理体制和原有管理体制间的关系。建议在区级层面设立相应的城市指挥中心和监督中心，使区网格化管理在行政级别上处于区政府下属但又相对高于其他城市管理职能部门的级别，并直接对区级政府负责。强化对各职能部门的统筹协调力度，避免不必要的重复工作和推诿扯皮。

（四）统一执行标准和数据标准

目前，网格化管理的信息采集工作分散在各部门，执行时也是按照各职能部门制定的标准实行，部分数据存在重复采集的现象，如人口的数据，计生和公安部门都有采集。数据的类型和种类不同，采集的标准也不相同，标准比较粗化，在处理问题上就容易形成障碍。因此，需要对数据采集制定互通的数据样本标准，以便于统一管理。

（五）统一处理结果的考核制度

城市网格化管理以第三方的视角对职能部门的工作态度和工作成效进行

监督，在网格日常巡查过程中也能够发现工作中存在的遗漏和需要协调的问题，及时上报由指挥中心调度并督促相关职能部门进行处理，并对结果进行监督评价。根据事件的发生、处理、结案和延迟处理的日常记录，通过数据统计分析直观反映。因此，可以将统计数据纳入相关职能部门的业绩考核，作为客观评价的标准，发现管理环节存在的漏洞，从而优化管理流程、提升管理效率。

参考文献

曾媛媛、施雪华：《北京市网格化社会管理的经验、问题与对策》，《新视野》2013年第1期。

陈平：《数字化城市管理模式探析》，《北京大学学报》（哲学社会科学版）2006年第1期。

居振：《社区管理信息化的现状与对策研究》，上海交通大学论文，2009。

何军：《网格化管理中的公众参与——基于北京市东城区的分析》，《北京行政学院学报》2009年第5期。

岳金柱：《北京市网格化社会服务管理的做法及其成效》，《城市管理与科技》2012年第6期。

陈平：《依托数字城市技术创建城市管理新模式》，《工作研究》2005年第20期。

范况生：《现代城市网格化管理新模式探讨》，商丘师范学院论文，2009。

唐建鑫：《基于GIS技术的网格化计划生育管理系统的研究与设计》，中国海洋大学硕士论文，2013。

调研报告

Survey Reports

B.6

关于非首都功能疏解背景下马连道转型发展的调研报告

摘　要：　地处广外街道的马连道因“茶”闻名，享有“京城茶叶第一街”之称，是中国三大区域性茶叶批发市场之一，发展至今有近70年的历史，现在为北京市西城区十大功能街区之一。本文从追溯马连道发展历史着手，梳理马连道的发展阶段和发展状况，并结合当下北京非首都功能疏解的任务与挑战，提出马连道必须疏解批发零售低端业态并转型升级的未来发展方向。

关键词：　马连道　特色商业街　功能街区　非首都功能　广外街道

一　马连道的历史与现状

马连道是华北地区最大的茶叶集散地，现已成为中国三大区域性茶叶批发市场之一，辐射范围远及俄罗斯、日本、韩国、东南亚等国家和地区。马连道的茶产业集群的知名度相较于广外有过之而无不及，在中国茶商眼里，“马连道”的品牌已经形成深刻的历史烙印。在广外特色产业的发展格局中，马连道茶叶特色商业街鲜明而耀眼。

马连道茶叶街早在2000年就被北京市商委命名为“京城茶叶第一街”，被北京市评选为当年“十大特色商业街”，2005年又被中国步行商业街工作委员会评为首批“中国特色商业街”，其范围包括原宣武区[①]马连道路的两侧，以及红莲南路东段和马连道南街东段。

（一）马连道茶叶特色商业街的发展历程

马连道因过去路两旁多生长马蔺草而取其谐音得名。历史上的马连道地区曾是北京重点物资储备仓库，曾作为北京最大的货运火车站——广安门站的仓储物流基地，聚集着新华书店总店、市一商局、市粮食集团等中央、市属单位的大小仓库32个，是北京市最大的仓储基地。20世纪50年代，北京市茶叶加工厂落户于马连道，南北茶商纷纷发现商机并进驻该街，马连道茶叶市场初步形成。

马连道在原宣武区构建“三带、两线、九点”[②]发展空间布局的设想中，被定位为现代商贸完善带。以马连道为中心的现代商贸完善带是展示南城现代化形象的重要区域。在原宣武区“十一五”规划中，马连道的定位

① 宣武区，北京市辖区，位于北京城区西南部，是4个中心城区之一，总面积约19.04平方公里，总人口约54.4万。2010年国务院批准撤销北京市西城区、宣武区，设立新的北京市西城区，把原西城区、宣武区的行政区域合并为西城区的行政区域。后面行文以原宣武区为指称，特此说明。

② “三带”指传统文化保护带、高端产业发展带、现代商贸完善带，即：以大栅栏—琉璃厂—天桥为中心的传统文化保护带，以菜市口、广安门为中心的高端产业发展带，以马连道为中心的现代商贸完善带。“两线”是依托具有核心纽带地位的广安大街和国际传媒大道，重点打造两者交会形成的、最具项目储备空间优势的“金十字”核心骨架，支撑全区经济社会发展。“九点”指地铁七号线湾子站、达官营站、广安门站、牛街站、菜市口站、虎坊桥站和珠市口站与地铁四号线的宣武门站和陶然亭站。围绕这九个轨道交通站点，当前和今后一段时间的核心工作是“地块开发和项目建设”。

进一步明确，成为原宣武区“一四二”发展空间布局中四个重点功能区之一，即马连道采购中心区，范围东起西二环，西至羊坊店南路，规划占地面积5.49平方公里，为广外街道所辖范围。作为首都功能核心区内的特色商业街之一，马连道茶叶特色商业街正逐步向以特色商业为基础，融文、商、旅、居等于一体的综合功能区发展。

西城区在“十二五”规划中提出了“一核、一带、多园区”① 的战略空间布局，作为首都核心区行政区划调整后，新西城的第一个重要发展规划。马连道被列为支撑“一核、一带”发展的九个功能区之一。其中马连道茶叶特色商业区以提升文化品位、完善基础设施、延伸产业链条为重点，建设集茶叶集中交易、茶文化展示和娱乐休闲于一体的茶文化商贸区。对马连道进行的初步功能定位，为马连道构筑了一个广阔的发展空间，其今后的发展重点是在茶文化及其产业延伸方面以及商业业态创新方面提升档次。

为促进马连道茶叶特色商业区的发展，西城区委、区政府于2013年底组建了北京马连道建设指挥部，其主要任务包括：一是科学规划，组织实施；二是统筹组织、协调、督促、服务以马连道为主的广安门外地区的业态升级和重点项目建设工作；三是打造马连道茶产业街区品牌形象，提升茶企业品牌影响力；四是研究制定本区域产业发展的各项激励政策、措施，促进重点产业、企业总部及相关产业聚集发展。

回顾马连道茶叶特色商业街的发展历程，可以划分为四个发展阶段（见图1）。

① “一核”即以金融街为中心区，以德胜科技园、广安产业园为辐射区，以白塔寺、西单和南闹市口地区为配套区，集中力量打造以金融业为核心的经济增长极。充分发挥金融街功能集聚、政策集合、服务集成的效应，拓展产业发展空间，丰富产业内涵，完善基础设施，提升服务质量，努力建设具有国际影响力的金融中心。“一带”即以什刹海、阜景街、大栅栏、琉璃厂、天桥等地区为重点，以国家大剧院、北京音乐厅等现代文化设施为依托的北京中轴线西翼文化带。“一带”是承接历史文化名城保护的主要载体，提升文化软实力的重要支撑，改善居民生活质量的着力点。要进一步强化基础设施建设和环境整治，有效疏解人口，适度植入产业，实现古都风貌保护、历史文化传承、人居环境改善和产业合理发展的相得益彰，建设融历史与现代为一体的新型文化发展带。“多园区”即支撑“一核、一带”发展的九个功能区，包括德胜科技园、广安产业园、什刹海历史文化保护区、阜景历史文化街区、琉璃厂艺术品交易中心区、天桥演艺区、西单商业区、大栅栏传统商业区和马连道茶叶特色商业区，按照科技、文化、商业多园区等领域划分。

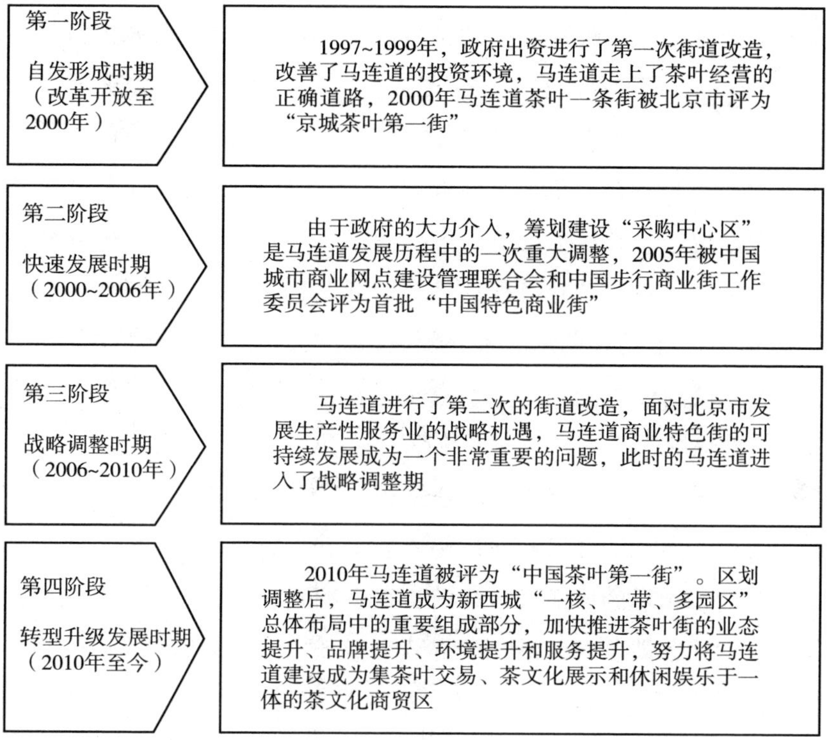

图1　马连道茶叶特色商业街的四个发展阶段

总结马连道茶叶一条街发展的基本经验：第一，“计划经济时期的茶产业龙头企业与仓库区 + 市场经济时期自发形成的小企业集群、产业集群”是马连道茶叶一条街发展的特殊“街情”与基础，这里主要包括区位基础与制度变迁两大动因；第二，政府适时介入并为产业发展提供规划、指导与服务是马连道茶叶一条街快速发展的重要因素。

（二）马连道茶叶特色商业街的现状

目前，马连道茶叶特色商业区营业面积总计近 30 万平方米，集中了马连道茶城、京马茶城、京鼎隆茶城、京闽茶城、绿谷茶城、北京国际茶城、北京茶叶总公司茶叶市场等 10 个大型茶城，来自福建、贵州、浙江等 12 个产茶大省的3000余家茶企业，茶业行业协会、商会共10家，是全国著名的三大茶叶集散地之一，被称为“中国茶叶第一街”。整个街区年销售额超过42亿元，约占全国茶叶年交易额的10%。

1. 外来人口多且稳定

茶商大多来自福建、浙江、安徽和云南等茶业产地，以家族性经营为主，在一般情况下，茶城平均每一个茶商最少雇用5～7人，这部分外来人口大批迁移到北京进行茶叶经营活动，因此马连道聚集了大量的外来人口。其中，有10年以上的长期定居者，较短的也有2～3年，90%是长期定点销售的，10%是临时经营的。

2. 经营面临挑战

马连道茶城的主要类型为：物业招租、临街店面和公司经营。其中，以物业招租形式为主，即开发商通过物业公司对茶城的摊位进行招租，茶城内的大部分茶商以租赁的形式进行经营，每个茶城都有若干店铺和摊位；其次是临街店面形式，即茶叶街沿线的部分小型散户，大多拥有自己的品牌，通过向物业租赁临街店面而自成一店；最后是公司经营形式，如以“更香茶叶公司”为代表的大型临街店面，拥有知名品牌、雄厚的资金和店面产权且独立经营。

据统计数据，2014年1～5月，马连道茶叶特色商业区法人单位1692家，拥有资产45.8亿元，同比下降16.3%。马连道茶城的店面空置率出现上升趋势，空置率达25%左右。马连道几个开办时间较长且位置较好的茶城入驻率较好，但是新建茶城经营状况都不理想，致使茶城空置率在70%以上。

马连道茶叶特色商业街曾是辐射华北的茶叶集散地，但是受周边如济南、大连、沈阳等地的茶叶市场影响，马连道茶叶街的批发功能减弱。周边城市相继兴建的茶叶批发市场分流了部分批发客户，马连道茶叶批发量较前些年已有所降低。近年来，在西城区的十个功能街区中马连道茶叶特色商业区的经济指标排名靠后（见表1）。

表 1　2013 年西城区功能街区主要经济指标

单位：家，亿元

项目	法人单位数	资产总计	固定资产投资额	收入总计	利润总额
金融街	2689.0	378449.8	10.9	7140.8	2828.6
中关村(西城园)	9461.0	24494.3	40.0	2727.7	392.1
什刹海历史文化保护区	1449.0	369.0	0.1	383.8	13.0
阜景历史文化保护区	265.0	127.0	0.0	53.9	11.5
琉璃厂艺术品交易中心区	382.0	46.7	0.0	28.5	4.5
天桥演艺区	510.0	35.5	2.4	33.6	0.0
西单商业区	507.0	4993.9	0.0	883.1	31.4
大栅栏传统商业区	386.0	18.2	2.0	5.4	1.1
马连道茶叶特色商业区	1555.0	50.9	3.8	48.2	0.4
合　计	16518.0	405125.9	59.2	10535.4	3290.9

资料来源：西城区发展和改革委员会《2013 年全年分析材料汇编》。

3. “十二五”时期的发展重点

根据《“十二五”期间马连道茶叶特色商业区发展规划》，马连道地区发展的主要任务是完善基础设施，优化商务环境，提升茶交易市场的辐射力，建设集产品展示、商贸洽谈、茶品拍卖、消费体验、文化交流于一体的茶业交易中心。马连道作为“中国茶叶第一街”，是首都最大的茶叶及其相关产品批发零售集散地，在国内外具有广泛的影响力。马连道地区的功能定位是茶业商贸中心和休闲娱乐业聚集区。以茶叶专业商贸为重点产业，配套发展茶叶科技研发和展览展示产业、文化创意和艺术品交易产业、金融服务业、商贸服务业、旅游和休闲娱乐产业等。马连道茶叶特色商业区的发展模式是专业商贸中心，未来发展方向是推动产业高端化，带动中国传统文化的繁荣，带动中国文化品牌走向世界。

4. 发展中存在的问题

马连道自身基础设施条件较为落后，道路疏散能力不足，大规模的茶叶批发市场的聚集是自发形成的，城市规划和管理相对滞后，尽管近年来进行了较大规模的基础设施改造和升级，但调整空间有限，新建建筑刚性约束较大，整个空间难以满足批发市场高人流、货流和仓储的需要。可以说，目前马连道地区的商业活动已经超过地区承载力边界，依靠扩大商业规模实现发展的道路已经行不通。另外，批发业以其价格和流量优势实现发展的模式，与中心城区地价不断攀升、产业附加值要求较高、产业组织化水平要求较高等情况越来越不相符，批发市场在中心城区承载力有限和产业较高投产比的约束和压力下，已经不再适宜中心城区产业发展模式。并且茶叶贸易作为传统商业，全国市场已经接近饱和且稳定，增长空间有限，尽管马连道在全国茶叶市场中初期份额增长较快，但近年来逐渐趋于稳定。2013 年，全国茶叶农业总产值1000 亿元，其中电商销售接近 85 亿元，2014 年达到 100 亿元，增长较快。传统茶叶批发贸易增长缓慢，马连道茶产业面临同样的状况。另外，马连道远离茶叶主产区，运输和仓储成本较高，未来发展空间十分有限。因此，马连道向高端化产业发展，调整目前的传统商业模式，走新型商业发展道路迫在眉睫。

但是，马连道在“十二五”时期产业转型升级成效并不显著，经济指标支撑仍以批发和零售业为主，行业结构亟须优化（见表2）。

表 2　2014 年第一季度马连道茶叶特色商业区登记企业类型

单位：亿元

第三产业	资产总计	收入合计	利润总额
批发和零售业	15.0	20.0	0.1
交通运输、仓储和邮政业	0	0	0
住宿和餐饮业	0.4	0.3	-0.05
信息传输、软件和信息技术服务业	0.1	0.02	-0.01
金融业	0.8	0.3	0.04
房地产业	17.4	0.3	-0.1
租赁和商业服务业	2.0	0.9	0.02
科学研究和技术服务业	2.1	1.5	-0.03
水利、环境和公共设施管理业	0.1	0.02	—
居民服务、修理和其他服务业	0	0	0
教育	1.5	0.5	0
卫生和社会工作	0.7	0.7	0
文化、体育和娱乐业	5.7	0.6	-0.1

2014年1~5月，马连道茶叶特色商业区收入合计超过亿元的4家单位中，有3家单位为批发和零售业，3家收入超过亿元的批发零售单位拥有资产总计10.2亿元；实现收入合计约18亿元，占合计数的比重为79.5%，贡献率达到90.2%；累积实现利润总额510.1万元。

在“十二五”规划中，马连道茶叶特色商业区作为金融服务业的节点，承接北京金融街功能区金融优势，与丰台金融新兴产业区相呼应，形成金融服务业集聚区，在此基础上，带动商业服务业高端化发展，引进专业国际市场、电子商务及结算、高端中介机构等，以高端服务推进茶叶及其他文化产业发展。数据显示，马连道茶叶特色商业区金融业单位数量少、规模小，且基本集中在典当行，这使得作为主打商业的批发零售业，在做大做强的过程中，融资困难，缺乏资金支持。

表3　马连道茶叶特色商业区

单位：万元，%

行业名称	资产总计	比重	收入合计	比重
合计	457584.6	100.0	251346.3	100.0
批发和零售业	149909.0	32.8	199772.1	79.5
金融业	7900.8	1.7	2874.5	1.1

二　非首都功能疏解下马连道的发展

（一）京津冀一体化与非首都功能疏解

京津冀是环渤海地区的核心区域，是国家区域发展布局中的重要一极。2010年国务院印发的《全国主体功能区规划》指出，京津冀的功能定位是我国东北、华北和西北“三北”地区的重要枢纽和出海通道，全国科技创新与技术研发基地，全国现代服务业、先进制造业、高新技术产业和战略性新兴产业基地，我国北方的经济中心。

从当前京津冀一体化的动向来看，北京市的发展主要集中在“四个中心”的高端定位、非首都功能的疏解、京津冀的主中心和“高精尖”经济结构四个层面，从定位、功能、地位和结构上都给了北京市明确的中心引领地位。西城区作为首都功能核心区，有着自身独有的区位优势、金融优势、科技优势、文化优势等，通过突出高端化、服务化、集聚化、融合化、低碳化，强化首都核心功能，调整疏解非首都核心功能，进一步优化产业结构，提高产业能级，以经济功能的增强，服务首都核心功能的提升，以核心功能的强化，助推经济功能的升级，从而增强对整个区域的辐射带动作用，牢牢把握引领京津冀区域发展的主动权、强势区域的话语权，成为引领京津冀区域发展的强势经济核心区。

北京市政府多次明确提出加快疏解非首都功能，并制定相关解决方案。对大红门地区、天意小商品、动物园地区等批发市场加快疏解，逐步制定调整计划疏解其他区域性批发市场。这些低端的批发零售业将不再适应全新的首都功能定位，需要被向外转移和疏解。

（二）西城区“瘦身健体”聚焦功能定位，统筹“六大领域”

2014年2月26日，习近平在北京考察座谈时明确指出，坚持和强化首都全国政治中心、文化中心、国际交往中心、科技创新中心的城市战略定位，深入实施人文北京、科技北京、绿色北京战略，努力把北京建设成为国际一流的和谐宜居之都。

北京市委对作为首都功能核心区的东城区、西城区提出了具体要求，按照“发展质量要提高、人口规模要适度、管理水平要精细、城市环境要最好”的要求，努力把核心区率先建成国际一流的和谐宜居之区。这意味着，西城区在非首都功能疏解中要率先有所作为，在工作中要始终认真抓住习近平总书记重要讲话精神这一主线，把握全面深化改革和京津冀协同发展两大机遇，加强市区两级协同联动，主动衔接，解决现有工作体制、机制内部存在的问题，解决资源、空间问题和工作联动机制问题；要牢牢坚持首都意识、首善标准、首创精神，统筹考虑西城区在经济发展、名城建设、文化繁荣、社会民生、生态环境、安全稳定六个领域的工作，突出功能街区的建设，“瘦身健体”加快调整疏解非首都核心功能，积极构建“高精尖”经济结构，促进经济提质增效。要加大环境建设力度，提升城市发展品质，打造宜居宜业环境。

（三）马连道的去留——茶产业面临转型升级的要求和挑战

马连道是著名的京城茶叶第一街，具有茶商多、茶品全、交易量大、知名度高等特点，但在北京“四个中心”定位、京津冀协同发展和非首都功能疏解的新要求下，马连道当前的业态已经不符合北京的发展需求，亟待转型升级。

马连道茶产业存在的问题主要表现为：一是产业低端。马连道地区有大大小小的茶城十多家，且大都实行摊位制，茶城管理方仍停留在收取租金和物业管理费的阶段，市场交易特征依然是以自产自销为主体。二是同质化问题严重。马连道街区的经营仍旧是“各自为政”，茶叶交易方式单一，茶城各自经营特色不明显，市场资源不能互补，经营同质化严重。而从地区发展现状来看，迫切需要建立完整的市场体系，以最大限度地实现产品、信息、资源等的流动和共享，并引入或强化高端交易方式，如茶叶拍卖等，提升产业结构。三是辖区空间容量日趋饱和，在可供开发的土地日益减少且没有更多的土地储备和供应、开发建设的难度进一步加大的背景下，区域经济由外延式发展转向内涵式发展，由此看来，一个受地域限制的内销市场、封闭市场已经不符合西城区未来的发展定位了。

三　功能疏解过程中需要处理好四个关系

（一）“舍”与“得”的关系

疏解部分产业功能。坚持有所为、有所不为的原则，按照京津冀协同发展的战略布局要求，重新审视首都的产业布局和结构调整，按照首都城市功能战略定位，对经济结构进行调整，转变为可持续发展方式，调整和优化产业结构。关、停、并、转那些高污染、高能耗产业项目，发展有利于环境保护和城市可持续发展的产业。疏解生产制造业、批发业等，并控制中心城区的大型建设项目，腾退空间建设绿地和城市休憩场所等。打造发展与生态相协调的国际一流的和谐宜居城市形象。

（二）首都可持续发展与区域协同发展的关系

个体与整体间的关系。这两个关系既联系紧密，又有所不同。一方面，北京目前的发展现状影响着京津冀的协同发展，另一方面，京津冀发展失衡制约了北京的发展。两个方面的问题归根究底都在于北京的首都属性，要予以统筹考虑。从疏解北京的非首都核心功能入手，同时考虑北京自身的可持续发展要求，不能一味地通过搬迁来试图解决问题，尤其是搬走一些已经具有优势的产业，这显然是不可行的。

（三）疏解的主体与客体的关系

提到非首都核心功能疏解，人们往往理解为北京是疏解非首都核心功能的唯一操作主体，这是典型的局部思路。中央政府层次是把京津冀一体化作为全局性战略，而把疏解北京非首都核心功能的重任局限于北京市政府层次，是典型的局部思路。解决京津冀一体化发展及北京自身发展问题，要着眼于全局，不能只局限于北京，应跳出京津冀三地的行政区域界线，从全局寻求更高层次的区域合作与发展。

（四）“瘦身”和“健体”的关系

提到疏解非首都核心功能，一种主流意见是将北京的优势资源、人口和产业向外转移。疏解主要诱因之一是为了北京自身的可持续发展，而一味向外疏解的思路，未能认清优质资源与北京城市功能定位并不矛盾。如国家机关和高校的聚集就与北京“四个中心”的城市功能定位相适应。因此，在单一向外疏解、淘汰落后产业的同时，北京应当通过提高产业发展质量、规范秩序来挖掘和培育新的经济增长点，从而实现可持续发展。

显然，马连道以批发和零售业为主的经营业态与首都的战略定位不相适应。“十三五”时期将是马连道发展的关键时期，重点在于如何疏解批发和零售业等低端业态，积极向“商务金融服务区”、“茶文化休闲体验区”及“文化创意区”方向转型。

马连道茶叶特色商业区作为西城区独立的经济性质的功能区，具有深厚的文化内涵，发展规模较小，产业实力比金融街、西城园和西单商业区弱。但其产业具有鲜明的地域特色，资源独到而雄厚，具有发展潜力。需要紧紧抓住资源特色优势，实现传统产业的调整和升级，大量引入具有高附加值的企业和经济发展新模式，走跨越式发展的道路，朝着特色化、高端化的方向发展。

以疏解为重点，腾退土地空间，未来马连道将建设茶业产权交易中心，大力促进茶叶产权交易、精品茶叶拍卖以及相关文化艺术品拍卖等业务的发展，拓宽马连道茶叶特色商业区的产品（与服务）交易领域。其中，产权交易中心将通过电子交易平台和电子结算，以信息流、资金流代替物流，以产供销一体化代替传统批发零售，以总部经济代替个体经济，实现马连道相关产业的高端化和现代化。

四　马连道进行功能疏解与转型升级的相关建议

（一）规划先行，合理布局，有效指导

疏解北京非首都核心功能要做到有据可循。必须以科学、合理、全面的规划作为先导来指导具体工作。通过科学的战略来指导北京进行非首都核心功能的疏解，保证依照规划执行，同时避免流于形式和口号。规划必须建立在走访调研，以及地区项目清单、地块台账等数据的基础上，明确广外马连道地区的发展定位和城市、产业、交通的合理布局，为马连道地区发展做指引。

（二）建立机制，实现地区双向联系

在疏解功能的过程中应该建立输入地与输出地双向联系。以往京津冀三地在产业和要素方面联系较少，且多数是单向联系，由河北和天津向北京输送利益，致使京津冀协同发展水平不高。因此，在落实疏解北京非首都核心功能时，要合理调整北京的现有经济结构，建立双向联系机制，实现京津冀地区的密切联系和协同发展。

（三）服务引导，推进产业结构调整

一方面，以产业定位为导向推进产业结构优化升级。一是通过发展规划明确产业的空间布局，围绕建设区域权属关系、发展现状、主要困难及未来建设采取的商业模式、建设路径等问题，以课题组形式进行全面摸底调研。二是突出正向引导，发挥政府部门在产业升级中的主导作用。对于符合产业定位和发展方向的，给予环境改造等方面的政策扶持和服务；对于不符合要求的，加强管理，使其退出首都功能核心区。通过落实北京疏解非首都核心功能指导意见，共同研究建立产业准入及指导制度。按照“促新、调旧、淘汰落后”和“一城一议”原则制定各茶城产业升级指导方案，以区域协同发展为契机，结合茶产业园建设、批发功能外溢，通过与北方茶产业促进联盟合作、与相邻区县街区功能对接等，综合推进功能疏解和产业升级，引导增量产业项目按街区定位开发建设。

另一方面，以引导服务为主线贯穿产业升级始终。一是突出政策导向。建立动态管理地区茶城、重要项目、企业商户信息分类基础台账。汇集梳理现有政策，把文创、商务、旅游、工商、质监等方面的政策信息传递到街区优质企业。二是推进街区电子商务发展。与京东公司签署战略合作协议，推动“马连道茶业街”以整体形象入驻京东商城。带动第二批企业积极上线交易，培育马连道企业创新营销模式。三是开展业态经营趋势分析引导。建立马连道茶产业指数，发布平台正式上线，为企业、政府、投资和消费者了解市场提供理论依据。四是系统培训，提高街区企业竞争力。

（四）项目带动，促进区域协同发展

一是落实京津冀一体化发展要求，联合周边省市拓宽合作领域、建立合作机制。研究街区批发市场功能外溢，探索区外开发建设空间承接功能转移；积极配合项目主体进行市场腾退和产业疏解，在清溪、京马茶城的疏解和改造中发挥作用。二是促进区域融合发展。马连道要发展成一个综合型的街区，与西城区的文化、金融、科技实现更好的结合。发挥西城区方方面面的优势，与文化委、文创办、天桥演艺区、大栅栏琉璃厂区域加强合作，与金融办、金融街指挥部、科技园管委会及科委共同配合，将马连道打造成一个综合型的街区。

（五）文化融合，促进产业转型升级

马连道应该发挥茶文化优势，丰富茶文化内涵，寓茶文化创意于经营之中，推动茶产业多元化经营模式的形成，带动茶产业的深化发展，同时满足人们高品质的消费和休闲方式。

首先，文化创意与经营方式融合。文化创意的内涵就是从千百年来特色历史文化传统中抽象出具有创新价值的文化元素，借助于科技等加工生产出具有较高附加值的产品，从而形成具有广阔和超前市场前景及适于规划的产业。

其次，文化创意与宣传推广融合。通过文化创意打响茶产品的品牌以及街区整体的茶叶特色招牌。一是整体运作，全面提升马连道“中国茶叶第一街”品牌；二是通过连续举办马连道国际茶文化艺术节、茶王赛、茶博会，扩大马连道在国内外的影响，提升马连道的地位；三是针对我国茶叶“名茶多、名牌少”的窘境，帮助茶企业提高知名度，把茶叶原产地的风土人情、饮茶习俗等文化与茶产品紧密结合，丰富茶产品的文化底蕴。

再次，用文化创意丰富产品类型。通过文化创意来丰富茶产品的类型，增加茶产品的附加值，满足消费者多样化与高品质的需求倾向，这突出体现在茶叶产品的延伸方面，如茶与饮食的结合、茶饮与茶具的结合，以及茶产品的拓展（化妆品、洗涤品等）。

最后，文化创意延伸产业链。利用文化创意带动产品生产，主要通过创新茶叶的制作工艺和对茶产品后期的包装来实现。一是创新茶叶的制作工艺。多样化的市场需求趋势，催生了创新型制茶工艺的出现，如参考咖啡制作速溶无茶渣的饮料、加入轻微揉捻和发酵技术的新工艺白茶等。二是创新茶产品的后期包装。就茶叶包装而言，在包装设计中重视文化创意的作用，使包装兼具文化内涵和创新性，并通过国际化的拓展，为茶商提供开阔眼界的事业。借助茶交易的集聚平台，发挥相互启发学习的作用。

参考文献

叶振宇、叶素云：《北京市产业对外疏解的现实思考》，《城市》2015 年第 1 期。

孙久文：《从北京与周边城市的经济联系看首都圈建设》，《投资北京》2013 年第 2 期。

侯晓倩：《北京特色商业街发展动力研究》，《全国商情》2010 年第 21 期。

杨江帆、林晶晶、梁雯婷、张小琴、王彦威：《文化创意与茶产业的发展》，《福建农林大学学报》（哲学社会科学版）2010 年 7 月 5 日。

《发展特色商业街　展现北京新形象》，《时代经贸》2011 年第 8 期。

雷海潮：《从北京战略定位看首都非核心功能疏解》，《北京日报》2014 年 7 月 4 日。

刘宪杰、李真：《论特色商业街的转型与升级——以北京马连道商业街为例》，《企业研究》2011 年第 23 期。

储俊峰：《京津冀协同发展背景下城市建设的战略定位》，《京津冀协同发展——北京面临的机遇与挑战：北京自然科学界和社会科学界联席会议 2014 高峰论坛论文集》，2014 年 11 月 4 日。

李晓斐：《马连道茶叶特色商业区可持续发展研究报告》，《中国连锁》2013 年 10 月 21 日。

B.7

广外街道流动人口服务与管理的调研与思考

摘　要：随着我国经济社会的飞速发展，城市化、工业化的推进，人口流动迁移进入异常活跃时期，加强和创新流动人口服务管理，建立健全实有人口动态管理机制，创造良好的政策和制度环境，推进基本公共服务常态化、均等化，引导人口有序迁移、合理分布，及时有效地防范和化解各类群体性问题苗头，对构建和谐稳定的社会环境具有重要意义。本文以广安门外街道马连道茶城为例，在介绍流动人口服务管理的理论和实践的基础上，指出其“亲情”服务管理模式，实现了人口流入地和人口流出地政府协作共管，人口服务管理有序开展，各项服务更加贴近群众，探索性提出了针对流动人口的服务管理和人口疏解的对策建议。

关键词：流动人口　服务管理　社会融合　广安门外街道

为营造稳定、健康、和谐的人口环境，广安门外街道在西城区人口计生委的指导下，全面启动了“马连道茶城流动人口服务与管理”项目，以有效监管为基础管理目标，以优质服务提升管理，以凝聚融入为最高目标。街道整合资源，建立统筹解决、综合治理流动人口的工作机制，规范辖区流动人口管理工作，开展有针对性的服务，促进流动人口育龄妇女自觉纳入现居住地计划生育管理，进一步促进流动人口融入新居住地生活，实现医疗、社保、教育等需求服务的对接，创新和完善流动人口服务与管理。

一　我国流动人口生存发展现状

（一）流动人口的概念

一般而言，流动人口是指人们到户籍地以外的其他地方务工经商、从事社会服务等经济活动，而原居住地户口没有改变，通常被称为“人户分离”，但排除从军、上学、探亲、访友、旅游等情形。

我国政府在加快城市化的进程中，对于积极引导国内人口合理流动迁移采取了一系列措施。改革户籍制度、实行居住证管理、实施积分落户优待等，放宽农村人口和务工人员进入城市的政策；加快地区之间的人口流动迁移，优先解决夫妻分居、老年人投靠子女等问题；创造更多的便利条件，解决随父母流动的少年儿童的教育等问题；为增加农村劳动力外出就业机会，地方政府积极组织农村劳务输出等。

（二）流动人口的现状

第六次全国人口普查显示，我国流动人口总量达2.21亿。大规模的人口流动迁移成为我国推动科学发展、转变经济发展方式、保障和改善民生进程中的突出问题。其基本流向是由农村到城市、由欠发达地区到经济发达地区、从中西部地区到东部和东南沿海地区，人口流动的主要原因是务工经商、解决就业问题，为城市商业、建筑业、饮食服务业等行业的发展提供了大量的劳动力。在为我国经济发展贡献力量的同时，人口流动也改变着人口分布和流入地与流出地的人口结构。

我国城镇化进程中最显著的人口现象是大规模的人口流动迁移。在改革开放以来的30多年中，我国流动人口的规模越来越大，出现持续猛增的趋势，尤其是20世纪90年代以来，速度之惊人，实属罕见，由1982年的657

万人猛增到2010年的2.2亿人（见图1），占到全国总人口的17%左右。北上广等大城市的流动人口约占当地常住居民的40%。全国农村流动人口占多数，2010年来自农村的约有1.5亿人，省内流动人口中约有54%来自农村，跨省流动人口中约有82%来自农村。据国家统计局的统计，2012年全国流动人口约为2.36亿人，比上年末增加669万人。

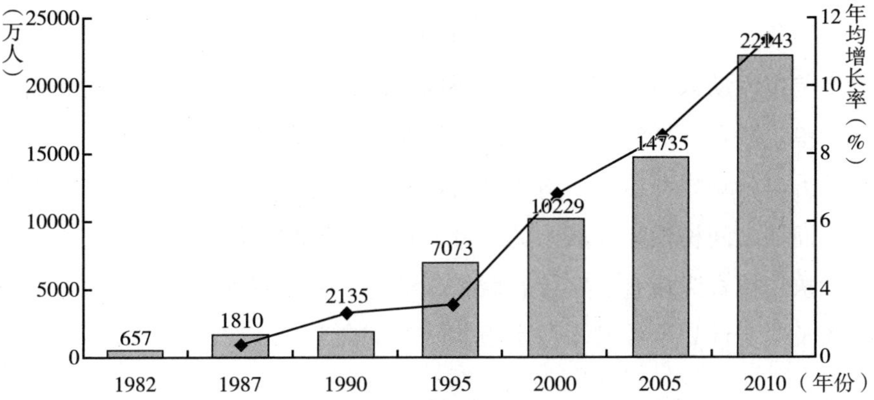

图1　1982～2010年全国流动人口规模及年均增长率

资料来源：根据历次全国人口普查和全国1%人口抽样调查数据估算。

二　马连道茶城流动人口服务与管理的创新实践

马连道茶城是广安门外街道最大的流动人口聚集地。面对流动人口快速增长的现状，广安门外街道于2011年启动了马连道茶城流动人口服务与管理项目，坚持以人为本，以维护流动人口依法享有的生殖健康、计划生育权利为主线，将有效监管作为基础管理目标，以优质服务提升管理质量，寓管理于服务之中，探索与市场经济相适应的流动人口服务与管理新机制，并取得了良好成效。

（一）探索建立有效的工作机制

广安门外街道从建立机制入手，探索属地管理、区域协作、单位负责、社会协同、协会自治、政府部门依法行政的多元联合工作机制。在属地管理方面，除10大茶城作为街道计生办直管点外，其余全部由居委会实行属地管理。在区域协作方面，与茶城流动人口主要流出地建立双向服务管理协作机制。2012年街道与福建省德化县人口计生局签订《流动人口计划生育服务与管理双向协作协议书》，建立联络员制度。在单位负责方面，出租经营场地单位以及茶城、市场经营人，按照“谁出租谁负责、谁经营谁负责、谁用工谁负责”的原则，在十大茶城均设置了流动人口计划生育管理员，负责本单位流动人口工作。在社会协同方面，与派出所、医院、幼儿园及其他社会单位联合开展流动人口管理与服务工作。在协会自治方面，建立马连道流动人口计划生育协会，将流动人口以协会的形式组织起来，在广大茶商与重点商铺之间构建相互联系的纽带。在依法行政方面，改进工作方法，改单一的执法检查为检查、宣传、服务相结合，唱好基础工作、验证工作、政策宣传及落实计划生育基本技术服务“四部曲”。

（二）确保流动人口“五有”管理

以规范化场所建设为依托，保障茶城流动人口管理的“五有”，即：有机构、有队伍、有制度、有阵地、有设备。一是2011年成立了广外中国茶城第一街“新居民之家”。在马连道社会服务管理中心内部设立流动人口计划生育服务点，并设专人长期负责。二是建立一支茶城计生工作队伍，成员包括计生助理员、各大茶城的计划生育管理人员、茶城属地的5个居委会计生专干。三是建立茶城计生管理工作制度。建立茶城管理员例会制度、茶城管理服务单位联席会制度、考核补贴制度、培训活动制度等。四是为每个茶城配备药具架，设立计划生育宣传栏，为有条件的茶城设立图书角。五是为茶城流动协管员配备移动终端手持机，及时采集流动人口信息，提高双向管理效率。

（三）探索“亲情”服务管理模式

努力探索适合流动人口工作生活特点的服务管理模式，向茶商流动人口家庭延伸“幸福家庭”工程的均等化服务：一是开辟流动人口计划生育宣传服务中心，设有人口学校、阅览室、视听室、温馨话屋、生殖健康诊室等，购置了B超机、乳腺检查仪等设备，与广外医院合作每周四下午为流动人口进行免费查环、查孕、查病服务，这在全市街道一级的宣传服务中心尚属首例。二是每年坚持开办流动人口青少年暑期托管班，既为孩子提供丰富多彩而又有意义的暑期活动，又为家长解除了孩子暑期无人看管的后顾之忧。三是开展丰富多彩的宣传教育活动，举办以“关爱流动青年·青春心理对话”为主题的心理健康同伴教育进茶城活动、茶城计生知识竞赛，开展“爱在流动·情系广外”流动人口服务咨询活动。

（四）建立“两地”政府双向协作共管

2002年12月，在街道计生协的指导下，马连道地区成立了全市第一个按行业组建的流动人口计划生育组织——茶商计划生育协会，履行中国计生协章程、任务、宗旨。协会的组织机构为协会理事会，由各茶城主要负责人组成，80%是流动人口。理事会定期召开，主要任务是组织流动人口参与计划生育宣传教育活动，协助政府做好流动人口的计划生育管理、服务，反映流动人口需求，研究决定协会的工作计划等重要活动。协会理事为流动人口户籍地与现居住地的两地政府计划生育部门牵线搭桥，建立起协作关系。比如，在协会的帮助下，广外街道与福建安溪县建立了协作关系，与福建福鼎市领导共同研讨两地双向管理问题，解决了流动人口在京孕检中的一些问题。协会理事能及时将流动人口计划生育的有关信息反馈到街道计生办。

从实际情况来看，马连道茶城的流动人口服务管理创新取得比较显著的成效，主要表现为：一是多部门联合的工作机制，消除了马连道特色商业区的“管理盲区”。由街道计生办牵头，旨在通过协调在流动人口服务与管理中存在职能交叉的流管办、派出所、广外医院、社区、茶城办公室等多部门，整合资源，建立统筹解决、综合治理流动人口的工作机制。街道计生工作实现下沉，管理力度加大，信息对接更加顺畅。二是计划生育优质服务得到群众认可。在项目调查中，82.9%的被调查者对计划生育服务与管理

"满意"。开展的青春健康、优生优育、早教指导等服务与群众需求实现有效对接，提高了流动人口积极纳入现居住地计划生育管理的主动性，形成了人口计划生育工作的凝聚力。三是《流动人口计划生育工作条例》（以下简称《条例》）宣传工作取得一定成效，流动人口维护自身计划生育权益的能力得到提高。调查显示，68.1%的调查对象听说过《条例》。其中约六成的调查对象对主要的政策（如《婚育证明》办理、"四术"报销等）均有了解。四是性别平等、婚育文明得到传播。通过赠送生殖健康书籍、开办职场心理健康讲座等，教育青年女性自尊、自爱、自强、自立。走访中新手父母对生男生女的态度比较豁达，传统生育观念逐渐发生变化。

三　开展茶城流动人口服务与管理项目调查评估

（一）对项目进行全面评估

2013年，广外街道针对为期两年的"马连道茶城流动人口服务与管理"项目实施情况，进行了全面评估。本次评估采用逻辑框架法，围绕目标是否按照预期实现、项目实施的效果及需要改进之处，分别开展了《2012年马连道茶城流动人口问卷调查》和《2012年广外街道茶城流动人口计生知识问卷》两种问卷调查和个别访谈，结合日常工作登记、工作总结等，展开自我评估。

（二）评估内容与方法

本次评估围绕《广外街道马连道茶城流动人口服务与管理工作方案》（以下简称《方案》）中确定的"建立完善企业、多部门配合的管理机制""规范茶城流动人口管理与提高服务水平""促进流动人口育龄妇女自觉纳入现居住计划生育管理""形成茶城流动人口服务与管理工作经验"四大目标，采用逻辑框架法，针对项目投入、产出、效果和目标，在日常工作记录、相关工作总结、统计数据分析、专项调查和个别访谈的基础上进行综合分析和评价，最终完成评估报告。

表 1　马连道茶城流动人口服务与管理工作评估指标体系（逻辑框架矩阵表）

目标层次	目标内容	测量指标	测量手段
目标	1. 加大对目标人群的计生监管力度 2. 提高对茶城流动人口的服务水平	1.1 流动人口违法生育例数减少 2.1 流动人口对计生工作的满意率	个别访谈 问卷调查
效果	1. 实现目标群体的规范化管理 2. 目标群体获得均等化计生服务 3. 目标群体自觉纳入现居地计划生育管理的意识得到提高	1.1 管理设施配备情况 1.2 签订区域协作协议 2.1 流动人口计划生育政策知晓率 3.1 持证、验证人数增加	问卷调查 个别访谈 日常记录
产出	1. 培训茶城管理员、宣传员 2. 宣传品、宣传材料 3. 生殖健康优质服务 4. 政策知识宣传、咨询 5. 各类服务活动 6. 流动人口协会发挥作用	1.1 业务培训期数 2.1 发放宣传材料、避孕药具数 3.1 享受计划生育优质服务的人次 4.1 政策宣传、咨询接待人次 5.1 服务活动举办期数、参加人数 6.1 协会活动次数	培训记录 服务登记 问卷调查 工作总结
投入	1. 工作制度与工作机制 2. 机构、队伍、经费	1.1 相关工作机制是否建立 2.1 人财物投入是否到位	工作总结 财务明细

注：①反映目标的评估指标有 2 个：指标 1.1：流动人口违法生育例数减少，该指标与 2011 年初的流动人口违法生育发现例数相比；指标 2.1：流动人口对计生工作的满意率 =（对计生部门的管理和服务满意与比较满意的人数）×100%/调查对象人数。②反映效果的评估指标有 4 个：指标 1.1：管理设施配备情况，项目实施期间规范化管理在硬件和软件方面的建立和完善程度；指标 1.2：签订区域协作协议，该指标是指与茶城流动人口主要流出地签订流动人口计划生育工作双向服务管理协议；指标 2.1：流动人口计划生育政策知晓率，该指标依据《2012 年广外街道茶城流动人口计生知识问卷》逐项分析可得；指标 3.1：持证、验证人数增加，该指标指流动人口持有和到现居住地居委会查验《流动人口婚育证明》的比例较项目实施前有所提高。③反映产出的评估指标有 6 个：指标 1.1：业务培训期数，该指标指面向茶城助理员、管理员和茶城计生宣传员的业务培训、例会等；指标 2.1：发放宣传材料、避孕药具数，该指标指向茶城流动人口发放计生宣传材料、避孕药具的数量；指标 3.1：享受计划生育优质服务的人次，该指标指享受过免费孕检、“四术”报销、健康体检等优质服务的茶城流动人口人次；指标 4.1：政策宣传、咨询接待人次，该指标指相关机构和人员对茶城流动人口开展政策宣传、咨询接待等的受益人次；指标 5.1：服务活动举办期数、参加人数，该指标指在流动人口中开展健康讲座、青春同伴教育、健康生育快乐园等相关活动的期数和参加活动的茶城流动人口人数；指标 6.1：协会活动次数，该指标指茶城流动人口协会在项目期间开展的协会活动次数。④反映投入的评估指标有 2 个：指标 1.1：相关工作机制是否建立，该指标指的是方案提出的建立企业、多部门配合开展流动人口服务与管理的工作机制，职责清晰，目标明确；指标 2.1：人财物投入是否到位，该指标指的是为茶城流动人口提供服务与管理的机构是否建立，队伍是否齐备、资金是否使用到位。

（三）主要结论及建议

一是必须重视调研工作，努力使服务管理精细化。茶城流动人口台账虽然已基本建立，但是对流动人口的具体特征缺乏较为细致的了解，流动人口管理服务工作需要向精细化、个性化、贴心化的方向发展。为此，应继续积极、细致地开展调研工作，并向流动人口发放连心卡，促进多元化沟通方式的形成，及时了解具体情况，提高管理和服务水平。

二是必须不断深化区域协作，努力形成人口“一盘棋”的工作局面。马连道茶城流动人口流出地多为南方产茶区（如福建、云南等），有集中管理的优势。2013 年率先和福建省某县签订了双向共管协议，今后还会和其他流动人口流入集中的户籍地实行区域协作，采取上网、电话联系等方式加强交流，做好与流动人口户籍地在计生服务与管理上的顺利衔接。

三是必须拓宽宣传阵地的覆盖面，努力创新宣传方式。商业区特点决定了传统的宣传方式对目标人群的宣传覆盖面不广，不利于调动其参与计生活动的积极性。针对店里离不开人、集中讲座没时间听的现状，将采取光盘、网络的自主学习方式和送宣上门等更加灵活的宣传方式，以保障宣传效果。

四是必须加强流动人口信息化服务管理。目前，对茶城流动人口的管理主要依靠流动人口全员网。通过手持移动终端采集信息还没有做到全覆盖，应积极探索高效的信息采集模式。按照划分的责任区，茶城流动协管员与茶城管理员共同做好信息采集工作，加大联合执法、联合采集的力度。

五是必须重视流动人口青年的计生服务与宣传。项目实施过程中在计划生育服务管理方面存在年龄分布不均的问题，侧重于已婚且处于生育旺盛期的育龄人群，对未婚青年的计划生育服务指导工作不够重视。

四 针对流动人口服务管理与人口疏解的建议和对策

（一）流动人口服务管理的建议

近年来，广安门外街道在北京市西城区委、区政府的领导下，高度重视流动人口服务管理工作，陆续出台了一系列政策，涵盖教育、医疗等公共服务，并积极推动流动人口参与社会管理，大大增强了其主人翁意识，为服务管理提供了很好的契机。

1. 完善流动人口管理队伍体系

建设高水平的职业管理队伍，强化管理员业务能力，实现管理与服务并重。在提高外来人口文化层次的同时，提升管理人员的综合素质。以楼门院组长、社区单位负责人、物业公司负责人等为触角，构建社区流动人口管理与服务网络。积极创造多种交流与活动平台，增强流动人口的归属感，将地区流动人口纳入广安门外地区安全、文化、社会建设等体系中。

2. 创建融入城市的环境氛围

流动人口是城市的贡献人和建设者，对城市的建设及社会经济发展起到了很大的推动作用，他们是劳动力的主要来源，应该尊重他们，在思想、人格、工作、学习、生活、安全上平等对待，为他们创造乐居的第二故乡环境氛围，让他们真正融入城市。一是政策惠民生。不断推进流动人口公共服务均等化，有效满足流动人口在医疗、就业、上学等方面的需求。二是服务暖民心。针对流动人口的不同需求，免费提供优生健康检查等服务，让其享受同等优质服务。三是载体引民情。针对流动人口工作时间和生活习惯，实行预约服务和问需服务。四是网格解民忧。完善计生管理服务网络，及时了解掌握流动人口相关情况，实现流动人口管理精细化、服务无缝隙。

3. 建立畅通平等的维权渠道

在维权、服务上，建设诉求平等的权益保障渠道。一是持续深入开展流动人口的权益法定宣传和文化认同活动。在维权与服务上，为流动人口充分表达诉求和平等创造良好的制度环境，推行亲情化管理与服务，建立行之有效的诉求保障制度，增强流动人口的认同感、归属感。二是建立健全多渠道维权通道。通过建设企业工会和合法社会组织来完善反映流动人口意愿和诉求的管理体制。

4. 建立多形式协作配合机制

根据劳动力供给和就业竞争情况，政府为供需双方提供指导，利用资源共建共享，推进包括流动人口在内的信息咨询、职业介绍、技能培训、劳动法制教育等社会化就业服务体系建设。对流动人口的培训、就业和计生等进行追踪，借助多方合作平台，共同建设多形式协作机制，如流动党组织、商会、计生等。流出地与流入地形成共同体，完善两地协作双向管理机制，通过信息沟通、加强法律知识宣传，确保对流动人口的有效服务与管理。

5. 激发乐参与、互信任的主人翁意识

在管理、民主政治领域，激发流动人员乐参与、互信任的主人翁责任意识。一是给予新市民的信任，以城市主人翁的身份，为新家园建设做贡献。二是提供更多的参政议政和事务管理的机会，如流动人口联络员、监督员等，通过新型流动人口组织载体，经常性地安排流动人口代表参与城市建设、列席听证会等，增强参政议政意识，激发他们的责任心，营造社会和谐气氛。

（二）人口疏解的对策

北京作为一座快速发展的世界特大城市，人口数量过度膨胀，人口资源环境压力较大。人口和功能高度集中，交通拥堵、大气污染、水资源紧缺、生态环境容量不足等一系列大城市病凸显。有关部门数据显示，截至 2014 年末，北京常住人口为 2151.6 万，其中常住外来人口为 818.7 万人。因此，针对目前的状况，应从北京首都功能定位与人口合理分布出发，认真研究解决中心城区人口与功能疏解的措施，调控人口规模，放缓常住外来人口的增速，这对于缓解北京中心城区的压力，促进首都可持续发展具有重大意义。

1. 加强产业宏观调控和人口规模调控

以控制人口为目标，疏解流动人口聚集产业，如专业性批发市场和区域性物流基地等。截至2013年底，全市登记流动人口总量为756万人，其中服务性行业中流动人口比重超过70%。一方面，常住人口从核心区向外围转移。2014年北京市常住人口密度为每平方公里1311人。其中，人口密度最高的是西城区，常住人口为每平方公里25767人，人口密度最低的是延庆区，每平方公里只有158人。从全市人口密度来分析，常住人口数由首都功能核心区向外围逐步减少。另一方面，产业结构围绕首都功能定位发展。至2013年底，全市共有1111.3万人从事第二、第三产业，其中，从事第二产业的有216.6万人，从事第三产业的有894.7万人。处于前三位的法人单位从业人员是：147.8万人从事批发和零售业，占13.3%；138.5万人从事制造业，占12.5%；141.7万人从事租赁和商务服务业，占12.8%。首都功能核心区202.3万人，占18.2%。着眼于全市战略规划，产业结构向更符合首都功能定位的方向发展，对不适宜的产业进行转型升级，推进疏解调整，重点发展高端产业，转移、淘汰劳动密集型产业，控制就业门槛低、大量低端流动人口就业的产业，如技术含量低的餐饮业等。

2. 鼓励部分优质资源转移至新城

北京中心城区以全市8.3%的国土面积，聚集了全市59.3%以上的人口。高校、医院等公共资源过于集中，公共服务优质发展，受到高端人才和大批人员的青睐。就教育资源而言，北京中心城区汇聚了全国大多数的知名大学、中学和小学。就医疗资源而言也是同样。公共资源的过于集中和分布不平衡，给城市交通、环境等带来了众多的问题。应鼓励部分优质公共服务资源从中心城区逐步转移至新城，改善优质公共服务资源在北京分布不均衡的状况，带动新城的建设和发展。

3. 京津冀实现跨地域布局

京津冀产业互补、协同发展，形成全产业链布局，北京以产品研发、营销、设计等环节为重点发展对象，形成北京与天津研发创新、河北孵化和生产的产业链。加快清退疏解一般性产业，加快各类落后企业退出市场，减少资源消耗和环境污染，降低经济发展对人口的依赖程度，实施对流动人口的“提质减量”。例如马连道茶产业的交易层次偏低、技术层级偏低、茶文化品牌缺乏，仍是以茶叶及其相关产品交易为主，还未上升到文化体验的高端层次，未发挥茶文化的展示窗口的作用，外来人多因茶买卖而来，非因文化、旅游而来。要打造马连道茶产业的文化特色，彰显茶叶一条街的文化氛围，使人们意识到，到马连道不仅买卖茶叶，更多的是品味茶的文化。

马连道茶城应不断加强人口调控疏解工作，从落实街区功能定位、调控资源配置、加强规划引导等方面入手，把“以业控人”“以房管人”“以证管人”与拆除违法建设、清理地下空间、治理群租房、人口抽样调查、流动人员适龄儿童入学审批等工作有机结合，制定实施《人口调控措施办法》，健全目标考核指标体系，强化双向考评、奖惩挂钩，做到层层有任务、人人有责任。

参考文献

郑真真、杨舸：《中国人口流动现状及未来趋势》，《人民论坛》2013 年 4 月 15 日。

赵继光、邵灵华：《流动人口从业人员抱团现状分析及疏解对策》，http：//www.docin.com/p－786431373.html。

李明敏：《合肥市流动人口服务与管理研究》，安徽大学硕士论文，2014 年 11 月 1 日。

姚华松、许学强、薛德升：《广州流动人口特征及空间差异分析》，《热带地理》2008 年 5 月 15 日。

闫菲、陈岱云：《流动人口融入城市的社会支持状况研究——以济南市为例》，《山东经济战略研究》2011 年 10 月 25 日。

广安门外街道：《广外现代商贸完善带发展战略研究》，2009 年 12 月。

广安门外街道：《广外茶城流动人口协会汇报材料》，2011 年 11 月。

广安门外街道：《“马连道茶城流动人口服务与管理”项目终期评估报告》，2013。

广安门外街道：《广外马连道茶城流动人口服务与管理汇报》，2012 年 11 月。

广安门外街道：《广外马连道茶城流动人口服务与管理交流材料》，2013 年 1 月。

B.8

关于广外街道建立物业管理协调机制破解老旧小区管理难题的调研报告

摘　要：伴随着经济社会的不断发展，优化人居环境，提升城市形象，综合整治老旧小区，成为城市建设和管理中的重中之重。作为我国的首都，北京老旧小区管理问题显得尤为严峻，需要进一步完善老旧小区整治所涉及的多方主体间的综合协调机制，切实把城市老旧住宅小区建设好、管理好。广安门外街道结合辖区内老旧住宅小区现状，建立了由政府、法律代表、业主代表、物业公司、居民组成的"五位一体"的老旧小区物业管理协调机制。今后，将继续通过完善和健全法制、分级分类管理、资金和政策扶持、建立相应的物业服务监督与评价制度，进一步推进老旧小区的物业管理。

关键词：老旧小区　物业管理　协调机制　广外街道

广安门外街道是西城区人口数量最多，同时也是居民小区最多最集中的街道之一。地区共有小区 219 个，有物业管理的小区 176 个，成立业委会的小区 17 个。街道小区类型多样，既有高档商品楼，也有中直机关、国管局、北京军区、新华社等国家机关部队宿舍，还有北京市二机床、特钢公司等效益较差的产权单位宿舍，以及无人管理的老旧小区。居民成分结构复杂，有本地居民、中央部委工作人员以及从事各种行业的外来留京人员，因此地区的物业管理难度较大。地区内的物业公司资质不一，难以满足业主多样化的管理要求，既有像嘉浩物业管理公司、莲花物业等少数专业规范的物业服务企业，又有资质较低的小物业公司，许多是挂靠在产权单位下的房管部门。这些公司由于运行时间较短，欠缺管理经验，再加上从业人员素质较低，难以满足居民日益增长的物业需求。近年来，由于老旧小区大多没有物业公司管理，存在的诸多问题和矛盾越来越凸显，和很多城市一样，成为街道最为困扰的一项工作。

一　老旧小区在物业管理中存在的问题分析

通常讲的老旧小区主要是指在20世纪七八十年代国家开始进行综合房地产开发以前，多由单位作为员工福利集体建成的普通住宅小区。这些住宅小区最早是由员工所在单位实行专业物业管理的小区。

老旧小区随着国家房改政策的变化而不断发展，由于受地域性特点和政策的阶段性制约，不同老旧小区在物业管理中表现出的问题和矛盾也各有不同。在国家房改之前，住房大多作为福利性消费，物业管理也由员工所在单位承担，随着住房行政改革向市场消费型转变后，住房管理也向企业化社会型管理转变，从而造成了需求的多样性和产权的多元化，但是传统的居民对物业管理的消费意识还没有转变。此外，由于老旧小区建设年代久远，特别是公共设施、环境卫生等仍然处于单纯维护现状的层面，对于物业项目管理本身而言，也难以实现保值增值，在居民物业消费意识还没有转变之前，维持收支平衡成为难题。甚至有很多老旧小区处于无物业管理的状态，成为城市不断发展过程中的一大顽疾，和现代新建商品小区形成鲜明对比。老旧小区物业管理难，主要表现为以下几个方面。

（一）老旧小区产权复杂

老旧小区产权形式复杂，一般都是由几个单位合作开发的，建成后分配给单位的员工居住，享受单位的福利性物业。住房行政改革后，单位大多将房屋产权卖给职工，有的又经过职工买卖到了非单位职工手中或进行房屋出租，住房产权形式有商品房、房改房、公房、农转非的承租房等。在北京还有更为复杂的现象，有些老旧小区原归属于一些大型企业集团的下属单位，但房屋开发是由大型集团负责主导开发，只是开发建成后分给下属单位，产权关系很不明晰。随着我国经济的发展，部分老旧小区所属产权单位早已破产倒闭或重组。

（二）公共设施设备的严重老化

老旧小区由于开发时间早，配套设施缺失不全，规划简单，部分房屋存在质量较差的问题，小区绿化面积少，基本没有设计建设停车位。随着岁月变迁，老旧小区的房屋本体和基础设施陈旧老化，房屋的保温、防水出现问题；管道也出现破损、堵塞，雨水、污水混流，老旧小区楼道内墙脏乱、缺少公共照明、缺少围墙、小区的路面老化甚至破损、缺失道路照明设施、安全设施标准低或已经损坏等现象非常严重。

（三）业主消费观念落后

老旧小区的居民以老年人和低收入家庭为多数，这些居民群体的消费观念较陈旧，消费能力较低，加之原本一直无偿享受单位福利性物业管理，老旧小区住户逃避交费、不愿意交费或拒交物业费，一直以来都是困扰老旧小区管理者的首要难题。很多街道为了解决老旧小区的物业管理问题，聘请了物业管理公司提供物业管理，可由于收不到物业费，物业公司难以正常运转，最后不得不选择撤出。目前，很多老旧小区由社区代管，社区仅收取非常低廉的卫生费，只能做到小区的基本保洁。而老旧小区住户对仅能做到保洁的物业管理行为不认可，没有真正理解物业管理的优越性，将低廉、单一的社区管理费用和综合性的物业管理费用进行简单比较，更愿意接受社区收取的卫生管理费。许多住户仍然存在无偿享受物业管理的陈旧观念，认为物业管理费也应当由单位交。部分居民在思想意识上仍习惯于政府包揽、依赖政府的思维定势。

（四）缺乏社区认同感

社区是在一定的区域范围内，由一定的生产关系或社会关系组织起来的、具有共同价值取向的同质人口组成的社会关系共同体，具有一定的管理制度和组织机构。社区认同感是社区建设和管理的基础。伴随着城市化的加快推进，老旧小区以相对低廉的价格吸引了大量的流动人口、外来人口流入，小区内人与人之间感情交流缺乏，交往次数少、价值认同缺失等问题越来越明显。居民多数是从自身利益出发，忽略社区共同价值，这不利于小区的和谐发展，更不利于作为业主集体诉求实施小区物业管理。

（五）需求矛盾突出

由于老旧小区住户有商品房户、单位产权户、拆迁户和租房户等多类群体，产权形式多种多样，各自的需求存在差异。不同的个人发展阶段、受教育程度、收入水平，在需求上表现为不同层次，对公共事务的参与性也不同。有的关注温饱问题，有的关注安全问题，有的寻求自我价值的实现进而想在社区事务中有所作为。正是由于需求的差异性，表现在物业需求的差异性和支付能力上，引发了对物业的不满。物业管理无论提供什么服务都不能达到较高的满意率，加大了服务费的收取难度。此外，业主和物业管理公司长期处于博弈状态，业主委员会组建困难重重，在缺乏业主统一代表的情况下，对物业服务项目很难达成共识。这种服务没有标准、收费不能统一的情况，使得物业费变得更加难以收取，老旧小区的物业管理陷入恶性循环。

（六）物业公司有心无力

随着物业管理相关条例的出台，物业管理越来越规范，物业公司多种经营的发展空间越来越小。老旧小区在上面描述的诸多问题下，是一块难啃的硬骨头，从事老旧小区管理的物业公司也大多面临责任无限大、资金却不充足的巨大挑战，物业公司大多心有余而力不足，老旧小区未来的发展不容乐观。此外，对于老旧小区的建设没有建立公共维修基金。随着时间的推移，本就老化严重的老旧小区，公共设施修缮及治安、消防、设备管理、公共区域等存在巨大风险，物业管理公司的责任有越来越大的趋势，而所谓公众责任险的征收却是可望而不可即。

（七）相关法律法规不健全

不同于老旧小区，新建小区在物业管理方面能够通过《物业管理条例》进行指导、规范和运作，老旧小区自身情况特殊、问题复杂，很难有效按照《物业管理条例》来实施管理。为此，针对老旧小区有必要出台符合实际的法律法规，使老旧小区能够步入法制化、规范化的物业管理轨道。

二　广外街道建立“五位一体”老旧小区物业协调机制

老旧小区的管理涉及街道社区、政府部门、居民、物业公司等多个主体，是一项综合性的系统工程。为了打好总体战，使各责任方在老旧小区管理中达成共识、整合优势、发挥作用，相互配合与协作、形成合力，广安门外街道建立了“五位一体”，即街道代表政府协调组织各利益主体、律师作为顾问进行法律保障、业主委员会代表业主主体行使权力、物业公司提供专业化管理、社区居民协商自治的老旧小区物业管理协调机制。

（一）街道物业指导科：监督协调管理

广安门外街道针对辖区内的物业管理，于 2013 年专门成立了物业指导科，现有工作人员 2 人，其职责：一是指导监督小区物业管理工作；二是指导监督业主大会、业主委员会的筹备、成立及运转工作；三是协调处理业主大会、业主委员会运转中的有关问题等。该科室自成立以来经常加班加点，做了大量工作，每年接待来电、来访数百人次，成为物业公司与居民之间沟通的桥梁和纽带。物业指导科多次组织区法制办、区房管部门、律师及相关单位召开协调会，妥善处理各小区的物业管理矛盾和纠纷等问题。

（二）专业律师事务所：协助配合管理

近年来，随着我国物业管理和物权法的不断完善，以及法律纠纷的不断增多，广安门外街道专门聘请专业律师事务所协助、配合开展街道的物业管理工作。街道聘请北京市盛廷律师事务所的专业律师每周二下午 13：30 至 17：30 到办事处工作，负责处理居民法律方面的事务，公布律师热线，方便居民随时咨询。同时，由于当前指导业委会开展工作还属于一个新生事物，街道在发挥监督和指导作用时，还需专业律师就法律法规事宜进行协助和配合。

（三）业主委员会：依法依规维权

广安门外街道针对地区成立业主委员会的商品房小区，指导业主委员会依法依规开展工作。对于没有业主委员会的，指导其按照正确程序建立业主委员会。街道还定期聘请专业律师对小区业主委员会成员及热心者、物业公司开展依法召开业主委员会大会、业主大会的权利和职责、业主委员会的权利和职责、业主委员会的日常运作、业主委员会和业主与物业服务公司的关系等方面的培训，逐步增强小区居民及物业公司的法律意识，使各利益主体充分了解自身的权利和义务。

（四）物业管理公司：专业服务管理

广安门外街道对整治改造后的老旧小区适时引入物业管理。街道配合市区机关以及街道自筹资金对部分老旧小区楼房进行抗震加固、节能保温改造，对小区内的管道、水泵、道路等共用设施进行修缮。老旧小区如果改造后仍然无人管理，共用部位和共有设施不及时进行养护，改造的成果可能就无法长久保持。为此，街道在改造的同时，考虑引入物业管理，改造后的老旧小区在具备条件的情况下，可以选聘专业的物业企业，由其为小区提供整体的物业服务或根据小区的实际情况，聘用专业的服务公司为小区提供保洁、保安、停车、维修管理等服务。

（五）居民协商议事：开展社区自治

广安门外街道还探索以社区民主议事协商形式来实现老旧小区物业管理新模式。对没有条件进行全面整治改造的老旧小区，街道以“由易到难、扩大参与、服务社区、推动和谐”为目标，借鉴地区现有的、有效的楼管会、居民议事会的经验做法，建立以楼栋自管会为主体的社区社会组织，指导其进行社区社会组织备案，明确其作为“社区公益服务类”社会组织的定位。目前街道选取10个社区为试点，引导社区居民在法治框架内，以公平为引导，以道德为引领，开展社区自治，力争在老旧小区整治与物业管理等社区建设的重点难点问题上发挥积极作用。

三　老旧小区物业管理的发展方向及展望

老旧小区物业管理矛盾是随着国家房改政策变迁而来，具有时代的特征，是产权私有化与公共利益博弈过程中必经的阶段，也是我国公民意识觉醒、朝现代契约社会转变的过渡。

（一）实行分类分级服务管理模式

在老旧小区中，不同小区具体情况不尽相同，不同居民需求也不尽相同，对此需要加大对业主需求的调查，提供多种服务模式，分级提供服务。针对老旧小区具体情况和实施物业管理时存在的矛盾与问题，政府有关部门要做好研究分析，运用不同的策略和方法，有条不紊地推进和落实物业管理。对于有条件的、成立业主委员会的小区，可以实行市场化的物业管理，聘请专业的物业管理公司协商价格与服务后，交由其进行管理；对于不具备条件成立业主委员会或条件稍差的小区可采取居民自治、产权单位负责和政府统筹协调相结合的方式，待条件都成熟后再实施专业化的物业管理。在提供物业服务的过程中，针对不同业主的差异化需求及区别较明显的小区可提供分级服务。针对一般业主要做好一般日常服务；针对老旧小区低收入家庭采取低偿服务或无偿服务；针对支付能力较强的业主，通过协商制定服务标准和项目，满足其特殊需求。有明显区别的小区，也可以制定分级的服务标准和收费标准。与此同时，政府要监督物业公司做到质量和价格相符，通过分级管理，让业主充分感受到不同成本支出所享受服务标准的差异，逐步培养老旧小区业主的有偿消费意识。

（二）拓宽资金渠道和建立扶持政策

资金是制约老旧小区物业管理实施的关键因素。首先，老旧小区设施老化、公共设施缺失，在建设与维护配套基础设施、停车管理、修缮房屋、小区治安等方面都需要投入大量的人力、财力和物力，对于能找到产权单位的老旧小区，通过政府协调，可采取产权单位出资 + 政府投入 + 居民自付的形式三方筹资；对于产权复杂、小区居民生活较为困难的，政府可兜底。政府要集中财力保证老旧小区重点设施和重点部位的投入，改造基础设施和加强环境建设。改善老旧小区的居住环境，提高居住的安全性，形成温馨的生活空间，同时，逐步制定业主公约，提倡文明生活。其次，面对老旧小区收费难的问题，政府需要出台优惠政策，鼓励物业服务企业或社会组织承接老旧小区的物业服务，如减免进驻老旧小区的物业服务企业的税赋，政府适当补助社会组织承接物业服务和困难群众缴纳物业管理服务费用等。

（三）加强物业服务的监督与评价

一方面，物业服务提供方要把“服务第一，合理收费”作为工作理念，并按照合约标准提供服务；另一方面，物业管理公司必须依靠业主的反馈才能更加了解潜在需求，以便全面改进服务。老旧小区实行物业管理后，应在日常工作中为业主提供热情周到的服务，通过服务获得业主的支持和认同，从而与业主之间逐渐建立起友好、互信关系。物业服务提供方应当将费用收支状况进行公示，做到公开透明，接受业主监督；业主则应按时缴纳物业服务费；街道社区作为老旧小区管理的协调者应当主动督促指导物业管理提供方和业主履行责任，建立物业费缴纳社区诚信体系，对无故或不合理欠缴物业服务费者，要在小区内公示，对恶意拖欠者予以坚决惩罚。

（四）加快物业管理的法制建设

老旧小区顺利实施物业管理，需要通过完善相关法律法规和政策作为有力保障。专门增加对老旧小区物业管理的法律法规，进一步制定和明确老旧小区的相关物业指导标准及收费指导价等事宜，逐步建立起完善的城市老旧小区物业管理法律法规体系。

参考文献

闫明艳：《城市开放式老旧小区治理对策研究》，山东大学论文，2015。

张智敏：《老旧小区治理的资金筹集与运营管理问题研究》，广西大学论文，2013。

孙丽娜：《小区物业管理存在的问题及措施》，《经营管理者》2014 年第 2 期。

陈新宁：《如何增强社区建设中的小区物业管理》，《中国建设信息》2007 年第 16 期。

王占强：《北京老旧小区物业管理面临整改》，《现代物业》2009 年第 7 期。

刘承水、刘玲玲、史兵、冀文彦：《老旧小区管理的现存问题及其解决途径》，《城市问题》2012 年 9 月 27 日。

陈果：《业主委员会治理的困境与对策研究》，湘潭大学硕士论文，2010 年 6 月 7 日。

王志刚：《老旧小区物业管理的问题和展望》，《现代物业》2007 年 3 月 11 日。

《北京老旧小区改造将同步引进物业》，http：//bj. people. com. cn/n/2013/0128/c347733 - 18087048. html，2013。

B.9
关于广外街道五星级和谐社区指标体系的研究

摘　要：社区是百姓日常生活、安全幸福的聚合体，和谐社区是构建社会主义和谐社会的重要载体。如何创建和谐社区，探寻城市社区管理模式，提高居民幸福感，是研究的重点。本文从社区、和谐社区的内涵及城市和谐社区建设的意义着手，通过对和谐社区评价标准的分析，以西城区广安门外街道为例，调研广安门外街道创建五星级和谐社区的发展历程，构建“五星级和谐社区”指标评估体系，量化社区建设的和谐度，分析其实践经验和存在问题，对具体措施提出可行性建议，探讨具有广安门外特色和推广价值的五星级和谐社区创建模式，以期对我国其他城市建设和谐社区起到借鉴作用。

关键词：和谐社区　社区管理　星级评估　广外街道

和谐社区是和谐社会的基础。多年来，北京市西城区广安门外街道工委、办事处深入贯彻落实科学发展观，紧紧围绕加强和创新社会服务管理的要求，以居民需求为导向，以群众满意为标准，以党建工作为引领，不断深化“五星级和谐社区”创建活动。充分发挥群众主体作用，创新基层社会管理体制，走出了一条建设和谐社区的特色之路。广外街道先后获得“全国和谐社区建设先进街道”“全国和谐社区建设自主创新先进街道”“全国和谐邻里示范街道”“全国军民共建社会主义精神文明先进单位”“全国婚育新风进万家活动先进街道”“全国城市体育先进单位”等荣誉称号百余项。

一 和谐社区建设的内涵及标准

（一）社区的内涵和构成要素

社区的概念最初是由德国社会学家腾尼斯于 1887 年在其著作《社区与社会》中提出的。1933 年费孝通首次使用“社区”一词来反映社会学含义。社区是城市的基本单元和社会的缩影，是由聚居在一定地域范围内的人们所组成的社会生活共同体，是有共同利益和归属感、共同地域基础的社会群体，是和谐社会的重要基础。社区作为一个特定的公众区域，是人们在公共生活和社会交往中的重要场所。作为人民生产生活的聚集地，城市的改革发展与稳定都是以社区为基础的。虽然社区不是一级政府组织，但它跟政府密切相连。政府支持和指导社区的工作，并依法确保社区的自主性，保障社区依法自治；社区协助政府把国家的政策法规贯彻落实到群众中。在我国，城市居民委员会辖区正是人们通常说的城市社区建设中的“社区”。

社区基本构成要素：一是人群，即有一定的人口数量、人口素质和疏密程度等；二是地域，即有一定范围的相对稳定和独立的地域界限；三是生活服务设施，即有一定规模的社区设施；四是文化背景及生活方式，即有一定特征的社区文化，提升社区认同感、归属感和社区凝聚力；五是生活制度及管理机构，即有一定类型的社区组织，管理社区公共事务，维护社区的共同利益。

（二）和谐社区的内涵和构成要素

和谐社区的概念来自于和谐社会。党的十六大报告提出了全面建设小康社会的目标，要使“社会更加和谐”。2005 年 8 月召开的全国社区建设工作会议确定了和谐示范社区的基本标准：居民自治、管理有序、服务完善、治安良好、环境优美、文明祥和。与此同时，各地方政府根据自身实际情况也提出了构建和谐社区的标准。

和谐社区是具有认同感和归属感的社会共同体，是党和政府密切联系基层民众的桥梁。社区民众在这个共同体中能够团结互助、平等友爱、相互尊重、和谐相处。和谐社区有利于社会的稳定发展，是社区与政府、社区与社会、社区与企业、社区与群众、社区与生态多方关系的协调和谐。政府组织把命令、控制的管理方式转变为服务、沟通的协调机制；社区成员间建立起相互尊重、互惠互利的关系；社区不同组织间建立合作协调沟通的机制；社区民众承担公民责任感，平等地参与社区决策与社区发展。

和谐社区的构成要素：一是社区建设富有活力，居民主动参与社区事物，把社区当成自己的家，分享社区利益，承担社区责任。二是辖区内的机关、企事业和社会团体愿意为所在社区创造良好的自然、社会和人文环境。三是具有较完善的社区服务功能，能够保障困难群体的生活，基本满足社区物质文化需求。四是社区内社会风尚良好，学习氛围浓厚，邻里友善相处，扶贫济困，尊老爱幼，家庭和睦。五是社区安全稳定，管理有序，能够化解一般性矛盾和存在的问题。六是社区组织健全，结构合理，各种规章制度完善，社区自治化程度高，居民社区意识强。

表1　和谐社区的不同表述

	和谐社区的表述
民政部	居民自治、管理有序、服务完善、治安良好、环境优美、文明祥和
北京	通过社区与政府、社区与社会、社区与企业、社区与生态、社区与居民的协调发展、良性互动，实现社区居民自治、管理有序、服务完善、治安良好、环境良好、环境优美、文明祥和，形成人人关心、人人参与、人人支持、人人热爱、人人享有的安全、团结、幸福、和谐的大家园
福州	坚持以人为本，发展社区物质文明、政治文明，促进各构成要素自身的发展及相互之间关系的和谐，达到人与社会、人与自然，以及人与人、人的自我身心内外统一的社区

续表

青岛	以人为本，注重人与人、人与社会、人与自然之间的和谐，使全体社区成员各尽其能、各得其所而又和谐相处，社会各要素健康发展、充满活力而又稳定有序的社区
无锡	组织和谐、文化和谐、利益和谐、人际和谐、环境和谐的新型社区
深圳	一个健康、成熟的和谐社区，应该是社区与政府、社区与企业、社区与社会、社区与生态、社区与群众处于良性互动、协调发展的社区

资料来源：详见吴笑晶《基于平衡计分卡的和谐社区评价体系研究》。

（三）我国和谐社区建设的评价指标

指标的功能是提供定量和描述性的数据，评价指标体系可以描述现状和发现趋势，并为政府或其他组织的决策提供定量分析和依据。和谐社区评价指标体系是准确、合理评价社区和谐发展程度的工具，为构建和谐社区提供参考和衡量标准，是构建和谐社区的有力保障，指标体系建设应具有科学性、真实性、代表性、实用性、综合性、可操作性。2006 年，民政部提出了构建和谐社区的国家标准：居民自治、管理有序、服务完善、治安良好、环境优美和文明祥和。和谐社区评价指标体系的内容应包括社区组织、社区管理、社区服务、社区治安、社区环境、社区文化等方面。

表 2　各地和谐社区评价标准与指标体系

地区	时间	名称	内容	评估方法
南京玄武区（中共南京市委党校课题组，2006）	2005 年 6 月	《和谐社区评价标准准则》	在六个方面设定指标，即民主法治、公平正义、诚信友爱、充满活力、安定有序、人与自然和谐相处，共 30 个类别、96 项内容	定性与定量相结合，每个项目均由专家组与普通群众打分，社区测评总分值为 1000 分，每个类别和每个项目都有相对应的量化分值
北京（北京市社区建设改革领导小组，2006）	2006 年 6 月	《北京市和谐社区建设指导标准（试行）》	8 个一级指标，即文明向上、安全健康、生活便利、环境整洁、民主自治、保障机制、特色创新、评估机制，25 个二级指标、48 个三级指标、146 条指导标准	以社区居民、专家、辖区单位、新闻媒体、人大代表和政协委员为主体，以群众满意度为重要指标

续表

地区	时间	名称	内容	评估方法
青岛(青岛市民政局,2006)	2006年9月	《青岛市和谐社区评价标准(试行)》	党政推动、党建有力、居民自治、管理有序、服务完善、治安良好、环境优美、文明祥和	以政府机关等为评估主体,以群众满意度为重要指标。和谐度=测评值×0.7+居民满意度×0.3
成都(成都成华区政府,2006)	2006年11月	《和谐社区测评体系》	9个一级指标:社区环境、治安、文化、自治、服务、组织、社区道德等,100多项2级指标,总分1000分	专家打分
广东(广东省民政局,2006)	2006年12月	《广东省"六好"平安和谐社区基本标准(节选)》	自治好、管理好、服务好、治安好、环境好、风尚好	以政府、专家为主体评价
昆明(昆明市五华区政府,2007)	2007年初	《五华区和谐社区标准(试行)》	6个一级指标、14个二级指标、32个三级指标、100条指导标准,总分1000分	将社区群众的认同感、归属感和满意度作为考评依据,800分以上可评为和谐社区

上述构建的指标体系具有一定的综合性和可比性,虽然缺乏具体综合评估的量化特征,但是基本涵盖了和谐社区的内涵,大多数指标体系遵循和谐社区建设六个方面的内容,评价方法为定性和定量相结合,定量研究方法和评价模型往往是复杂的。

二　广安门外街道创建五星级和谐社区探索与实践

(一)"五星级和谐社区"指标评估体系的建立与特点

1. 率先制定"指标评估体系"

2000年以来,广安门外地区进入了经济建设和城市管理快速发展的时期,社区居民的生活方式、价值观体系日趋多元化,社区成员之间的需求差异化也越来越明显,给社会服务和管理带来了很大的挑战。为了使和谐社区建设有方向、有目标、能操作、能检验,能促进社区全面、协调、持续发展与提高，广外街道在两次涉及近万名居民的问卷调查的基础上，通过聘请专家学者、全面深入走访社区、多方征求意见，以群众需求为导向，于2005年3月，在北京市率先制定并实施了《“五星级和谐社区”指标评估体系》（以下简称“指标评估体系”），内容包括服务群众、社区安全、社区文化、社区自治、社区党建五大方面，分解为5个一级指标、53个二级指标和231个三级指标。以工作指标、特色与创新指标、群众满意度为主要内容，以一/二/三级指标、责任部门、分值为基本构架，形成任务和责任体系。

2005年4月广外街道工委、办事处制定下发了《关于创建“五星级和谐社区”的实施意见（试行）》（宣外工发〔2005〕9号），以指标评估体系为指导，在辖区内全部社区持续深入开展“五星级和谐社区”创建活动，成为推进广安门外街道和谐社区建设的重要载体。2005年开始，广外街道委托北京市社科院作为第三方评估机构，每年依据指标评估体系对各社区的创建工作评估一次。在实际评估过程中，指标评估体系也逐渐暴露出一些问题，例如有的指标比较陈旧、脱离实际，需进一步改进与细化。因此，街道在广泛征求居民群众、地区职能部门、评估委员会成员和专家学者意见建议的基础上，于2006年、2008年和2009年先后三次对指标体系进行了修改：增加新内容、设立新指标，强化指标的实用性。将“静态”描述变为“动态”标准，着重体现社区某方面的阶段性变化，突出创建、完善和提高的发展过程。

2. 提升完善“指标评估体系”

2011年为深入贯彻中央提出的加强和创新社会服务管理的精神，全面落实北京市建设“六型”社区的要求，更好地适应和谐社区建设发展的新形势，北京市社科院首都社会治安综合治理研究会与广外街道合作启动了提升完善广外街道五星级和谐社区指标评估体系项目。经过历时一年的项目运作，通过收集整理、分析研究大量数据和政策材料，广泛征求街道科室、全部社区、地区职能部门约60个单位和近千名居民群众的意见建议，最终形成了《广外街道“五星级和谐社区”指标评估体系（2012年修订）》。

新修订的指标评估体系依然保持了广外街道“五星级和谐社区”的理

念和精神，把《北京市和谐社区建设指导标准》《北京市“六型社区”指标标准细则》《创建全国文明城区测评体系》《国家卫生区指导标准》等纳入“五星级和谐社区”指标评估体系中。将北京市提出的构建“环境整洁、管理规范、服务完善、安全稳定、健康幸福、文明祥和”的和谐社区建设目标作为一级指标。消减了已经相对稳定的基本硬件设施类、基本制度建设类指标，适当增加社会管理创新、社会服务完善、社会矛盾化解、社会组织培育等方面的内容及其分值。增加评价地区职能部门的指标，有利于责任落实。同时制作了《广外街道五星级和谐社区指标评估体系操作手册》，介绍指标的内容、计分方法和评估方法。评星标准也发生了改变。以800分为合格基准分，开始评定星级，每多出40分，多获得一颗星。

3. “指标评估体系”的特点

该评估体系具有四个特点：一是针对性强，将北京市提出的和谐社区建设目标作为一级指标，将“五星级和谐社区”指标体系作为“六型”社区建设的指挥棒和标尺，通过开展“五星级和谐社区”创建，最终实现“六型”社区建设；二是操作性强，评估体系使工作任务指标性分解，任务具体，目标明确，责任清楚，有利于任务分解和目标落实，有利于考核和评估；三是群众性强，群众满意是评估的关键，社区居民既是创建的主力军，又是创建活动中的最大受益者，有利于激发群众参与热情和创造活力，使和谐社区建设有了可靠的群众基础；四是持续改进性强，有利于引导各社区从争创一星、二星、三星开始，逐步实现四星、五星，使和谐社区建设稳步推进、持续改进和不断提高。

（二）“五星级和谐社区”的创建与评估

1. 以群众参与为基础，广泛开展“五星级和谐社区”创建活动

社区居民是和谐社区建设的主体。广外街道以“凝聚民心、共建和谐”为主题，充分整合社区资源，明确社区居民的权利和义务，发挥社区居民的主体作用，团结带领居民群众建设和谐社区。

一是发挥基层党组织的领导核心作用，宣传、动员社区居民参与和谐社

区建设。采取多种宣传方式，通过召开动员大会、社区党员大会、社区居民代表大会、社区协调工作委员会等，发挥社区教育学院和市民文明学校的作用，广泛利用广外报、广安门网站、社区宣传栏，发放宣传材料，在社区成员中进行广泛宣传。通过连续几年举办“社区之韵”文化艺术节、全民健身体育节、“品民俗过大年”社区活动及“邻里节”、“相识日”、“一助一”等活动，不断扩大宣传的广度和深度，营造了浓厚的和谐社区创建氛围。

二是围绕“三个共同”，为社区居民参与和谐社区建设搭建平台。整合群众力量，提高群众创建“五星级和谐社区”的参与率。首先，以共同兴趣和爱好为纽带，组建了舞蹈、书画、娱乐等社区文体队伍，发展社区文体骨干，积极组织各类文化、体育活动，以多种形式联系、凝聚、教育群众，促进了社区成员的融合。其次，以共同荣誉为激励，广泛开展征集社区区徽、区歌等活动，积极引导社区居民创建更高层次的星级和谐社区，逐步培育和增强居民的归属感和荣誉感。最后，以共同利益为基础，积极培育发展居民自我管理、教育、服务的专业性群众组织。根据居民不同需求组建了保健、环保、维修、助残等社区社会组织。组织居民美化社区环境、参加治安巡逻和公益活动。充分发挥其联系、沟通、组织、服务广大居民群众的作用，维护了大多数居民的共同利益。

三是完善社区民主自治机制，拓宽社区成员参与和谐社区建设的渠道。健全社区民主自治制度，充分发挥社区居民代表大会、社区代表常务会议及社区代表会议的民主决策与监督作用。通过民主讨论决定社区内的公共事务和与群众利益密切相关的重大事项。推选社区民主监督员，组成社区民主监督小组，定期对社区居务公开进行监督检查。健全和完善社区运行机制、社区事务协调机制和社区参与机制。建立楼（院）党支部、居民代表和楼门长三位一体的楼院管理委员会（楼管会），管理楼院事务。制定居民代表工作手册促进居民代表履职，切实发挥居民代表的作用。组建社区协调工作委员会，成员包括社区党组织、社区居委会、物业公司、政府部门派驻社区的工作人员、驻社区重点单位负责人。坚持人大代表、政协委员、居民代表到居委会的轮值制度，听取居民意见，监督居务工作。在实施事关群众利益的社区重大决策事项时，建立健全公示、听证等制度。

2. 以群众受益为目标，实现社会管理和公共服务的有机结合

广安门外街道深入贯彻落实加强和创新社会服务管理的要求，以“五星级和谐社区”创建为载体，在创新基层社会管理模式、服务组织、服务机制和服务方式，提升公共服务水平等方面进行了积极探索。

一是加强社会管理，完善基层社会管理体制机制。首先，加强基层党组织的领导核心作用。通过切实加强执政能力建设和先进性建设，积极发挥社区党建协调委员会的作用，实施《广外街道社区党建工作指导标准》，深入开展以素质提升、课题研究、党建创新、党建示范、党内关爱为内容的“基层党建创新五项工程”，推进社区党建“网格化”管理和党员分类管理，加大楼宇党建力度，使基层党组织的影响力和凝聚力不断增强。发挥“党心凝聚民心、党员带动群众”的功效，形成以街道工委为核心、以社区党组织为基础、以党员为示范、以群众为主体、各类社会组织踊跃参与的社区大党建、共同创建大和谐的格局。其次，强化街道统筹职能，创建大维稳格局。建立了由街道党委书记、办事处主任牵头负责，街道和十几个政府职能部门共同组成的和谐社区建设委员会。和谐社区建设委员会定期召开会议，研究部署阶段性工作，协商行政事务，共谋地区发展。建立完善了成员单位之间情况通报、工作会商、问题转办、联合执法、督查落实等工作机制，统筹协调各成员单位完成各项工作任务，随时解决群众意见较大、影响社会秩序、需跨部门执法的城市管理顽症。建立了街道科级以上领导干部联系社区制度，经常深入社区进行调查研究，了解情况，指导工作，解决问题。最后，实施项目申请，加强基础设施建设。为满足群众需求，增强公共财政资金使用的合理性，实行了项目申请制。由社区及社会组织根据群众反映集中的问题，向街道提出项目申请。项目管理委员会对项目进行可行性评估，审批决定投资项目，通过过程监督和效果评估规范项目运作。自2004年以来，围绕环境美化、完善便民利民服务设施、解决民生问题、扶持发展社区社会组织，共审批项目320个，投入财政资金近1200万元，吸引社会资金250余万元。解决了一批长期困扰社区的难点、热点问题，辖区内全部社区都受

益，受益人群几乎遍及街道所有常住居民。

二是深化社会服务管理创新，提升基层社会服务管理水平。首先，完善社区建设体制机制。明确社区党组织、居委会和服务站之间的关系，明确三方的工作职责和工作事项，并与相关科室有效对接，切实做到各项职责细化到人，职能到位。修改完善了社区工作制度。按照社区服务站承担的公共服务职能，合理设置了8个岗位，社区居委会和社区服务站实行交叉任职，将社区各类协管员统一纳入社区服务站管理。完善社区工作者管理制度，规范社区工作者的管理工作。建立健全大学生社工轮流调训制度、竞争上岗制度，鼓励、支持社区工作者参加社会工作者职业水平考试，取得专业职称。加强对社区经费支出的监督和管理，确保社区经费支出的规范和有效。其次，积极探索物业服务指导新途径。成立广外街道物业指导科，初步建立业主利益诉求表达、多方利益协调、物业纠纷调解、突发事件应急、开发遗留问题协调解决等机制。坚持依法指导成立业委会，严格审核筹备条件，把好筹备组人选关，依法审查相关材料，细化业委会和业主大会议事规则，规范业委会、业主大会行为，组织专业知识培训。坚持在社区党组织的领导和社区居委会指导下建立业委会。加强对业委会、业主大会的指导监督，提升物业服务水平，促进和谐社区建设。最后，开展共驻共建，倡导多元化参与。街道每年定期召开由社区居民代表、社会单位代表及驻社区的人大代表、政协委员参加的社区代表大会。自2004年以来，累计收到社区代表提出的意见建议千余条。意见建议办复率达99.5%，居民满意率达100%。建立健全了《加强单位联系制度的实施意见》等30多项制度，形成了覆盖街道和社区层面的共建共享领导组织体系和制度保障体系。坚持开展领导干部“大走访”活动，主动加强与地区企事业单位的联系和服务，协调解决单位实际遇到的困难。整合社区资源，建立社区协调工作委员会，调动辖区单位参与社区建设的积极性和主动性，形成共建合力。目前全部社区与辖区80%的单位签订了共建协议，开展双向服务，居民和单位对社区建设工作的满意度在80%以上。开展环境共建，与辖区1596个社会单位签订“门前三包”责任书，形成了社区单位参与社区建设的良好氛围。

三是广泛培育社会组织，创新社区服务运行模式。积极发挥“广外街道社区公共服务协会”、西城区社会组织联合会广外分会的作用，将各类社会组织和志愿服务队伍纳入其中。积极引导社会组织健康有序发展。重点培育公益型、服务型、文化型社区社会组织，积极引导其参与社区管理和服务，使之成为社区建设的重要力量。目前广外街道社区公共服务协会共备案社区社会组织282个，服务活动遍布各个社区，涉及文化体育、社区管理、公益服务、社区教育、志愿服务、养老助残、困难救助等诸多领域。

3. 以群众满意为标准，持续开展“五星级和谐社区”评估工作

群众满意不满意、认可不认可、赞成不赞成是创建“五星级和谐社区”的最高评判标准。广外街道充分发挥社区居民在“五星级和谐社区”评估工作中的主体作用，使和谐社区创建活动真正惠及广大群众。

一是评估操作过程。每年10月，广外街道委托北京市社科院组建评估小组，开展五星级和谐社区评估工作。评估工作由五部分组成：查阅社区建设档案资料、听取社区创建工作汇报、召开居民代表座谈会、对居民代表和社区居民进行问卷调查、社区实地考察。然后，评估小组根据指标体系计算分数、撰写评估报告。最后将评估结果上报和谐社区评估委员会进行审定。在这个过程中，广外街道工委、办事处不参加具体评估，只负责协调服务工作。

二是评估工作特点。首先，把社区居民作为评估工作的主体。在“五星级和谐社区”评估工作中，街道工委、办事处不担任主角，只是对评估工作进行指导和服务。评估工作的组织、评估过程的监督和评估结果的认定发布由社区中的人大代表、政协委员、居民代表组成的评估委员会负责，具体实施委托北京市社科院组成的评估小组进行。其次，以群众参与度和满意率作为首要评价标准。评估和谐社区建设的重要指标包括群众对社区的参与度、满意度和认同感。指标评估体系中特别设立一级指标“主观评价”，下设“各方评价”和“认同归属”2个二级指标。将居民满意度和居民群众对社区的认同感、归属感列入指标评估体系，赋值90分。

在评估的实施过程中，社区群众通过社区公示、随机访谈、填写满意度测评表、参加座谈会等形式，参与评估的全过程。最后，实行动态管理，探索和谐社区建设长效机制。为了使评估工作真实反映社区和谐的程度，街道对创建与评估工作不预设名额，不搞终身制。2010 年以前，五星级和谐社区评估采取社区自愿申报的办法，每个社区根据本社区的实际，通过召开居民代表大会决定申报星类和星数。不但要对新申报的“星”进行评估，还要对已获得的“星”进行复核，不达标的就要取消。2012 年新的指标评估体系启用后，社区不再自行申报，而是所有社区均按照统一的评估指标体系即和谐社区建设的八个方面，接受全面评估。根据得分多少来确定星级。虽然评估模式改变了，但是动态管理、持续性改善的核心理念没有变化。

2005 年以来，广外街道走出了一条特色鲜明的创建—评估—再创建—再评估的持续改进、不断提高的和谐社区建设之路。2013 年，辖区全部 29 个社区中，五星级社区 7 个、四星级社区 13 个、三星级社区 7 个、二星级社区 1 个、1 星级社区 1 个，五星级社区数量较上年增加 6 个。有 7 个社区申报北京市“六型”社区并接受评估。

表 3　2005～2012 年五星级和谐社区评估结果统计（以 29 个社区计）

单位：个

年份	一星级社区	二星级社区	三星级社区	四星级社区	五星级社区
2012 年		8	9	11	1
2011 年	指标体系修改，暂停				
2010 年		1	12	10	5
2009 年		3	11	8	6
2008 年		3	16	5	4
2007 年	2	2	14	5	5
2006 年	5	8	5	7	2
2005 年	15	5	4		

表 4　2012 年度广外街道五星级一级指标得分情况（以 29 个社区计）

一级指标	满分	最低得分	最低得分社区	最高得分	最高得分社区	平均得分	得分率(%)
管理规范	120	110	天南、二热	119.93	湾子街	117.48	97.9
服务完善	120	113	手帕口北街	120	朗琴园等(8 个)	118.28	98.6
文明祥和	120	110	天南	120	小马厂车站西街	116.76	97.3
安全稳定	140	112	天南	130.55	椿树馆	123.48	88.2
环境整洁	120	103	三义里	119.9	红居街	111.76	93.13
健康幸福	130	117	朗琴园	130	三义里等(17 个)	127.93	98.41
创先争优	100	91.09	二热	98.28	红居街	94.65	94.65
主观评价	150	76.77	二热	147.23	红莲中里	132.91	88.61

（三）“五星级和谐社区”创建评估取得成效

广外街道以“五星级和谐社区”创建为载体，坚持以服务群众为重点、以维护稳定为基础、以加强环境建设为保障、以文明和谐为目标，着力在创新服务中加强社会管理，抓亮点求突破，大力推进“六型”社区建设。

1. 建设干净社区，营造优美环境

坚持建设与管理并重，以创建国家卫生城区为契机，全面推进环境建设。加强基础设施建设，对老旧小区、老旧街巷进行环境整治和基础设施改造。通过环境秩序综合执法，加大对主要大街、商/市场、学校周边的环境秩序整治。组织发动辖区志愿者清理大件垃圾和无主渣土，清除擦拭小广告，清理绿地，整治清理居民小区、院。倡导绿色低碳生活理念，开展环保、节水、节能等宣传，提高居民群众的环保意识。目前已有 48 个生活小区实行垃圾分类管理。地区整体环境明显改善。

2. 建设规范社区，营造良好秩序

加强社区规范化建设，明确了社区党组织、居委会、服务站三者的工作职责和关系，细化了各自的工作事项，并建立了社区党组织领导，社区居委会与社区服务站协调联动、紧密对接，社区社会组织补充参与，社区单位密切配合的工作机制。以社区“两委”换届为契机，加强社区“两委”班子建设，科学合理配备人员，健全社区居委会下属七个委员会，合理划分居民小组，选好居民代表，配齐楼门（院）长。建立完善社区党组织、社区居委会、社区服务站工作制度，公开服务事项。加强对党务公开、居务公开、站务公开、财务公开的监督。通过完善《广外街道社区工作规章制度》，规范社区工作者的管理工作。组织社区工作者全员培训，提高社区工作者的业务素质和工作能力。通过落实社区网格化管理工作法，建立以社区工作者为核心，以社区党员、楼门院长、积极分子为骨干的社区自治网络。建立完善“三位一体”楼管会、“五位一体”协商议事会，丰富社区自治载体及社区协商议事形式，加强指导和监督业主大会、业主委员会、物业，协调好各方关系。认真落实“访民情、听民意、解民难”工作，通过密切联系群众，畅通群众利益诉求渠道，营造健康和谐的社区秩序。

3. 建设服务社区，营造便利生活

坚持以群众需求为导向，不断创新服务理念和工作模式，拓展服务领域，丰富服务内容，完善服务机制。建立以社区服务中心为平台，网络遍及各个社区的服务体系，形成“一条龙”联动代办机制，就业、社保、救助、医疗、文体等基本公共服务覆盖全地区。建立完善一刻钟便民服务圈，结合区域资源分布特点，规划设计了六个特色便民服务圈，在突出特色的同时，进一步整合服务圈内的各类服务资源，根据广大居民群众的需求，不断扩大服务内容，确保每个服务圈的服务项目和内容齐全。积极开展为老服务，开设老年餐桌、理发等十余项服务。与辖区 14 家覆盖能力较强的餐饮企业签订养老（助残）餐桌服务协议，为老年人、残疾人提供就餐服务。创新就业援助服务形式，成立全市首家就业困难人员援助中心，并在全部社区建立就业援助站，针对未就业高校毕业生、零就业家庭、低保低收入人员、“40”和“50”等人员进行就业帮扶。组织发动居民和社区志愿者，开展志愿、互助、自助服务活动，为特困群体、残疾人、优抚对象和孤老提供服务。社区便民服务、社区公益服务、社区公共服务遍布每个社区，居民生活越来越便利。

4. 建设安全社区，营造安定生活

形成“大综治”格局，整合专业资源，增强维稳综治工作的辐射力。

强化安全生产管理和教育，加大安全隐患排查治理力度。通过开展全国安全社区创建活动，进一步健全社区安全防范体系和群防群治网络，完善长效机制，解决矛盾冲突，建立突发事件应急预案体系。积极做好安全防范宣传、演练和检查，组织消防、公安、工商、卫监、城管、社区等开展防火、应急逃生、自救互救、食品安全、交通安全、施工安全等方面的宣传和演练。对老旧小区普遍安装了防盗门，在主要街巷、小区道路安装了监控系统。为全部社区配备液晶显示屏，街居实现视频会议、应急值守、远程教育、培训观摩、电教宣传等的现场直播，即时存储信息和进行互动，实现街居联动管理新模式。成立由 166 名社区工作者、物业公司以及社区单位工作人员组成的社区救援队伍，按照国际轻型救援队的标准，配备急救包、紧急救援箱等专业物资和装备，救援队员已接受专业知识与技能培训，掌握了一定的辅助救援和自救互救能力，社区应急救援能力明显提高。建立信息网络，充分发挥楼管会、居民小组和社区协调工作委员会等组织的作用。完善应急网络建设，加强综合应急队伍建设，提高居民和居委会对公共突发事件的应急反应与防范能力。构建防控网络，建立以居民代表、志愿者、巡防队等为主体的群防群治队伍。积极落实社区网格化工作法，通过发挥志愿者、积极分子、楼门院长、社区党员的积极作用，形成广覆盖、多渠道、全方位的社区自治网络。居民群众的安全感进一步提升。

5. 建设健康社区，营造幸福生活

贯彻实施《全民健身计划纲要》，建立街道和社区健康教育宣传基地，加强卫生、保健等方面的宣传，倡导健康的生活方式。加快地区体育健身设施建设，使每个社区都有活动场所和健身器材，并动员社会单位向居民开放文体设施。举办广外地区全民健身体育节，开展全民健身系列活动，在地区广泛开展体育生活化社区创建活动，提高居民的身体素质，推进居民体育活动生活化。开展社区居民、地区行业单位的系列健康教育，以及健康社区、健康单位建设工作，加大人力、物力投入，积极开展不同时期的病媒生物防制工作，降低辖区内病媒生物密度，完善社区、单位及家庭病媒生物监测体系。关心未成年人成长，成立广外地区关心下一代工作委员会，为地区未成年人健康成长发挥积极作用。建立覆盖地区居民的卫生健康、卫生保健服务体系。为地区居民营造健康的生活环境。

6. 建设文化社区，营造快乐生活

不断强化公共文化服务体系建设，建立完善各类文体设施，积极培育各类文化协会和文体组织。以弘扬北京精神为主题，大力开展北京精神进社区、进学校、进单位、进家庭宣传活动。以街道国学社、书画协会为平台，大力宣传国学知识。加强街道图书馆、社区图书室建设，街道图书馆实行“一卡通”联网服务。通过开展文明社区、文明楼院、文明家庭和学习型社区、学习型楼院、学习型家庭创建评选活动，提升地区居民文明素质。目前，街道拥有各类文体队伍 160 支，文体骨干 6700 多人，社区居民的文体活动丰富多彩，形成了“社区之韵”艺术节、“全民健身体育节”、“红莲杯”合唱邀请赛、“红莲杯”象棋比赛、“天宁风韵”书画邀请赛、“和谐社区杯”乒乓球赛、“品民俗过大年”文化节、居民国学知识竞赛等有影响力的品牌活动，极大地丰富了社区居民的精神文化生活。

三　创建“五星级和谐社区”的思考

（一）问题分析

1. 安全问题成为必须重点突破的瓶颈

广安门外街道地处西城区的西南角，与丰台、海淀区交界，毗邻北京西站。特殊的地理位置给广安门外街道的安全稳定工作带来了较大压力。以 2012 年度为例，街道共发案 120 起，29 个社区中仅有 5 个社区的可防性案件没有超标，其中零发案社区仅有 3 个，共有 24 个社区因治安案件超标而被扣 40 分，这明显影响了群众的安全感。历年来，社区安全稳定问题一直是评估过程中居民反映最强烈的问题，也成为广安门外街道五星级和谐社区创建工作中的最短板，如何突破治安困境是广安门外街道亟待解决的难题。

2. 社区治理机制有待进一步完善

社区管理中存在“一地多主”的多头管理和无人管理局面，导致地区管理存在交叉管理或管理空白，直接影响了社区治理的成效。比如，违章搭建、汽车乱停放、绿地被占种菜等问题突击治理后总是容易反弹。在社区治理中应建立多方协调合作的长效管理机制。

3. 居民满意度有待进一步提升

居民满意度是居民对和谐社区的直观感受和主观评价。经过多年来的努力，居民满意度比创建前提高了近 10 个百分点，但是仍然存在部分社区多个项目居民满意度不达标的情况，这说明和谐社区建设的水平还应进一步提升。

（二）对策建议

1. 以督促履职为抓手，建立统筹协调机制

和谐社区建设是一个综合系统工程，需要各部门有效配合。在现有的“大综治”“大维稳”的基础上，加大管理体制和机制的改革力度，建立各部门之间良性互动、相互协调的有效机制。同时，采取有效方式与途径督促地区职能部门更好地履行职责，发挥职能部门的作用，推进和谐社区建设的深入开展。

2. 以扶持后进为重点，全面推进创建工作

对薄弱环节进行深入分析、重点突破。进一步加大对落后社区的指导力度。深入听取社区组织、居民群众的意见，制定有针对性的措施，形成社区组织和居民群众的合作治理平台，全面推动创建工作，进一步提升和谐社区建设水平。

3. 以服务群众为导向，提升居民满意度

坚持服务居民群众的正确导向，进一步健全完善网格化工作法，加强与居民群众的沟通交流，推进“访听解”工作。积极引导居民群众以不同方式参与和谐社区创建工作，进一步听取和掌握居民群众的服务需求，及时听取居民群众的呼声和反映，为居民群众提供更加贴心、更加及时、更加周到

的服务，以提升居民群众的满意度、安全感和认同感。

4. 以特色创新工程为载体，培育创新项目

在做好和谐社区创建基础工作的基础上，指导各社区根据各自的情况和条件加快培育形成自身的特色品牌，总结自身的和谐社区创建经验，打造各自的和谐社区创建品牌，加强与兄弟社区的交流，进一步加快“走出去”的步伐，鼓励社区积极参与街道、区、市、全国乃至国际性的社区建设经验交流，进一步提升广安门外街道和谐社区创建工作的品牌影响力。

参考文献

周常春、杜庆：《我国和谐社区评价指标体系研究综述》，《生产力研究》2011 年 8 月 15 日。

姚航远：《谈谈打造和谐社区的做法与思考》，《改革与开放》2010 年第 11 期。

邵侃彦：《城市和谐社区的评价指标构建与实证研究——以深圳城市社区为例》，浙江大学硕士学位论文，2007。

中共南京市委党校课题组：《南京市和谐社区建设的评价标准和实现途径》，《中共南京市委党校南京市行政学院学报》2006 年第 6 期。

北京市社区建设改革领导小组：《北京市和谐社区建设指导标准（试行）》，《社区》2006 年第 7 期。

青岛市民政局：《青岛市和谐社区评价标准（试行）》，http：//www. qingdao. gov. cn/n172/n3776152/n3776191/n3779000/n3779011/444167. html。

成华区政府：《成都市成华区启用和谐社区建设测评指标体系》，《社区》2006 年第 12 期。

广东省民政局：《广东省“六好”平安和谐社区基本标准（节选）》，《社区》2006 年第 12 期。

广安门外街道：《广外街道五星级和谐社区创建探索及实践》，2015。

广安门外街道：《积极打造和谐社区建设载体　全面推进广外街道科学发展》，2015。

B.10

关于广外街道社区规范化建设的调研报告

摘　要：　随着我国新型社区建设的系列文件出台，北京市加快推进社区规范化建设，制定并不断完善关于社区规范化建设的相应考核指标。广安门外街道作为社区规范化建设试点街道，近年来，积极探索完善社区治理的管理模式，推进社区规范化建设进程。本文在对广安门外街道社区规范化建设情况调研的基础上，对街道社区规范化建设情况、取得的成效和存在的问题进行了分析，并在此基础上提出了进一步明确社区功能和职责、整合完善社区服务体系、建立长效保障机制和提升自治水平等建议。

关键词：　社区建设　规范化　标准化　广外街道

一　社区规范化建设与面临的挑战

为夯实社会建设基础，进一步完善社区治理模式，提高社区公共服务水平，满足群众公共服务需求，积极探索和大胆创新，按照“规范社区管理、完善社区服务、加强社区自治”的工作目标和试点先行、点面结合、循序渐进、逐步延伸的基本原则，2009 年北京市颁布《关于推进社区规范化建设试点工作的实施方案》（京社领办发〔2009〕6 号），全市开始推进社区规范化建设试点工作。

（一）指标体系依据

2010年北京市社区规范化建设工作检查验收标准共设置26项主要指标、75项具体指标，该标准围绕“规范社区服务站建设、规范社区工作职能、规范社区运行机制、规范社区志愿服务、规范社区工作者管理、规范社区基础设施配置、规范社区经费投入”七个方面，根据实际情况对社区规范化建设的相关内容进行对照检查，通过对高于标准或达到标准且成效明显、基本达到标准、未达到标准的情况进行评比验收。

2012年北京市社会建设工作领导小组办公室印发《关于开展“社区规范化建设示范点”创建活动的实施方案》的通知（京社领办发〔2012〕6号），在原有指标体系的基础上，社区规范化建设创建标准设定了22项主要指标，进而推动社区党建、社区自治、社区服务“三位一体”工作格局的形成。具体目标是力争用三年的时间，使全市所有城市社区实现“社区服务站建设平台化、社区工作事项明晰化、社区运行机制联动化、社区志愿服务常态化、社区队伍建设专业化、社区设施使用最优化、社区经费管理科学化”七个方面的全面规范，社区规范化建设的目标和具体指标被进一步细化。

（二）面临的挑战

推进和实施社区规范化建设的指标体系过程中，在社区认识、社区服务、社区经费方面还面临着一些挑战。

1. 社区认识仍需深化

首先，人们对社区建设主体的认识还比较模糊，往往认为社区标准化建设是政府行为。社区是一个城市的细胞，也是宏观社会的缩影。事实上，社区建设是群众性自治行为，社区的健康发展有赖于居民自治效力的充分发挥。然而，在我国，社区居民委员会具有较强的行政色彩，受上级主管政府部门的行政任务指派，工作方式仍以接受行政命令为主，久而久之就变得越来越行政化，对政府的依赖性也越来越强，把社区工作简单地视为就是完成政府交派的任务，而对于居民的服务意识不强，引导居民增强自我服务与管理的认识不够，导致社区工作滞后。另外，多年来，政府职能部门与街道社区间的权责利关系一直没有理清，社区居委会常常被政府部门当成“下属”，承担着大量的指派的行政工作，社区忙于应付，无暇开展社区自身本应做的工作。

其次，随着城市变迁和经济社会的高速发展，从前的单位人回归社会，居民往往对社区的归属感和认同感不强，社区居民对社区工作的认识非常模糊，认为社区工作就是办低保、管计生、开证明，主动参与社区建设的意识不够强。尤其是在北京，有很多级别高、独立性强的单位性质集体居住小区，对社区建设的意识不强，不关心社区工作，资源开放程度不高，对社区居民服务不畅。

2. 社区服务仍需深入

社区服务是提高居民生活质量的重要手段，是加强社区标准化建设的重中之重。社区标准化建设能提高社区服务均等化水平，满足居民群众广泛性生活需要，是促进和谐社会的重要手段和方式。目前，社区服务过程中还存在部分矛盾：一是社区服务内容单一，难以满足居民群众多元化的需求，现在社区服务以政府部门安排的工作内容为主，如开展计划生育、社会保障等，仍依托于政府职能部门。此外，受资金、场地等因素的制约，社区在满足居民健康、家政、养老、娱乐、托幼等普遍性需求方面的服务提供还很欠缺，老旧小区长年失修、没有清理，导致居民生活环境受到破坏。在社区文化建设等方面，随着人们生活水平、文化水平的不断提高，需求层次也不断提高，需求内容也逐渐多元，因此，传统的活动形式陈旧和内容单一，难以对居民形成吸引力。二是服务设施缺乏，北京市西城区作为主城核心区，广安门外街道辖区楼院活动场地小，无法满足居民多种形式的活动需求，制约了社区标准化建设。三是社区服务主体单一。政府和市场的边界还需进一步理清，政府以往对社区服务大包大揽，使得原本应由市场提供的服务没有发展空间，新型的社区服务业尚未形成规模；社会组织的发育和参与也显不足；社区服务的内容有待丰富，质量有待提高。社区服务主动性不强且不到位、不完善，导致辖区居民对社区认同感不强，居民参与社区建设的意识薄弱。

3. 社区经费仍需提高

社区经费紧张的原因：一是财政投入不足，社区居委会的经费来源以政府拨付的限定的公益金为主，然而随着部门管理重心下移，社区的作用不断凸显，社区所承担的工作任务越来越重，“费随事转”却未能得到很好的贯彻，社区在承担政府部门下派的工作的同时，相应的工作经费却较少；二是社区自我发展能力弱，社区服务发展滞后，收入渠道少。

二 广外街道推进社区规范化建设的有效措施

广安门外街道辖区面积5.49平方公里，下辖30个社区，常住人口18.6万，其中户籍人口11.3万人，流动人口4.7万人。驻地各类单位5000多个。有汉、回、藏、蒙古、苗、维吾尔等40个民族，汉族占人口总数的95%以上。辖区西部坐落着闻名全国的“中国茶叶第一街”——马连道，现有13大茶城、3000多家商户，年销售额达40亿元，约占全国茶叶流通量的1/10。

自西城区社区规范化建设试点工作开展伊始，广安门外街道领导班子就专门成立了由街道党政一把手负总责，街道工委、办事处相关部门和科室共同组成的推进社区规范化建设工作领导小组，统筹安排试点社区，推进规范化建设工作。街道通过各类学习活动提高对社区规范化建设的认识，组织试点社区参观学习、全体社区工作者参加专门讲座，开展试点社区工作交流研讨活动。此外，广安门外街道在推进社区规范化建设的过程中，力促硬件，着力软件，在理念、机制上不断创新。11个试点社区完成了试点的各项工作任务。

（一）理念创新，用共识明确发展目标

1. 广安门外街道创新提出了基层社会治理模式——精益治理模式

在实行的创建“五星级和谐社区”活动、项目申请制、社区网格化管

理等基础上，进一步提出社区“精益治理”的理念。[①] 精益治理要求组织主体必须运用“精益思维”来开展各项活动。而“精益思维”的核心就是在人财物及空间和时间等方面，以投入最小资源来创造最大的价值，能够给顾客提供新产品和即时的服务。广安门外街道将“精益”的理念注入到社区工作中，通过人性化、人情化的治理互动，使社区的各种矛盾化解于起始之时。另外，广外街道提出了社区建设的主旨——“打造五星社区，建设幸福家园”。以“五星级和谐社区”创建为载体，提升居民满意度，推动社区的可持续发展，建设辖区生活共同体的幸福家园。

2. 广安门外街道提出建设社区服务站标识系统化（CIS）的理念

CIS 设计是企业（组织、法人、社团、责任个体）和品牌在市场开拓中，通过梳理资源和创意手法，创建企业品牌自身形象的重要手段，赋予企业理念与其中，是企业软实力的表现，便于传播和受众的识别，是企业理念的具象表现。广安门外街道将 CIS 设计这一理念运用到社区建设和管理中，在社区规范化建设过程中，针对社区服务从形象标识、使用功能、条件档次等方面聘请专业公司和社会工作专家进行了统一形象设计，在服务站的设计中突出社区服务站服务群众具有高度亲和力的人性化功能，选择纯洁的湖蓝色和温暖的阳光色为基本表现元素。服务站标识由太阳光、五角星、孩子等元素演化而来，整体图形似一个迎着阳光边跑边舞的、洋溢着幸福的快乐小孩。将服务理念融入标识系统，对服务站标识的释义为阳光精益、助人自助，即在社区服务站工作中以阳光的心态来对待每一位居民，发挥精益治理的效能，构筑以人为本、助人自助的社会工作理念。通过标识系统的设计，使服务站的理念更加直观且深入人心。

① 精益治理源于精益生产。精益生产来源：美国麻省理工学院教授詹姆斯·P. 沃麦克等专家通过“国际汽车计划（IMVP）”对全世界 90 多个汽车制造厂进行调查和对比分析后，认为日本丰田汽车公司的生产方式是最适用于现代制造企业的一种生产组织治理方式。精益治理由最初在生产系统的成功实践，已经逐步延伸到企业的各项业务，由最初的具体业务治理方法上升为战略治理理念。它能够通过提高顾客满意度、降低成本、提高质量、加快流程速度和改善资本投入来使股东价值最大化。

（二）强化制度，健全和完善运行机制

社区规范化建设的核心是制度建设，广安门外街道通过落实制度来推动工作落实，建立健全社区各项工作制度。通过重新修订和完善《广外街道社区工作规章制度汇编》，在原有的20项制度中增加了9项制度。健全了以社区党组织为领导，社区居委会与社区服务站之间有效对接、协作治理的工作机制；建立了社区各项议事制度，完善社区党委（总支）议事规则，明确了议事范围、议事程序，建立了每周工作汇报、通报制度和班子民主生活会制度等；建立社区服务站的各项工作制度，建立健全了首问责任制度、一口受理制度、组织协调制度、分办落实制度、居民办事评价制度、投诉处理制度等业务管理制度。街道对社区工作站的职责、工作项目进行了梳理，对居民办事一次性告知单进行完善，由原来30项增至40项，并重新印制下发。此外，街道进一步理顺了社区党组织、居委会、服务站的职能。按照有机分开、合理定位的原则，采取自上而下、自下而上相结合的方式，梳理社区党组织、社区居委会和社区服务站的工作职责，对三者的具体工作事项进行细化，并与相关科室有效对接。切实做到各项职责细化到人，职能到位，奖惩分明。明确社区党组织书记是各项工作的第一责任人，统领全面工作，社区居委会工作项目以组织、发动、宣传、教育为主，社区服务站工作项目的划分以掌握政策、方便居民办事为原则。社区服务站明确了各项工作项目的对应科室和部门，街道办事处和相关职能部门负责具体业务的指导和开展。社区服务站同时接受社区党组织的领导，并受社区居委会和居民群众的监督、评议，将社区服务站作为考评主体接受居民的评议。社区服务站工作台账纳入五星级和谐社区评估备查档案和各科室指导、考核工作内容。街道结合社区网格化管理工作法，推行社区党建网格化管理。广安门外街道在推行社区网格化管理工作法以来，以“三活、四清、五百家”为目标，将辖区划分为223个网格，发挥好积极分子、志愿者的作用，坚持定期的入户走访搜集情况。广外街道工委结合正在实施的社区网格化管理工作法出台了《关于推行社区党建网格化工作方式的实施意见》。在此基础上，街道工委

要求各社区在网格内调整建立党总支或党支部，在党总支或党支部下建立楼门院党支部或党小组，使基层党组织的设置与社区网格化对应起来，进一步强化了各社区党组织在网格化工作中的领导和为民服务的力度。

（三）强化硬件，注重设施配置的规范

广安门外街道积极完善社区用房硬件建设，社区用房总面积达到9657平方米，平均面积333平方米，350平方米以上的社区用房共19个。街道还对设施相对落后的小区进行改善，共投资48万元对小马厂、乐城、莲花河和荣丰社区办公用房进行装修；对办公用房面积不达标的社区，如红莲中里社区，投资82万余元用于服务站改扩建、居委会办公用房装修、周边环境整治；对于用房紧张的社区，如荣丰社区，采取以租代售的方式新增办公用房221平方米，乐城社区通过积极协调开发商和物业公司，新增面积近200平方米，实现了达标。广安门外街道11个社区规范化建设试点社区均已达标。此外，广安门外街道还对社区服务站进行整体形象设计，统一形象标识，包括标志名称、旗帜、徽章、宣传栏等，并以红莲中里为试点，率先建成一个广外街道社区服务站的标杆，之后在其他10个试点社区中进行推广复制，试点社区服务站整体形象达到了统一，提升了社区服务设施的硬件水平。广安门外街道还将新修订的《社区工作规章制度》《工作职责》《工作事项》等制作成展板，悬挂于社区内的显著位置，便于群众监督。

（四）强化管理，合理设置岗位及人员

一是配齐、配强服务站人员。在社区党委、居委会推荐下，由街道办事处下发了《关于聘任社区服务站站长（副站长）的通知》，共聘任37名社区服务站站长和副站长，其中服务站站长由书记主任兼任的4人，由副主任兼任的11人，专职站长及副站长22人，专职工作人员30人，尽量满足年龄45岁以下、文化水平大专以上。新招21名大学生全部安排到了社区服务站（区借2人）。二是鼓励“一人多岗，一岗多能”。社区居委会和社区服

务站实行交叉任职，将承担政府性工作较多的计生和低保等工作归入社区服务站，将社区各类协管员统一纳入社区服务站管理。按照社区服务站承担的公共服务职能，设置了站长（副站长）、社区综合事务、社区医疗和计划生育、社区服务和社会福利、残疾人工作、劳动保障、流动人口管理、党建工作等8个岗位。三是加强社区工作人员的管理。街道明确了社区工作人员行为规范，对社区工作人员采取统一管理，制定了《社区工作综合奖励办法》，将社区党委（总支）书记、专职副书记、专职党务工作者、社区居委会成员、社区服务站工作人员（含各类社区协管员）全部纳入综合考评范围，年底结合各项指标任务、工作完成情况、五星级创建评估情况和群众满意度作为兑现综合奖励的条件，分别给予500～1000元的奖励。并将新修订的《广外街道社区工作规章制度》编印成手册，下发给每位社区工作者，同时为包含各类协管员在内的所有社区工作者统一制作了胸卡。目前，街道结合协管员的年底考核，进行人员的调整。

（五）广泛调查，整合好社区志愿服务

广安门外街道为充分整合、调动社区内服务资源和服务力量，开展了“社区社会组织”调查和“社区便民服务商圈”调查，使各个社区进一步掌握本社区内的各种资源，及时掌握各类社区民间组织的形成及动态，引导其纳入社区公共服务协会的统一管理。目前辖区内有各类社区社会组织423家、便民服务商户135家，为辖区居民提供便民利民服务。各社区还积极挖掘一批热心公益的居民成为志愿者，积极参与志愿服务，特别是通过国庆等大型活动发动社区治安巡逻志愿者，社区志愿人数达到8500多人，每个社区的志愿者人数在原有基础上又增加10%。如红莲中里社区的阳光协会，共有32支队伍，登记会员3000余人，注册会员300余人。

（六）完善保障，规范社区的经费投入

在社区经费管理方面，广安门外街道严格按照《广外街道关于加强社区公益事业资金使用管理的意见》，对试点社区举办公益事业加大支持力

度，各社区均制定了自身的经费管理制度。每年街道用于项目申请的资金达110万元。各社区党委（总支）、居委会根据群众需求申报项目，审核通过后下拨资金。在社区治理过程中，尤其是老旧小区的治理方面，街道积极探索协同共治，各方共同发挥作用，居民和驻区单位、街道共同出资解决问题，受益居民达2万多户，解决了老旧小区环境和社区技防设施问题，改善了社区的整体环境。此外，街道针对社区急需性服务项目，如养老、助困等，通过项目补贴、项目购买等形式开展社会化提供社区服务试点。为满足部分老年人的需求，红莲中里社区经过调研，选择锦官居餐厅开办“老年餐桌”。由街道发包，社区金色阳光协会招标，协会与餐厅签订协议，明确合作双方的责任权利和义务。

三　广外街道社区规范化建设取得的成效及存在的问题

（一）取得的成效

广安门外街道通过近年来的社区规范化建设，完成了红居街和莲花河两个示范点的规范化创建工作，实现社区“服务站建设平台化、工作事项明晰化、运行机制连动化、志愿者服务常态化、队伍建设专业化、设施使用最优化、经费管理科学化”。通过加强社区规范化建设，整合了社区资源，实现了社区公共服务职能的日益完善，推动社区建设的健康、有序发展。

一是职责更加明确，作用更加凸显。通过合理划分社区党组织、社区居委会、社区服务站的职责，达到分工明确、工作有序、事事有落实，有利于提高工作效率，有利于各自在社区建设中充分发挥作用：作为党的基层组织的社区党组织，充分发挥了凝聚人心、服务群众、推动社区发展、促进社区和谐的作用；作为基层群众性自治组织的社区居委会，充分发挥了维护居民合法权益和社区共同利益、组织开展民主自治的自治功能；作为政府在社区设立的综合服务平台的社区服务站，充分发挥了为居民提供便民利民服务和公益服务等公共服务功能。

二是管理更加规范，队伍素质明显提高。按照社区规范化要求，加强对社区工作者的管理，建立完善了工作者管理制度，制定了工作者行为规范和考核评估办法，规范了社区工作者的管理。加大了对社区工作者的培训力度，课程主要包括社区建设、相关业务和能力素质等，组织社区书记、主任、站长跨区跨街道参观、学习、交流。通过学习培训，丰富了社区工作者的理论和业务知识，开阔了视野，拓展了工作思路，提升了队伍素质。

三是硬件建设不断加强，社区服务能力提升。广安门外街道共投资400余万元用于社区办公服务用房达标建设、社区服务站整体形象建设和社区基础设施建设，提升了社区服务居民的能力。

四是社区资源充分利用，服务功能更加完善。通过“社区社会组织”调查和“社区便民服务商圈”调查，进一步摸清了社区服务资源和服务组织，这些便民商户将逐步纳入广外街道社区公共服务协会，为辖区居民提供便民利民服务。车站西街15号院社区已和辖区内部分商户达成服务协议，开展就餐、理发等便民服务。

五是创建活动进一步深入。通过社区规范化建设试点工作，广安门外街道认真总结创建工作经验，并进一步运用在五星级和谐社区的创建过程中，对《五星级和谐社区指标评估体系》做了修改完善，新增加了1个二级指标，修改了11个三级指标。全部社区中20个社区申报了五星级和谐社区，评估情况形势良好。

（二）存在的问题

社区规范化建设试点工作的开展有效地解决了一些制约社区工作开展的实际问题，在一定程度上推进了和谐社区建设进程。但随着社会的发展，对社区工作的要求也必将越来越高，如何紧跟社会发展形势，切实发挥社区的作用，是规范化建设试点工作需要解决的根本性问题。

一是社区工作人员来自社会不同层面，素质参差不齐，与社区工作的专业化、职业化要求相比还有一定的差距，需要进一步加强对社区工作人员的培训，提高其职业素质。

二是西城区作为北京建成区，本就空间资源有限，部分社区因为地处老旧小区，社区内资源更加紧张。因此，社区办公服务用房面积达标还具有相当的难度。

三是社区服务群众的能力和水平还需不断提高。经过几年的政府投入，社区的硬件设施已经逐步得到改善，基本能完成承接政府服务职能的一些常规性工作。但如何满足现代居民多元化的需求，以信息化手段丰富社区居民精神文化生活，还有待进一步探索。

四　关于社区规范化建设的对策

（一）明确社区功能和职责

社区的主要职能是在社区党组织的领导下开展居民自治，而我国社区行政化倾向严重，过多地承担了政府的职能，社区工作者无法专心于社会工作和开展自治活动。因此，要对社区的职能、职责和工作内容做进一步的明确，完善区街社区的领导体制，进一步健全社区建设的工作协调机制和工作领导体制。抓住全面深化改革的机遇，使政府职能转变和社区自治有机结合，理清政府职能的边界，推进政府向服务型转变，推进社区居委会去行政化，发挥社区的平台作用，进一步增强服务社区建设的意识，将政府各部门在社区的服务做精做细、优化流程、高效落实，使社区工作者真正全身心地投入社区建设中。

（二）完善社区服务的体系

加强社区基础服务设施建设，进一步完善公共设施配套建设规划中社区服务设施建设部分，在城市建设和房地产开发中应充分考虑到社区服务需要。鼓励社区创办家政等服务机构。整合社区专业工作者与社区志愿队伍的力量，形成共同协作的服务队伍网络，更好地满足社区居民多样化的生活需求。积极开展“共驻共建”，社区资源共享，健全社区服务基础设施，发展社区服务业载体，实现社区养老、社区家政、社区文化等全覆盖的社区服务网络。

（三）建立长效的保障机制

通过建立社区工作人员专业化管理与培训制度，不断提高社区工作者的专业化和职业化水平，增强其为居民服务的责任心和服务意识，不断适应社区建设和社区发展的新形势。建立专门针对社区各类服务组织、个人和机构的考核体系，在社区定期和不定期地进行以居民参与活动率、服务满意度等为主要内容的指标考核，并建立相应的激励约束机制。

（四）提升社区自治的水平

通过社区宣传栏、互联网等载体宣传社区功能职责、社区自治制度等，充分调动居民积极参与社区建设和社区管理，使居民认识到社区建设关系自身切身利益，明确开发与群众利益相关的公共事务，建立符合自身社区的协商民主议事制度，搭建有效的协商议事平台。有效利用新现代通信技术，拓宽居民参与社区事务的渠道，逐步在社区居民中形成“自己管理自己的事情”“大家的事大家办”的氛围。

参考文献

冯建国：《创新社区管理模式　开展社区规范化建设年活动》，《中国社会报》2013年10月15日。

李旭：《社区规范化建设管理是重点》，《四川日报》2011年2月9日。

张引、孙泉：《我国城市社区管理现状及对策：兼论“两委一站”模式》，《重庆工商大学学报》（社会科学版），2012。

李准：《乌海市社区建设与管理创新研究》，内蒙古大学硕士论文，2012。

百度文库：《关于推进社区规范化建设试点工作的实施方案》，http://wenku.baidu.com/view/c18ac9edaea ad1f346933f59.html，2012。

百度文库：《北京市社区规范化建设工作检查验收标准》，http://wenku.baidu.com/view/5213dfc30c22590 102029d11.html，2012。

《北京市人民政府关于印发北京市“十二五”时期社会建设规划纲要的通知》，2011。

案例报告

Case Reports

B.11

广外街道：联合党支部“四联”工作法推动老旧小区综合整治

摘　要：　自2012年北京市启动“老旧小区综合整治工作”这项重点惠民工程以来，广安门外街道工委、办事处深入群众、依靠群众，努力把惠民工程办成群众满意工程。结合地区实际，创新工作方式方法，积极探索在重大民生工程中建立联合党支部，完善“组织联建、条块联动、服务联做、党群联心”的“四联”工作法，形成党组织联动共建为民服务的新机制，真正把政府的民生工程，“由政府要干”变为“百姓要干”，追求共同利益，协同推进，把群众关心、社会关注的民生大事做实做细做好，为老旧小区综合整治工作探索了有益的经验和做法。

关键词：　联合党支部　“四联”工作法　老旧小区　广外街道

城市老旧小区综合整治是城市建设和管理的薄弱环节。虽然我国各地对老旧小区的界定略有不同，但普遍认为老旧小区是指早期建设的那些设计建设标准低、设备过时老化、配套不全、管理不善、人文环境差的旧住宅小区。改善人居环境，提升城市整体形象，必须对城市老旧小区进行综合整治，标本兼治，城市才能和谐发展。作为我国的首都北京，更应该高度重视这个问题，创新工作方式方法，全面统筹、合力整治，进一步完善综合整治机制和配套的法规政策，切实把老旧小区建设好、管理好，进而才能提高老旧小区居民的幸福指数，保证和谐城市建设的顺利进行。

一　老旧小区综合整治现状、问题及意义

（一）老旧小区综合整治的现状

北京市的老旧小区一般建于20世纪90年代以前，有1580多个，在全市3000多个小区中占据半壁江山。

一是房屋本体和基础设施陈旧老化严重。有些老旧小区由于种种原因，未能对小区房屋及设施进行系统保养和维修。比如，房屋外墙粉刷面风化开裂起壳、楼体外面线缆缺乏规整；楼道墙面楼梯扶手脱落锈蚀、电梯老化故障时有发生、公共照明缺少甚至没有；楼房的抗震和节能效果差，临街楼房窗户陈旧、隔音效果差；房屋的下水管道损坏和堵塞，雨水和污水混流，多层建筑顶部防渗漏功能退化；普通地下室治理不力；小区路面破损甚至没有路灯；化粪池、污水井没有得到定期清理维修；公共绿地没有有效的管理，杂草丛生，布局混乱。消防意识淡薄，在设计消防设施时采用的标准不够高，年久失修，自然损坏率高，人为破坏和被盗现象时有发生，严重地存在消防安全隐患。

二是生活环境脏乱差现象严重。诸如各类违章建筑不断增多，随意改动扩大房屋面积，设置“房中房”、拆隔墙开新门，有的房前无证摆摊设市，

置办日用杂货摊点，有的车辆乱停乱放，破坏市容市貌，严重影响了居民的生活和良好的社会秩序。几乎在每个老旧小区内，都存在个人、单位、社区在没有经过城建规划部门审批许可的情况下，擅自在主要道路两侧私自搭建亭棚、破墙开门，占用公共用地，破坏小区绿化环境，造成居民行动不便、交通堵塞，严重影响了小区景观、交通和环境卫生。老旧小区中居住人口密集，房屋出租率高，外来人口多，再加上小区建筑一般比较分散，有的没有围墙和门卫值班室，任何人都可以自由进出，致使车辆失窃和刑事案件时有发生，存在极大的安全隐患，治理难度大。

三是公共配套设施少且被占用现象严重。受历史局限影响，一些小区建设之初，只是为了解决居民的住房困难，公共配套设施的建设标准和规划设计相对简单，停车场、自行车库、健身器具、居民活动场所、城市绿地等配套设施不够健全，公厕、果壳箱、垃圾房等设置过少。大部分老旧小区原有的公共配套设施规划较少，有的被挪作他用，小区居委会与物业管理公司之间存在矛盾，为了各自的利益，争地、争房、争权，迫使管理模式和运作机制都无法满足首都居民的住房需求。近年来，虽然市政府加大了投入改造力度，部分老旧小区条件有所改善，但要彻底解决好配套设施缺乏与居民日益增长的需求之间的矛盾，还需要花更大力气，从根本上加以解决。

（二）老旧小区综合整治面临的问题

一是形成合力问题。由于老旧小区综合整治是一项艰巨的任务，整治范围广，涉及街道、房管、民政、建设、城管、公安等多个部门或单位。在整治工作中，依靠单个部门难以完成，必须明确各部门的任务分工和职责，条块结合、共同参与、密切配合，形成合力。在政府的统一领导下，齐心协力，达成共识，市、区、街道、社区层层把关、分级联动，确保老旧小区综合整治工作进展顺利。

二是经费筹措问题。由于老旧小区长期以来存在住房产权不统一、不规范，各自为政的薄弱环节，房改房居多，并存在房管部门直管房、单位自管房和拆迁安置房等，物业管理难以统一，整治难度增大，整治经费增多。老旧小区即使按照政府部门制定的相关指导价收费，也很难收取到物业管理费。因此，老旧小区整治需政府买单，解决资金不足的问题，避免因物业服务企业无力支撑、入不敷出、收支不平衡而使物业管理难以持续。但是完全依靠政府部门来承担，根本不现实，因为国家财力有限。部门和企业自身发展良莠不一，抓住开发单位或原产权单位不放，不合理。要做到资金平衡，只有采取小区"自力更生"、挖潜力、找资金，最大可能、最大限度地合理利用小区闲置土地或简陋房屋，进行二次开发。

三是后续管理问题。居住在老旧小区的居民，以两类人群为主：一类是长期居住未搬迁的老住户；另一类是职业不稳定的外来务工人员和社会中下阶层人员，他们的收入相对较低，情况较复杂。这两类人群的文化程度相对不高，参与率极低，对市场管理机制的认识欠缺，认为小区内的事务应由政府解决。政府要强化政策约束，培育老旧小区居民的市场观念，让广大居民懂得，作为房屋产权人要承担维修养护责任；对整治完的老旧小区的后续管理工作交给社会化、市场化和专业化的物业单位；并成立业主委员会等自治组织，实施长效管理机制，监督老旧小区整治完成后的管理。

（三）老旧小区综合整治的意义

一是提升城市整体管理水平。通过老旧小区的综合整治，加强小区的维护和管理，实行规范管理，提高管理水平，降低老旧小区与新建小区在人居环境方面的差异程度；较好地融入首都现代化的城市格局，居住面貌得到根本改观，达到整洁干净、亮化美化的要求。这不仅增强了城市的吸引力和辐射力，而且进一步提升了首都城市整体建设和管理水平，为展示首都城市形象锦上添花，为宜居之都夯实基础。

二是改善居民的生活环境。全面整治改善老旧小区，解决先天建设规划不足、后天维护管理不力等问题和实际困难。老旧小区道路、路灯、消防通道、下水道、安全度汛等都得到维护，消除了安全隐患，方便了居民的生活和出行。从首都城区近几年进行综合整治的老旧小区的情况来看，建立健全了正规有序的管理机制，形成了小区维护管理的良性循环，改善了居民的生活环境，提高了群众的生活质量。

三是促进社会和谐稳定。老旧小区综合整治，增设了缺失的照明设施，修补了损坏的道路，为居民出行提供了方便；完成了对居住建筑的节能改造，拆除了私搭违建，补建了绿化植被、休闲健身活动场所和停车场等，化解了不平衡、不稳定的社会矛盾，创造了一个安全优美、舒适和睦的生存空间，社区内各方面的关系更加协调，精神文明建设水平得以提升，营造了一种和谐的人文环境。

二　广安门外街道“四联”工作法推进老旧小区综合整治

广安门外街道位于西城区的西南部，面积 5. 49 平方公里，常住人口 18. 6 万，流动人口 4. 7 万，辖区内共有楼房 600 多栋，其中 1990 年以前建成的有 246 栋，面积约为 105 万平方米。广安门外街道紧密结合实际，持续创新工作方式方法，提炼固化先进工作经验，大力推行“组织联建、条块联动、服务联做、党群联心”的“四联”工作法，充分发挥联合党支部在老旧小区综合整治中“联动共建、整合资源和凝聚力量”的作用，合力确保老旧小区综合整治工作有序推进。

（一）组织联建，打造项目“战斗堡垒”

街道工委按照北京市、西城区委的要求，创新基层组织设置，确保综合整治工程项目中党的组织和工作全覆盖。根据工程总量及分布情况，成立联合党支部。联合党支部由市选派干部、街道干部、社区书记、社区党员、项目实施主体党员负责人等相关代表组成，书记由市选派干部、街道包片处级领导担任，联络员和信息员由区选派干部和街道抽调的党员干部担任，搭建起街道、职能部门、施工方、社区及群众之间的桥梁。街道充分发挥联合党支部的政治工作优势、群众工作优势、地区资源优势，坚持开展一个项目、建立一个联合党支部、形成一个工作合力、做好一个惠民工程。两年来，广安门外街道共成立 18 个联合党支部，其中 2012 年成立 11 个，2013 年成立 7 个。

为更好地发挥联合党支部的作用，应建立健全联合党支部工作运行机制。建立工作联席会、信息报送、入户走访、定期培训、安全监管等制度，完善相关工作台账，优化协调工作机制，凝聚形成工作合力。广泛开展“入户大走访”“党员先锋岗”“党建项目工程公开承诺”“工地微型党课”“党风廉政上项目、进工地督导”等活动，充分发挥党组织的战斗堡垒作用和共产党员的先锋模范作用。

（二）条块联动，发挥资源“优势效应”

联合党支部统筹协调、联动共建，探索建立由基层党组织引领、项目实施主体负责、职能部门督导、社区和群众积极参与的老旧小区综合整治联动工作机制。

联合党支部全力发挥各方面资源优势。社区党组织熟悉辖区社情动态、了解群众需求，在工程中争当政策宣传员、民情传递员和矛盾调解员。市选派干部自身政策水平高、专业技术强，在深入一线工作的同时，及时与市区重大办协调沟通，切实帮助解决工程难题。施工方认真听取各方意见，深入了解居民需求，及时调整施工方案、优化工作流程，帮助解决实际问题。联合党支部吸收社区纪委书记、党风廉政监督员中的党员作为支部成员，开展“工程效能督导半月谈”活动，进行项目效能监察，督导工程进度、质量和施工安全，确保工作办出实效。

联合党支部不断强化日常工作机制。结合工作实际，做到每周研究工程进度一次、深入群众现场办公一次、安全督导检查一次，每月组织安排专项培训一次，并做好《工程日记》和《民情日记》。街道协调小组每月听取工作汇报，研究解决工作中的难点，督导联合党支部发挥作用的情况和施工进度。

（三）服务联做，建设群众“满意工程”

联合党支部牢固树立服务意识，充分调动各种资源，协调各方力量，实实在在地帮助群众解决困难。

在项目推进过程中，与开展“五星级和谐社区”、构建“六型社区”工作相结合，与加强社区网格化管理、开展“访民情、听民意、解民难”工作相结合。在施工过程中，始终把对工程质量的监督摆在第一位。深入开展“技术党课进工地”活动，坚持定期巡查、加大安全隐患排查力度、加强工程质量预控，确保把惠民工程做成老百姓的放心工程。联合党支部成员深入老旧小区和施工现场，主动听取群众意见和个性化诉求，先后帮助群众解决老旧楼房上下水改造、楼道节能灯损坏等工程本身以外的问题数百个，协调好施工占用场地无法停车等棘手问题。努力将工程做深、做实、做细，做成让群众满意的便民工程。

（四）党群联心，发动群众“广泛参与”

联合党支部针对项目施工和管理特点，采取多种形式的宣传发动和深入细致的群众工作，赢得群众的理解和支持，配合推进项目实施。

联合党支部制定详细的群众宣传发动工作方案。通过入户走访、发放“一封信”、悬挂宣传标语、张贴改造效果图等方式，让群众了解老楼改造的好处，感受市、区政府把民心工程干好干实的信心和决心。广泛征求居民对改造工作的意见和建议，让老百姓亲身参与改造方案的设计，真正把老旧小区综合整治工作由“政府要干的”变为“百姓要干的”。联合党支部成立“民情传递队”，广纳民智善言，使党员骨干眼中有民情、耳中有民声、心中有民事。老旧小区综合整治涉及更换门窗、加装保温层、热计量改造等，难免会遇到需要少数居民牺牲个人利益以支持整体工作推进的情况，联合党支部将矛盾问题前置，耐心细致地做好说服引导工作，协调好各方利益，社区有威望的党员主动当“和事佬”，化解施工和群众之间的矛盾，消除不稳定因素，确保工程的顺利推进。

广安门外街道联合党支部的“四联”工作法打破了以往小区施工“单打一”、各干各的格局。通过成立联合党支部，坚持“四联”工作法，延伸和扩大了党建工作的触角，整合了各方资源，凝聚了多方力量，形成了反映问题有渠道、解决问题有办法、沟通协调有桥梁、发挥作用有纽带、工程施工有衔接、把握效果有反馈的良性工作常态。联合党支部在协助解决施工难题、督促做好安全防护、协调处理项目所在地各方工作关系及有效提高服务群众质量上，发挥了极其重要的作用。

仅2012年，广安门外街道重点整治完成99栋楼、8446户、50万平方米的老楼节能保温改造工程。列入2013年综合整治任务项目的，有老旧楼房抗震加固综合改造19栋楼，节能保温综合改造40余栋楼和三义里、小红庙2个老旧小区综合整治。2014年4月中旬，广安门外街道首批9栋老旧楼房节能保温改造工程率先完工，直接受益群众796户，改造面积43273.26平方米。

广安门外街道老旧小区综合整治项目的有序推进，得到了辖区居民群众和工程项目部的好评，也得到了中央和市、区委的充分肯定。中组部将广安门外街道联合党支部“四联”工作法作为服务型党组织经验材料进行刊发，市委组织部和市重大办在广安门外街道召开了“北京市老旧小区综合整治工程联合党支部工作现场研讨会”，广安门外街道在会上做了典型经验发言。中央电视台《新闻联播》和《北京新闻》先后对广安门外街道老旧小区综合整治工作进行了宣传报道。

三 “四联”工作法推进老旧小区综合整治的经验启示

（一）创新管理模式

从群众最关心、最直接、最现实的民生问题入手，充分发挥联合党支部、社区党组织、社区居委会的群众工作优势，把老旧小区综合整治列为

“折子工程”。在促进老旧小区做好做实整治的过程中，因地制宜，针对老旧小区进行整体规划，制定全面的改造计划，多方参与，形成合力，成立有关职能部门参与的整治工作常设领导机构，建立健全工作机制，正确完善和系统掌握各自的工作职责，认真研究部署落实房屋产权与产籍的清理，以及筹措综合整治资金等重要事项。广安门外街道采取联合党支部“四联”工作法，加强和实施老旧小区综合整治是一项惠及居民的民心工程。联合党支部仅帮助解决的老旧楼房上下水改造等问题就有数百个，群众对基层党组织服务的满意度得到极大提升。

（二）保持整治成果

因地制宜，兵无常形、水无定势，立足老旧小区实际，发挥比较优势，在差异竞争中建立拓展适合老旧小区特点的长效管理机制，解决好管理责任主体、资金来源等问题，从根本上改变老旧小区的居住环境，杜绝整治后的反复情况，保持老旧小区综合整治成果。从政策把关、人才管理、技术创新、资金投入等方面入手，加强和提高老旧小区自身造血功能，多措并举，采取灵活多样的后续管理模式，街道社区监管、业主委员会监督、物业企业负责管理、社区居民参与，共同维护小区环境，做到自我服务与管理。

（三）推动法治建设

用政策和法规的强大动力，为老旧小区综合整治工作顺利开展提供有力保障。老旧小区综合整治工程全面系统，需要修复甚至重建居住秩序与环境，必须制定和建立与其配套的规范性和政策性较强的文件、科学完整的整治方案，以及统一的协调指挥管理机制。健全有关物业管理的法律法规，增加有关老旧小区物业管理的专门内容，逐步完善城市老旧小区物业管理制度。

（四）激发社会参与

政府在大力扶持整治老旧小区的基础上，充分发挥党组织的示范引领作用，广泛动员社会力量参与，鼓励社会组织、社区单位、居民个人积极参与老旧小区的综合改造，加大在房屋修缮、配套基础设施建设和治安维护等方面的投入力度，鼓励企业接管老旧小区，联合小区居民，建立志愿服务维护队等，对小区进行不间断地维护，提升小区的安全和整洁度。通过优化居住环境、提升生活品质，推进和谐社区建设，把老旧小区建设成为首都居民安全文明、舒适方便的幸福家园。

参考文献

刘承水、刘玲玲、史兵、冀文彦：《老旧小区管理的现存问题及其解决途径》，《城市问题》2012 年 9 月。

严锦荣：《对首都城市老旧小区综合整治问题的思考和建议》，《经济师》2008 年第 5 期。

孙其昂、毕娟：《城市老旧小区的和谐社区构建——以南京市 X 小区为例》，《南京工业大学学报》（社会科学版）2010 年第 6 期。

李雅锋、张洪兴：《嘉兴市借老旧小区改造推进物业管理》，《现代物业》2010 年第 8 期。

王占强：《北京老旧小区物业管理面临整改》，《现代物业》2009 年第 7 期。

王宏智、张艳春：《老旧小区绿化改造的问题及建议》，《绿化与生活》2012 年 10 月 26 日。

广外街道工委：《坚持“四联”工作法　联合党支部扎实推进老旧小区综合整治工程》，2015 年 2 月 13 日。

B.12

广外街道建立项目申请制确保民生项目建设实效

摘　要：受我国一直以来计划经济和“官本位”思想的影响，政府很多民生项目往往是好心办不成好事，办好事与居民需求脱节的问题突出。广安门外街道为了解决这一问题，不断创新服务管理体制，探索将项目管理的理念和方法运用到街道管理中，从项目管理的基本点入手，通过实施广安门外街道项目申请管理，找到了更适合本街道的建设管理方式，推动了民生实事项目化，力求在资金使用、时间效率和产出效果上实现最佳控制，同时进一步加强对政府工程的监督与管理，不断提高政府资金的使用效率。

关键词：项目申请制　项目管理　社会服务管理创新　广外街道

一　广外街道项目申请制建立的背景

在我国以往的计划经济体制背景下，政府投资项目具有很强的计划经济的影子，体现在街道工作中，往往反映为“脚痛医头、头痛医脚”，具体表现为，政府制定的项目并不是百姓迫切需要的民生项目，使得政府花钱办事，但百姓并不买单。其中根本原因是街道项目立项缺乏科学性，具有强烈的“官本位”思想，是从上制定项目，而没有切身考虑老百姓的现实需求，资金得不到科学合理、有计划的使用，在项目管理过程中往往也缺乏目标导向，责权不明，整体工作效率低下，项目所产生的社会效益和经济效益难以评测。

近年来，我国不断推进政府职能转型，街道也在不断创新服务管理体制，改进服务方式方法，推进民生服务零距离。广安门外街道积极推行社会服务管理创新，自2005年起就开始实行项目申请制，制定并实施了《广外街道项目申请管理办法》。经过多年来的实践，街道着力解决了一批群众关心的热点难点问题，取得了良好的服务管理效益和社会效益。

（一）项目管理理念在街道管理中的应用

1. 项目管理

项目管理是管理学的一个分支学科，是一种全新的管理方法，即在限定的资源约束下，项目管理者在投入活动中利用专业知识、技能、方法和工具，运用系统的观点、理论和方法，合理安排项目进度，有效整合使用项目资源，从而降低成本并实现项目顺利如期完成的整个过程的管理。

项目需要在有限的时间、资源和预算内一次性完成，可以是一项工程、一次活动、一个研究课题等。项目参数包括资源、成本、质量、时间、项目范围等。

2. 项目管理与街道管理

对于街道工作，我们常说“上面千条线，下面一根针”，街道作为政府的派出机构，扮演着政府“腿”的作用，承担了政府下派的大量行政工作，与此同时也肩负着合理有效使用公共财政资金的重任。然而街道作为政府与百姓之间的桥梁，直接面对着百姓的需求，如何合理利用政府的有效资源为居民解决问题，形成资源与需求的有效对接，一直困扰着街道。

项目管理作为一种全新的、有效的科学管理方法，通过运用系统思维，有利于形成务实、高效的工作作风。广安门外街道将项目管理的思维方法运用到街道的管理中，加快推进民生实事项目化，力求在资金使用、时间效率和产出效果方面实现最佳控制。

近年来，街道通过有效的项目管理和监督，使政府综合统筹项目管理与广泛的群众监督相结合，使公共财政资金的使用程序化、透明化。项目申请资金全部专款专用，未出现违规违纪现象，建立了科学的项目申请运作机制。

（二）项目管理的重要性

项目的组织方面、需求控制、计划控制、执行与估算等对其成效有着很大的影响。实施项目管理非常必要，其能够带来的好处主要有以下几点。

一是有利于安排项目进度，合理整合项目资源，实现资源利用的效益最大化，有效降低项目成本。同时，通过优化和平衡资源，分解工作、制定任务并合理安排项目的任务序列，确保项目顺利实施，保质保量按期完成。避免没有科学有效的运用项目管理方法、盲目上项目，难以充分利用好时间、资源和人员的配置。

二是有利于加强团队合作，提高项目团队的效率。项目管理要求运用专业理论与方法指导项目的开展，因此，在项目管理中要重视团队合作精神，把人力资源管理、沟通协调管理和人员激励等运用好，提高项目团队的工作效率。

三是有利于减少项目风险，提高项目成功率。风险管理是项目管理过程中的一个重要组成部分，能够有效降低项目管理过程中潜在的不确定因素对项目造成的影响和产生的破坏性后果。

四是有利于有效控制项目范围，提高项目的可控性。项目应用阶段的前期立项申请，通过有效地论证项目可行性后明确项目范围，防止项目实施过程中出现变化，没有按预定目标和计划的方向发展。

五是有利于及时发现项目实施中存在的问题，切实有效地实施项目管理。项目管理过程中强调项目计划、实施情况的检查和改进措施等，能够及时发现项目实施中可能存在的问题和隐患，进行修正和改进，从而确保项目顺利进行和目标的实现。

六是有利于对项目进行知识积累。在传统项目的实施过程中，往往项目结束就一切终结。而项目管理则强调项目结束后要对项目进行总结，把项目实施过程中的经验转换为对今后发展具有启示性的宝贵财富。一般而言，项目管理能使项目顺利实施，降低项目风险，达到预期目标。

二 广外街道项目申请制的运作情况

广安门外街道实行的项目申请制从决策立项、资金审批和管理、监督和评审等方面严格把关，确保项目有效实施，满足百姓所需。

（一）科学立项，规范运作

街道相关领导和科室专门组成了项目申请管理委员会，申报单位以社区、地区单位和社会组织为主体，从民生需求出发，结合“访听解”① 工作。严格按照《广外街道项目申请管理办法》（以下简称《管理办法》）开展工作。由项目申请管理委员会严把评审立项关、组织实施关、监督验收关和效果评估关。

通过三级审核、办公会审定，按照“必要性、可行性”的原则，集体研究讨论决定是否立项，确保立项决策的民主性和科学性。同时，明确责任单位，责任单位一般由申请社区、所涉及街道责任科室和相关单位等共同组成，进一步明确项目目标及进度安排。

从以下三个方面加强监督、评估和检查：一是发挥街道项目验收小组的作用，由街道财政科、监察科、社区办、办公室、文教科、综治办、城管科等部门人员组成的街道项目验收小组，在每个项目执行年度分三次对项目实施情况进行检查。对项目完成情况和效果、资金使用情况和相关单据进行检查验收和审核，对在检查中发现的问题及时责令整改。二是发挥社区居民的

① “访听解”是西城区委创新社会服务管理的新模式、新机制，即在构建以民生为重点、需求为导向、服务为核心的全响应网格化社会服务管理创新工作进程中，围绕加强群众工作、惠及保障民生、密切干群关系、促进社会和谐的总目标，开展了“访民情 听民意 解民难”工作，简称“访听解”，使解决人民群众最直接、最现实、最紧迫的问题能够制度化、日常化，形成了政府、社会与市民有效沟通、政民互动的局面。

监督作用。以居民满意为标准，如居民不满意，则验收不合格，立即按照居民要求改进，直到居民满意为止。三是重点对社区居民、单位等自筹资金部分严格监督，维护投资各方的权益。

（二）运行精细，提高效力

根据地区社会建设形势的发展和居民需求的变化，街道不断修改和完善《管理办法》，推进项目申请制运行精细化、规范化、程序化。在项目申报时间、审批程序和项目运作管理等方面进行了修改和完善，更加突出项目申请制为居民、社会单位、地区教育和卫生等服务组织办实事、解决实际问题，以及扶持社会组织发展的特点，增强了项目立项的针对性和实施过程的实效性。同时，重新调整项目申请管理委员会成员构成，明确职能，落实责任，提高管理效力。

（三）统计分析，服务民生

通过对项目申报情况的统计分析可以得出当年民生需求的变化。以2010～2012年三年间统计数据为例，街道共批准实施项目163项，投入资金共计945.01万元。其中街道投入的公共财政资金达847.74万元，占总投入的89.7%。项目涉及综合整治，环境治理，精神文明，文化、教育、卫生、体育、社区服务，其中文化、教育、卫生、体育、社区服务类项目投资比重最大，具体经费分配如表1所示。

表1　2010～2012年项目申请经费统计

单位：万元

年份＼类别	综合整治	环境治理	精神文明	文化、教育、卫生、体育、社区服务	合计
2010	39.21	65.95	2.56	120.35	228.06
2011	39.81	125.61	26.84	91.59	283.85
2012	75.13	90.85	17.94	249.18	433.10
合计	154.15	282.41	47.34	461.12	945.01

表 2　各类项目具体情况一览

类别＼情况	申报单位	项目内容	责任部门
综合整治	社区	社会治安领域的物防、技防设施建设与维护：大门、门禁、视频监控、楼宇对讲等	综治办 申报社区 产权单位(物业公司)
环境治理	社区	改善社区整体环境,小区道路整修、绿化美化、粉刷楼道、污水管道改造、修建无障碍设施	城建科 申报社区 产权单位(物业公司)
精神文明	社区	维护社区宣传栏、宣传墙,制作各类宣传品	宣传部 申报社区
文化、教育、卫生、体育、社区服务	社区及各类社会组织	开展群众性文体活动,完善社区文体设施硬件	文教科 申报社区
	社区卫生服务中心	开展疾病防治课题调研,提高医疗服务水平	广外医院
	地区幼儿园、中小学校	开展早期教育、特色教育,丰富教育内容,提高教学质量	幼儿园 中小学校
	社区服务中心	培育地区社会组织,开展文化活动,提升地区公共服务水平	社区服务中心

2013 年，项目申请管理委员会对社区、地区单位和社会组织申报的 154 个项目进行了全面审核，最后确定项目 88 个，经费 456.1 万元。2014 年，审核通过街道项目申请 76 个，经费 517.8 万元。近两年，街道用于民生项目的资金投入不断增加，项目除涉及精神文明、综合整治、环境治理、文教卫体等外，还增加了防灾减灾类别。所涉及项目着重解决“访听解”工作中居民反映集中的热点难点问题。申报项目严格按照项目运作流程进行，项目申请管理委员会对项目实施过程进行了全程检查、监督，进一步修改完善《广外街道项目申请管理办法》，规范申报流程，统一项目申报和完成时限，做好项目的实施和验收评估。

三　广外街道实行项目申请制后取得的成效和启示

近年来，项目申请工作以群众利益为根本出发点和落脚点，着力解决了群众最急需、最迫切的问题，受到辖区居民、社会组织和单位的广泛好评。街道对项目申请经费的投入逐年增加，项目内容涉及地区社会发展各项事业，受益人群几乎涵盖了广安门外地区所有常住居民。

（一）民生为本，转变政府服务方式，解决居民实际困难

项目申请制以居民需求为导向，充分听取民情民意，积极发挥街道公共财政的作用，解决了一大批与居民生活息息相关的热点难点问题，如综合治理类项目以门禁、视频监控和楼宇对讲系统等物防、技防设施建设为主，有效解决了老旧小区、开放式或半封闭式小区基础设施薄弱、专业安保力量不足的问题。为公安机关破案提供线索，为矛盾纠纷调解提供证据，有效保护了人民群众生命和财产安全，提升居民的生活安全感。环境治理类项目查漏补缺，弥补市、区资金不足，修整道路、粉刷楼道，改造下水道管线，改善社区环境，提高居民生活质量。通过实施这些民生项目，在一定程度上缓解了广安门外地区在发展过程中产生的社会矛盾，使改革发展成果更多惠及群众，增强了居民对社区的认同感和归属感，带动了更多的居民积极投入和谐社区建设。

项目申请制的实施，解决了政府好心办不成好事、办好事与居民需求脱节的问题。强化政府公共服务职能，增强街道服务群众的针对性，促进公共财政资金合理使用。

（二）重点扶持，提升公共服务水平，推进各项事业发展

1. 有效推动社区公共文化服务体系建设

一是强化文体设施建设。以“文化氛围浓厚、服务功能齐全、站舍清新整洁、环境优雅和谐”为目标，改善社区室、内外文体活动场所。为地区文体事业的蓬勃发展夯实基础。建设室外健身场，安装维护体育健身器材，满足居民健身需求，提高居民身体素质。红莲乒乓球长廊和荣丰社区体育场等群众健身场所深受周边居民喜爱，颇具区域辐射效应。

二是提升文体活动的品牌影响力。以项目申请制为平台，举办了形式多

样、内容丰富的文体活动，如“天宁风韵”社区书画邀请展、国学社系列活动、“和谐杯”乒乓球比赛、象棋比赛、门球比赛等。充分发挥社区国学社、社区书画社等民间传统文化组织的作用，利用项目申请制的资源优势，巩固并提升品牌影响力，使地区居民充分享受文化成果，吸引更多的社区居民和社会单位广泛参与社区文化建设，为和谐社区建设营造良好的氛围。

三是培育扶持社会组织。利用项目申请制，从资金、人力、场地等多方面，加大扶持力度。实行分类指导监管，构建结构合理、门类齐全的社区社会组织体系。专门设立“广外街道社区社会组织”扶持专项资金，制定社会组织奖励激励机制，对优秀社会组织给予资金奖励。通过开展“广外街道优秀公益服务项目”交流展示、社会组织工作人员培训等活动，积极引导社会组织健康有序发展。重点培育公益型、服务型、文化型社区社会组织，积极引导其参与社区管理和服务，使之成为社区建设的重要力量。

2. 提升地区教育水平，提高居民文化素质

通过项目申请制支持辖区十家幼儿园开展早期教育。完善社区婴幼儿早教基地设施。地区幼儿园0~6岁儿童早期教育工作走在全区前列，深受地区年轻父母的好评。支持辖区中小学校开展特色教育、丰富教育内容，提高教学质量。重视社区青少年教育，改善青少年社区活动场所软硬件条件，打造社区青少年教育基地，积极开展有利于青少年身心发展的主题活动，丰富课余生活。项目申请制支持的三义里小学的茶博物馆、广外一小的陶艺室、天宁寺小学的种植园等已成为广外地区青少年实践场地和教育基地。华夏女中女子打击乐队不断发展壮大，多次参加国际、市、区和街道重要活动展演，成绩优异。

投资建设广外街道图书“一卡通”服务联网馆及国学特色图书馆，依托广外社区图书馆和社区书画协会，常年举办各种培训、讲座、座谈会，提高居民科学文化素质，满足居民的精神文化需求。

3. 推动卫生事业发展，促进卫生保健科学化

支持社区卫生服务中心为地区妇女儿童、低保特困家庭、老年人、残疾人和流动人口等特定群体提供体检、保健、咨询等多样化的公共卫生服务。

支持社区卫生服务中心开展慢病防控、传染病调查和特定人群保健需求调查等课题研究，提升地区公共卫生服务水平。近年来，广外社区卫生服务中心通过申请项目开展了贴近居民生活的社区慢病防控健康教育宣传、社区糖尿病高危人群筛查等活动，向居民传授科学保健防病知识，受到社区居民的欢迎。

（三）把握主线，整合优化各方力量，推进和谐社区建设

项目申请制的实施，通过把握利益主线，调动社区建设中各方面的积极性。动员社区各方力量积极参与，实行个人出一点、单位交一点、街道补一点，使资金缺乏的问题得到解决。进一步整合了社区单位、物业与居民的利益关系，拓宽了社区建设投融资渠道，扩大了受益范围，提高了居民和单位的满意度，提升了居民和单位参与社区建设的积极性，最终形成多赢局面。

四　实施项目申请制中存在的问题及发展思路

（一）存在问题

一是对项目申请制的理解有偏差。部分项目申请单位对“项目申请”的概念理解不清，对申请项目的范围界定存在偏差。将政府部门、事业单位职责范围内或企业单位业务范围内必须举办的项目与项目申请制重合。一方面项目重复审核，加大了工作量，降低了行政效率；另一方面，资金重复使用，降低了财政资金的有效使用率。

二是对项目的监督管理有待加强。在近几年的项目申请制运行实践中，项目实施全过程的动态监管力度稍显不足。对实际操作中出现的部分问题不能做到快速响应，及时解决，有效处理。在项目的验收和效果评估方面缺乏专业力量的参与和广泛的群众监督，部分项目的验收过程出现形式化倾向，不利于项目申请制的长期、良性发展。

三是社会共同参与力度有待提高。项目申请制的基本原则是政府主导，调动各方积极力量，推动社区全体成员共同参与、共驻共建。但部分辖区单位、物业公司和居民群众认为城市建设与管理的全部责任都应当由政府承担：项目立项时出资甚少或不出资；项目实施触及自身利益时，不配合、不协作，影响工程进度；项目完成后，对公共设施、环境不爱护。没有形成利益共享、责任共担的社会氛围。

（二）发展思路

1. 修改完善项目申请管理办法

一是明确界定项目申请制范围。明确广安门外街道项目申请制与西城区社会建设项目、社区公益金及其他项目资金的不同适用范围。引导项目申请单位以居民需求为导向，围绕街道中心工作和重点工作，科学规划、合理申报，体现项目的可行性和力所能及。二是探索建立项目申请资金的年度总量控制和适当增长机制。以精细化、规范化、程序化为目标，促进公共财政投入的计划性与合理性，最大限度发挥财政资金的使用效益。

2. 加强监督管理，提高项目质量

进一步完善项目监督管理的工作机制，探索项目实施全过程的动态跟踪办法。建立以专业技术人员监督为基础、以群众自觉参与监督为核心、以相关利益群体的满意度为评价标准的项目监督与效果评估体系，提高项目申请制的科学化运作水平。

3. 协调各方利益，营造公共事业共同投入的氛围

通过持续不断的宣传工作和项目典型示范、项目成效引导，增强社区凝聚力，吸引驻区单位、居民群众关心社区建设，参与社区活动，牢固树立社区共同体意识，为社区发展做贡献。进一步协调各方利益关系，引导其投入公共事业，推进社会建设，形成“党委领导、政府负责、社会协同、公众参与”的社会管理格局。

4. 探索与“全响应”社会服务管理模式相结合的机制

将项目申请制与“全响应”社会服务管理模式结合，探索建立与“访

听解”活动的对接机制。以项目申请制为载体，发挥其自身优势和影响力，加大重点民生问题的解决力度，完善社区、街道响应链。

参考文献

美国项目管理协会著《项目管理知识体系指南》，卢有杰、王勇译，电子工业出版社，2005。

韦芳：《我国政府投资项目推行代建制的发展对策研究》，《北方经济》2008 年第 2 期。

《关注项目管理的发展变化》，《项目管理技术》2012 年第 8 期。

丁荣贵、高航、张宁：《项目治理相关概念辨析》，《山东大学学报》（哲学社会科学版）2013 年第 2 期。

倪强：《项目管理在 IT 项目规划中的应用策略研究》，《中国管理信息化》2015 年第 4 期。

何正道：《企业内部的小型 IT 项目模型》，上海交通大学硕士论文，2009 年 5 月 1 日。

《项目管理的重要性》，http：//wenku. baidu. com/view/e6e4b121bcd126fff7050b6b. html，2012。

B.13
广外街道因地制宜探索军民融合特色发展之路

摘　要：　军民融合是富国强军的重要举措，是推进国防建设和经济建设良好互动的战略决策。近年来，广安门外街道结合自身实际，强化改革创新，主动作为，大胆实践，在探索军民融合发展的道路上迈出了坚实的步伐。军警民跨区双拥共建20余年，稳步推进军民融合发展，通过加强国防教育、丰富共建活动、军地互办实事、落实优抚政策，拓展融合范围，不断打造地区特色双拥精品和广泛影响力，全地区形成“军地共建、资源共享、区域联动、品牌联创”的双拥工作氛围，增进了地区居民与人民子弟兵的感情，军民融合成为地区和谐发展的一大亮点。每年街道都被评为北京市或西城区“拥军优属先进单位”。

关键词：　军民融合　双拥共建　资源共享　广外街道

2014年3月11日，习近平在十二届全国人大二次会议的解放军代表团全体会议上指出，“既要发挥国家主导作用，又要发挥市场的作用，努力形成全要素、多领域、高效益的军民融合深度发展格局”。这一重要思想是对富国强军的整体设计布局。军民融合深度发展已上升到党和国家事业发展全局的战略高度，是推动经济发展的战略引擎。广安门外街道强化大局意识，强化战略规划，夯实基础，助推军民双拥，优化资源共享。通过创新思维和实践活动，促进多领域、多层次融合，推进地区双拥共建工作，探索具有广外特色的军民融合发展之路。

一　广外街道双拥共建发展历程

双拥共建是按照“同呼吸、共命运、心连心”的新型军民关系要求，与驻地部队同心协力，以建设双拥模范、双拥先进单位为目标，开展军警民共建活动。其中，双拥是指拥军优属和拥政爱民，即通常所说，军爱民、民爱军，军民鱼水情。“拥军优属”是拥护爱戴人民的子弟兵解放军，优待军人家属；“拥政爱民”是拥护支持各级人民政府和国家的政策、法令，爱护人民群众。1987 年 1 月 27 日，《中央军委关于新时期军队政治工作的决定》提出，军民共建精神文明，是军队参加全国社会主义精神文明建设的主要形式，部队要大力开展军民共建社会主义精神文明活动。所以共建的意思是“军民共建社会主义精神文明”。

由于地区驻军少，军（警）民双拥共建资源紧缺，1993 年 1 月广安门外街道与驻丰台区武警北京十五支队正式开展了跨区双拥共建，到现在已 20 余年，双拥共建之花开遍 5.49 平方公里的广外大地并得到了不断地发展，形成具有广外特色的军（警）民双拥共建模式，地区居民与人民子弟兵结下了深厚的双拥共建之情。

1997 年街道和武警北京十五支队均被中宣部、解放军总政治部授予“军民共建社会主义精神文明先进单位”，这也是北京市唯一被国家级单位给予的荣誉。在荣誉面前，军地双方冷静思考，认真分析地区双拥共建优势，挖掘双拥共建潜力，乘势而上，在地区叫响了“站在排头不让，扛着红旗不放”的口号，通过军地双方的共同努力，街道先后又与丰台区公安消防三支队、西客站地区武警北京七支队十二中队、武警西客站特勤中队跨区共建，辖区内全部社区与跨区共建部队的大队、中队一一结成了双拥共建对子单位。

2007 年后，武警黄金指挥部、北京军区联勤部第六干休所、消防广安门中队陆续进驻广安门外地区，共建资源进一步丰富。2014 年武警十六支队十中队接替七支队十二中队承担西客站地区的守卫安保工作，同时与广安门外街道建立共建关系。通过近年来的探索和实践，逐步形成符合地区特点、可操作性强的“政府指导、社区牵头、社会参与”的跨区双拥共建新模式，进一步完善了双拥共建的组织基础，扩大了双拥共建的社会基础，为地区五星级和谐社区建设与发展增添了一道靓丽的风景。为西城区争创全国双拥模范城区做出了突出的贡献，年年街道被北京市或区评为“拥军优属先进单位”。

二　广外街道双拥共建推动军民融合的主要做法

广安门外地区军民融合实现规范化、常态化机制，时刻把国防建设和军队建设紧密联系起来，有效整合调整资源，深化经济社会发展，为实现国防和军队现代化建设，创造了丰富的资源，提供了可持续发展的保障。在经济、教育、人才、科技等方面全力推进军民融合，深入开展双拥共建活动，以美丽社区、美丽军营、和谐地区建设为载体，树立一盘棋思想，军民一心，军地协调，统筹安排，精心规划好军民共建项目，推动军民融合深度发展，凝聚建设和谐美丽广安门外地区的强大合力。

（一）点面结合，国防教育广泛深入

一直以来，广安门外街道坚持以领导干部、社区工作者、中小学生和民兵预备役人员为重点，依托区级国防教育中心、市民学校、少年军校、双拥宣传画廊、共建部队等国防教育基地，充分发挥社区居委会的牵头作用，紧密结合国际、国内形势和台海局势，利用各种有利时机，通过标语、板报、橱窗、画廊、宣传材料、网络、媒体、知识问答、专题讲座等各种载体，采取行之有效的方式方法，有针对性地进行“国无防不宁，民无兵不安”教育、人民军队历史地位教育和拥军优属“应知应做”教育。

一是结合军（警）民共建文明社区文化艺术节的举办，组织开展“国无防不宁，民无兵不安”的宣传教育系列活动。二是组织开展了领导干部、社区专职工作者、马连道茶商、中小学生进军营活动，举办了人民军队历史地位和重要作用系列教育活动。三是在全部社区组织开展了拥军优属“应知应做”知识普及系列教育活动。四是结合适龄青年兵役登记、应征公民入伍等时节，组织开展了国防形势、兵役义务等系列教育活动。五是结合重大节日，以座谈、联谊、书画、演讲、老战士讲中国革命史等形式组织开展了国防知识、双拥知识、中国革命史的普及教育活动。通过以上活动的开展，不仅增强了全民国防意识和双拥观念，形成了全民关心国防、参与国防建设、参与双拥活动的氛围，而且进一步密切了军政军民的血肉联系，促进了地区社会经济发展、社会稳定和部队战斗力的提高。

（二）主题鲜明，共建活动丰富多彩

多年来，广安门外街道结合地区长远发展战备和阶段性工作任务，本着服从服务于军地现代化建设大局，不断推进小康社区建设的指导思想，坚持围绕发展抓双拥、抓好双拥促发展的基本原则，紧密结合地区实际，因地制宜，开展了以“迎奥运、树形象、见行动”“党心凝聚民心，共建和谐广外”等为主题的双拥共建活动，使弘扬社会主旋律的主题更加明显、共建领域更加宽泛、双拥工作的内容更加丰富。

广安门外街道先后组织开展了“双拥”宣传书画展、“爱心献功臣”、“为90岁优抚对象过生日”、“子弟兵与空巢老人一助一结对子”、“新兵知北京、迎奥运、见行动”绿色游、“赞老兵、颂老兵”京城回顾、“领导干部、社区专职工作者、中小学生军营一日生活”、“兵妈妈进军营”、“共建文明社区服务一条街”、“社区共建消夏趣味”运动会和联欢会、“复转军人军属京郊游”、“邓小平百年诞辰纪念”、“复转老兵创业经验传经送宝”、文明礼仪知识擂台赛、结对共建十周/十五周年纪念、“红色之旅”红歌给党听等系列活动。开展的活动遍及地区全部社区、近千家社会单位、17所中小学校及所有共建部队。为军民共建文明社区唱响了主旋律，对增进军政军

民团结、深化军政军民情谊，化解社会矛盾，促进社区和谐、社会安全稳定起到了积极的推动作用。

（三）注重实绩，互办实事效果明显

近年来，军地双方利用军政座谈、走访慰问、工作动态情况通报等形式，相互了解情况，交换意见，统一思想，逐步达成“动真情、鼓实劲、办实事、讲实效”的共识。在互办实事中，军地双方结合实际情况，充分发挥自身的优势，始终把维护和实现好最广大军民的根本利益作为抓好双拥工作的出发点和落脚点，急军民所急，帮军民所需，使好事真正办好，好事切实办实。

一是军地携手，组建为优抚对象服务的志愿者队伍，重点帮助“三老”人员解决生活困难。二是组织开展千里送真情活动。通过实地慰问和邮寄慰问等方式，为部队特困优秀士兵家庭送去党和政府的关爱，帮助解决他们家庭生活中的燃眉之急，解除战士的忧虑，使其安心服役。三是结合部队改革发展的新要求，深入开展科技、教育、法律、技能、卫生、智力拥军活动。四是坚持重大节日和部队重大活动走访慰问官兵和优抚对象。五是重点投资，帮助部队改善高技术信息指挥及基础生活设施，创造拴心留人的环境。围绕共建部队与社区自身建设和活动需求，建设军民双拥活动教室，进行设施设备添置升级。升级后的双拥活动教室，对共建社区开放，真正实现军地“思想工作联抓、人才培养联手、公益事业联做、文体活动联谊、形成机制联动”。与此同时，共建部队不断强化“双向服务、服务社区”的观念，积极支援地区完成急难险重任务，广泛开展便民为民服务，立足社区，主动配合做好“家门口”群众的工作，在维护地区环境卫生、社会治安、扶贫助困、民兵和学生军事训练、国防教育等方面发挥了积极作用。军民之间形成了需有所助、求有所应，军爱民、民拥军，军民团结情意深的社区新风尚。

（四）政策落实，优抚待遇及时到位

作为中华人民共和国的有功之臣，优抚对象或者是其亲人在革命战争时

期或和平建设时期做出了巨大的牺牲，经受了常人难以想象的磨难，为中国革命和建设事业做出了突出的贡献，深受全国人民的敬重。优抚政策的落实涉及优抚对象的切身利益，直接体现了党和政府对他们的关爱。广安门外街道视优抚对象为亲人，按照优抚政策，主动落实优抚待遇，千方百计帮助优抚对象解决生活、就医、住房等实际困难。近三年来，广安门外街道按照有关政策，提高优抚对象、军休干部、无军籍退休职工的生活待遇；为地区被评为优秀士兵、荣立三等功的官兵及时发放政府奖励金；为现役义务兵家属发放优待金。

三　广外地区特色军民融合的工作启示

（一）探索跨区双拥共建，逐步形成双拥共建新模式

基于军地双方对双拥共建地位作用的认同和地区双拥共建资源上的短缺，从 1993 年 1 月开始街道与跨区部队开展双拥共建，首次开创了军（警）民双拥共建的另一种模式。在共建过程中，广安门外街道与时俱进，不断拓展共建领域，探索跨区共建模式的实践途径。2003 年、2008 年正值跨区共建十周年、十五周年，广安门外街道抓住十周年、十五周年纪念的有利时机，全面回顾跨区共建的实践、探索、思考、收获，总结基本做法和经验，构建了跨区双拥共建的有效模式，为进一步推进跨区共建工作明确了思路，指明了发展方向。近两年来，广安门外街道针对形势发展的需要，在跨区双拥共建的框架下，不断扩大双拥共建的领域和范围，把辖区全部社区分片划圈纳入双拥共建的范围，基本形成“街道指导、社区牵头、社会参与”的跨区双拥共建新模式。

（二）发挥双拥共建优势，开创和谐社区共建新领域

随着首都城市发展战略的实施和城市基层管理体制的进一步完善，社区建设为双拥共建工作开辟了一片广阔的天地。特别是随着社区精神文明建设

活动的蓬勃开展，社区单位和部队的认同感、归宿感日益增强。近年来，广安门外街道紧紧围绕街道工委、办事处提出的“五星级社区”建设目标，始终坚持以人为本、服务群众，重点突破、全面发展，夯实基础、逐步推进，动态管理、重在实效的原则，按照双拥共建工作从社区抓起、活动在社区开展、任务在社区落实、效果在社区体现的既定目标，在突出抓好社区党建、社区自治、社区治安的基础上，紧密结合社区文化，针对拥军服务开展活动，充分发挥军地共建优势，大力倡导社会发展的主旋律，突出意识形态、礼仪举止、人的全面发展重点，积极创造地区民主法治、公平正义、诚信友爱、充满活力、安定有序、人与自然和谐相处的社会氛围，全面推进和谐社区共建。通过先点后面，稳步推进的探索实践，分批次先后使辖区内全部社区居委会与共建部队分片结成共建对子，并签订了结对共建和谐社区协议，逐步完善了社区双拥共建的运行机制，建立了社区与共建部队开展工作的网络，为共建和谐社区提供了有力的组织保障，做到了共保社区稳定、共抓社区服务、共创社区文化、共促社区文明。

（三）创新双拥共建形式，创建特色双拥共建新载体

广安门外地区双拥共建工作起步相对较晚，加之又是跨区共建，没有现成的经验，开展工作的难度相对较大。在开展各项活动的过程中，广安门外街道始终坚持高起点、高标准，贴近实际，注重质量，不断探索创新双拥共建的形式，形成具有广安门外特色的双拥共建新载体。多年来，广安门外街道紧紧围绕军地双方的中心工作，边学习边实践，在继承传统的双拥共建形式的基础上，结合地区双拥共建工作的需要，创建了“新兵知北京、迎奥运、见行动”绿色游、“复转老兵创业经验传经送宝”、“共建文明社区服务一条街”、“结对共建五星级和谐社区”、“千里送真情”、“马连道双拥一条街”等一系列新载体，特别是街道组织开展的“千里送真情”活动，带着军民之爱走过了16省24市（县），为特困战士家庭解难，并向当地宣传了中国共产党和人民军队双拥共建的光荣传统。

广安门外街道充分发挥主观能动性，抓好推进双拥重点工作，落实党中

央走军民融合式发展之路的新举措，使国防建设和军队建设深深植根于经济社会发展体系，有利于推动地区经济建设和国防建设，培育融合人才，整合优化资源，提升发展质量，实现优势互补、双赢共进，为地区和谐发展奠定了坚实的基础。

参考文献

洪俊才、黄相亮：《军民融合式发展新论》，国防大学出版社，2010。

军事科学院军民融合研究中心：《紧紧围绕主题主线推进军民融合式发展》，《国防》2012 年第 1 期。

杜中武：《试论中国特色军民融合式发展之路》，《南京政治学院学报》2010 年第 3 期。

李波、李响：《各军事强国军民融合的探索实践及启示》，《中国军转民》2011 年第 10 期。

阮汝祥：《中国特色军民融合理论与实践》，中国宇航出版社，2009。

高东广：《战略机遇期军民融合式发展探析》，《国防大学学报》2011 年第 12 期。

陈波、杨峰：《中国特色军民融合式发展路子研探》，《中国军事科学》2010 年第 2 期。

广安门外街道：《广外地区双拥共建工作基本情况》，2015。

广安门外街道：《广外街道 2013 年度双拥重点工作推进方案》，2015。

B.14

从广外街道“1+6+29”养老模式看社区服务的社会化发展

摘　要：　长期以来，我国的社会福利制度一直是在计划经济体制的框架下运行，社区服务传统上主要依赖各级政府。但随着我国经济社会的不断发展和市场经济体制的确立，应推动政府职能进一步转变，逐步形成“小政府、大社会”的新型政府与社会关系发展格局。与此同时，社会结构也发生了深刻变化，面对社区居民需求的多元化，政府正在通过“社会化”的方式来谋求解决之道。本文以广安门外街道“1+6+29”的养老模式为例，深入阐述广安门外街道在社区养老社会化模式上的探索：推动政府和社会间互动，整合服务资源，促进社区养老的专业化和规范化发展，并在此基础上，提出了完善规划保障、构建高效的管理体制和多元开放的参与机制等政策建议，以进一步推动社区服务的社会化发展。

关键词：　社区服务　养老服务　公共服务　广外街道

社区服务的社会化是指社区服务项目、服务设施、服务经费、服务管理等都通过社会化的办法来解决，而非传统的通过依赖各级政府提供来解决。社区服务项目依据社会的需求进行设置，社区服务设施与资源可以通过社区内的单位资源资助或开放等形式来完善，社区服务经费可以通过社会募集和市场筹措来解决，社区服务管理采取开放式的市场运作模式进行规范化管理。概括地说，社区服务的社会化，就是社会事情由社会来办，公众参与，利益共享，成本共担，打破社会和社区之间封闭隔绝的格局，实现开放融入的一体化。社区服务的社会化表现在三个方面，具体如图1所示。

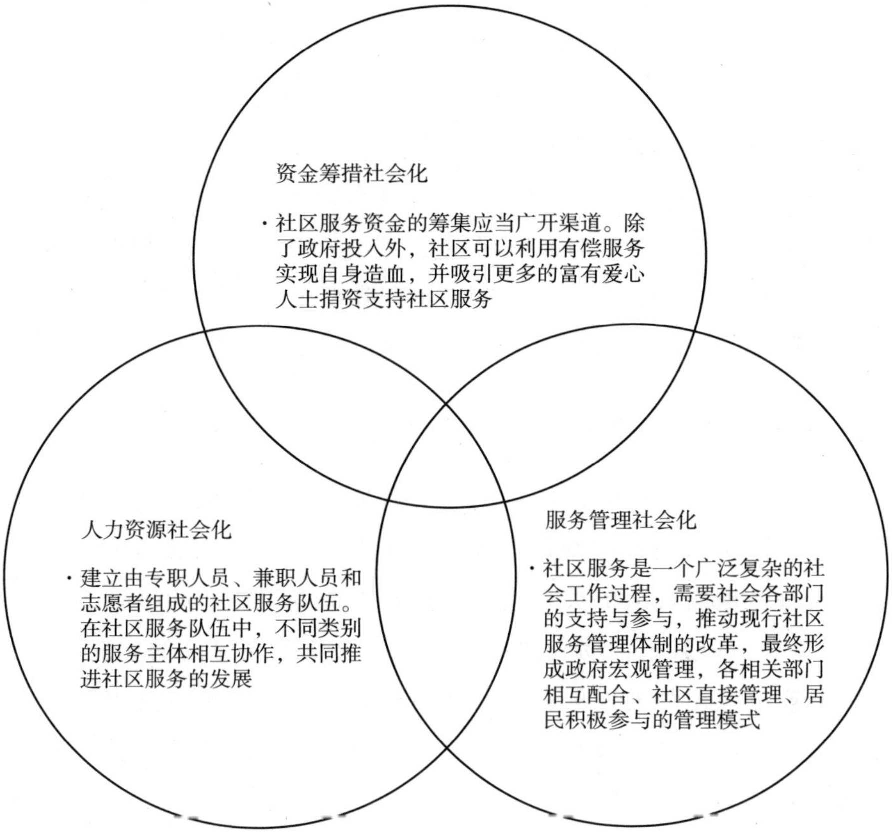

图1　社区服务社会化的表现

一　社区服务社会化的必然性

伴随我国改革开放多年来的发展，市场经济在资源配置过程中发挥着重要作用。与此同时，我国政治民主化和行政管理现代化成为客观趋势和价值需求。随着中央"社会治理"的提出，政府行政体制的改革，重新塑造了政府与社会之间的关系，正在从传统单向的自上而下的统治型管理逐渐向多元主体为主、上下互动的参与型治理转变，在这一转变过程中，政府和社会无论是内部职能结构还是对外运作方式都在经历全方位的理念转变和调整。政府职能向服务型转变，社会治理被赋予了更多的内涵与责任。

我国单位制的衰落和解体，“单位人”转变为“社会人”，以前职工是由自己所在单位包揽工作、生活的管理和服务，现如今回归到社区，则是由社区组织来提供社会管理与服务，社区组织正在发挥着越来越重要的作用，成为城市基层社会管理与服务的主体，在社会转型过程中担当着重要角色。社会转型要求最大限度地实现社会利益，把关注民生作为公共服务的重点。改革公共服务提供方式的主要路径是公共服务社会化，由社会组织和社会机构来直接面对居民多样化需求，提供高效率、专业化的服务。

（一）政府与社会间关系的变化

随着社会主义市场经济体制的发展和完善，我国的政治、经济和社会领域都发生了深层次的变化。政府正在不断努力处理好与市场和社会的关系。在政府与社会的关系上，国家权力适当退出，确保政府不“越位”，拓宽更大的社会活动空间。政府也在重新审视自己的职能和定位，随着社区与社会组织的发展，政府将会把更多的公共事务交由社会组织负责，并逐步形成“小政府、大社会”“强政府、大服务”的新型政府与社会关系格局。

（二）政府职能的进一步转变

近年来，向服务型政府转变的理念和任务已成为中国政府机构改革的主要方向和目标。首先，强化政府职能，首要职责就是解决好民生服务工作，提供优质、高效的公共服务和社会管理；其次，随着社会治理理念的深入，社会治理体制机制的完善，社区的概念变得越来越清晰，社区将逐步摆脱行政化走向自治。政府通过权力下放，使原本属于社会的权力回归于社会，许多的职能回落到社区。大量的公共服务下沉到社区，公共服务的提供和管理主体由唯一的政府逐步转向政府和社会共同构成的多元主体发展，自我服务与自我管理的社区成为政府与社会互动的主要阵地，公共服务社会化成为必然。

（三）利益需求的多元化

改革开放以来，我国发生了巨大而又深刻的变化：经济体制深刻变革，社会结构深刻变动，利益格局深刻调整，思想观念深刻变化，表现在社区公共服务方面，就是利益需求分化和多元化。政府原来垄断公共服务导致的服务单一、生产效率低下、公众对服务质量的满意度不高等问题和矛盾都迫切需要得到解决。社会的转型要求最大限度地保障社会利益，满足居民多元化的需求。推动公共服务社会化成为多种提供方式的改革和满足居民多样化需求的重要途径选择。社会的转型、社区的发展及社会组织的发育，为承接政府职能做好了准备，也为公共服务社会化奠定了基础。公共服务社会化的重要内容和形式就是政府、社区和社会组织协调合作共同参与到公共服务的过程中。

二　社区养老服务的社会化趋势

专业化与社会化的关系是我国社区服务发展中的一个难题。从长远来看，专业化是社区服务的发展方向；而社会化是达到专业化的手段，是促进社区服务发展的重要措施。

养老保障作为一项专业性强的复杂工程，涉及老年人生活的多方面，如经济保障、医疗服务、文化娱乐、心理慰藉及养老服务等。随着我国人口老龄化进程的加快，加之独生子女政策的后期影响导致家庭结构逐渐小型化，以往依靠家庭养老的模式将不断弱化，养老成为广受关注的社会问题。在应对人口老龄化、缓解养老服务供需矛盾上，养老服务社会化成为行之有效的重要手段，同时，这也是加快建立健全养老服务体系的主要途径和迫切需要。

（一）我国人口老龄化趋势

我国人口自1999年进入老龄化社会以来，每年以近800万的速度不断增长，根据民政部社会福利和慈善事业促进司的预测，到2050年，我国的老龄人口将占到总人口的30%左右，尤其是80岁以上的高龄人口和失能老人比例将不断提高，老年人的生活照料、医疗康复和精神文化的需求将日益凸显，养老问题将日趋严峻和紧迫。

尤其是作为首都核心区的西城区，老年人口比例占户籍总人口的23.9%，已经达到33.6万人，老龄化程度位居北京市前列。其中，80岁以上老年人7.73万，占老年人口的23%。全区人口老龄化、高龄化进程明显加快，已进入全面应对人口老龄化的关键时期。

（二）传统家庭养老面临挑战

千百年来，人们受传统观念影响，家庭观念根深蒂固，尤其是老年人，以血缘为纽带的家庭不仅是老年人生活的场所，也是其最为主要的精神寄托。"养儿防老"成为中国的"孝道"文化，人们主观上认为养老是家庭问题，大多数老人不愿进养老院，认为是子女不孝顺的表现，同时，更加担心受到社会舆论的谴责。

但是，随着我国家庭结构的转变——日趋小型化，家庭养老的功能正日益弱化，尤其是在大中城市，这一现象更为明显，现代年轻人生活节奏加快，生存和就业压力加大，更多的年轻人将精力投入在工作和学习中，外加人口流动性的加剧，大多数老年人的子女无法做到陪伴和照顾老人，这些都给传统的家庭养老方式带来冲击。

（三）养老产品供给不足

多年来，我国养老服务业虽然不断发展，但从总体上看，养老服务和产品供给不足、市场发育不健全、区域发展不平衡等问题还十分突出。截至2013年1月，北京市各类养老机构共有9万张床位，预计到2020年，全市将建成16万张养老床位，但这远远不能满足全市老人的需求。同时，随着社会经济的不断发展，人们收入水平的提高，老年人的养老服务需求也呈现多元化，从以前的基本养老服务逐步向个性化养老服务发展。当前，若社会养老服务无法满足老年人的需求，极易引发社会问题，如近年来颇受关注的广场舞问题，必须引起社会的重视。

加快推进养老服务社会化改革，成为构建和谐社会、应对人口老龄化快速发展的迫切需求。

（四）社会福利社会化改革

随着政治体制改革和政府职能转变，我国的社会福利模式逐渐转变为“小政府、大社会”模式。1986年，民政部提出在全国开展社区服务，1993年民政部等14个部委联合发出《关于加快发展社区服务业的意见》，标志着社区服务提升到产业化、社会化和实体化的高度，同时意味着社区服务由原民政部一家倡导扩展到由政府主要部门集体倡导。当下，面对人口老龄化和养老服务需求的多元化，政府将不再使用国家包干式，改变以往政府既是投资者又是管理者和经营者的角色，而是通过“社会化”的方式来解决。社区养老服务社会化的管理体制和市场化的运作机制成为社会发展的必然趋势。

三　广安门外街道“1+6+29”养老服务模式

广外街道常住人口近19万人，其中户籍老人有32100人，常住老人有41069人。据不完全统计，广外地区目前包括中重度失能和高龄独居老人在内的具有潜在机构养老需求的老人约2000人，如何满足更多老人不同形式的养老需求是广外街道要面对和亟待解决的问题。

依据北京市民政局、北京市老龄工作委员会办公室印发的《养老管理服务中心试点建设工作方案》，结合社区建设工作，通过在实践中不断探索，广安门外街道将老年服务设施建设纳入新建小区和“社区居委会办公用房”改造总体规划，并于2013年提出构建“1+6+29”三级管理服务体系的社会养老服务新模式，从而进一步健全社会化养老服务机制，搭建广外街道社会养老服务平台，编织社会养老服务网络。

（一）三级养老服务管理体系

“1+6+29”三级管理服务体系，即建立一个街道级社区养老管理服务中心、6个社会养老管理服务分中心（分别是天宁寺分中心、马连道分中心、红莲分中心、青年湖分中心、小红庙分中心和莲花河分中心），以及立足辖区内29个社区的养老服务站，实现了中心监督运营管理、服务调度，分中心综合组织实施，服务站对接百姓服务对象的新型分级养老体系。

1. 1个西城区广安门外街道社区养老管理服务中心

“1+6+29”三级管理服务体系中，以“康乐苑”养老院为基础，建立的“西城区广安门外街道社区养老管理服务中心”，是街道层面的社区养老服务管理机构，委托北京红枫盈社区服务有限公司于2014年上半年申报“广安门外街道养老照料中心建设项目”。受街道委托负责街道辖区内养老服务的组织、实施、指导和监督工作。与此同时，街道社区养老管理服务中心也兼具实体养老功能。该养老照料中心位于西城区广安门外街道手帕口南街80号京铁和园小区A1住宅楼首层，建筑面积为1023.64平方米，现有房屋24间，床位总量为62张（其中内设床位50张，外设床位12张）。该中心主要服务功能涵盖机构养老、日间照料、就餐服务、卫生保健、精神关怀及养老服务信息指挥平台六部分，内设配餐室、洗衣房、淋浴室、综合娱乐室、卫生保健康复服务室、工作人员工作室、监控室、接待大厅和图书阅览服务角。同时依据不同服务内容配备营养师、心理咨询师（二级）、医生、护士、养老护理员，全体工作人员均要求持证上岗。在医疗服务方面，养老照料中心与地区内的社区服务资源进行配合，与地区的广外老年病医院建立合作关系，发挥其医疗服务优势，签订医疗服务绿色通道协议，确保养老照料中心的老人在第一时间能享受到就医的方便与快捷。在居家养老服务方

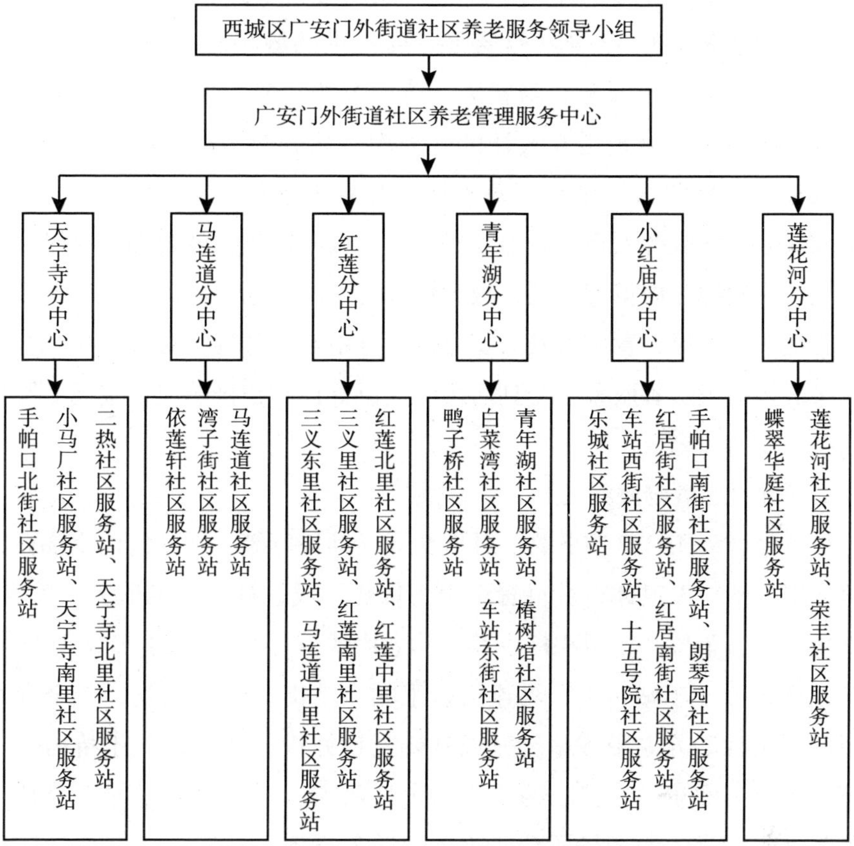

图 2　广安门外街道“1+6+29”三级养老服务管理体系

面，与医院合作建立家庭病房，做到及时上门问诊，实现老年人的及时就医和安全就医。

2. 6个养老服务分中心

“1+6+29”三级管理服务体系中的6个分中心，是按照广安门外街道“一刻钟服务圈”的区位建立的6个养老管理服务分中心，每个分中心以就近、便利为原则，相应的服务于所辐射的社区。由引进的社会组织对6个养老服务分中心实行托管，按照服务圈所辖社区范围提供公益性、专业性养老服务。每个分中心根据老年人的普遍需求，提供居家养老服务及便民利民服务。以中心为平台，积极开发社会化服务资源，不断增加居家养老服务商数量。87家居家养老服务商提供的服务包括家政服务、保健医疗服务、老年餐桌服务、陪就医、陪读报纸、理发、洗衣等，分布在全部社区，涵盖了广外街道6大社区服务圈。从分布情况可以看出，老年餐桌类服务商数量58家，达到了每个社区两家的标准，各大服务圈均有老年餐桌和保健医疗服务项目，确保了居家养老服务对象的就餐和医疗保健服务需求能在一刻钟之内得到满足，极大地方便了街道老年居民。现已初步建成红莲北里、马连道、青年湖及天宁寺四个分中心，并逐步对近700名有需求的老年群体提供送餐服务。受到居民的广泛好评和积极响应，实现了服务对象和服务商的双赢。

3. 29个社区养老服务站

街道整合利用社区服务站、社区文化活动场所等，在辖区内全部社区建立养老服务站，以退休人员自管组织为依托，成立社区养老服务自管组织，以兴趣小组为单位，实现积极、互助养老服务。计划建设的29个社区养老服务站中，位于车站东街、马连道、手帕口南街、红莲北里、天宁寺北里社区的5个社区养老服务站已完成基础建设并投入使用；位于椿树馆、白菜湾、天宁寺北里、二热、湾子街、车站西街、三义里社区的7个社区养老服务站先后进入服务场所功能改造及服务设施配置阶段；其他社区均在不同程度上推进房屋选址、装修、服务人员配置、服务项目甄选等工作，建成后的服务站将具备日间照料、就餐服务、老年用品配送、文化娱乐等服务功能，并在养老信息服务方面凸显其特点。

（二）养老服务管理信息平台建设

西城区广安门外街道社区养老管理服务中心还建立了相应的信息平台。该平台建立在广外社区服务分中心（小马厂路1－4号）。通过建立“社会化养老服务运营监管平台”，利用移动互联网技术和物联网技术，使服务更加落在实处，平台互联绑定了政府、老人及老人家属、服务商，实现了供需信息互通、动态跟踪。居家老人有需求时，可以进行紧急求助、服务调度、体征监测、行踪管理、异常报警等。经居家养老服务会员授权后，信息平台可通过服务设备对会员个人和各养老服务机构的动态需求信息进行采集，并通过语音设备发出指令，提醒工作人员及养老服务对象应注意的行为。同时，可随时掌控各个工作层面的服务人员的工作情况，从而及时调配服务力量，使服务工作能够及时、准确到位。目前，系统已投入应用，覆盖广外5.4平方公里的区域，涉及街道所辖社区3.6万名老人。

四　广外街道养老服务管理模式的成效

广安门外街道积极发挥政府的主导作用，引导社会力量参与养老服务，促使地区养老服务事业蓬勃发展。在街道各相关部门的密切配合下，广外街道“居家养老为基础、社区养老为依托、机构养老为支撑、各类服务机构协调发展、多种服务形式相互补充”“五位一体”的社会化养老服务格局初步形成。

（一）实现政府和社会的良性互动

在广安门外街道“1+6+29”的三级养老服务模式中，既有政府的统筹协调，又有专业服务管理机构的管理与指导，此外，还有社区志愿服务和企业服务的有效参与，实现了政府与社会间的良性互动。

广外街道实现了政府职能的转变，改变了过去政府包办、政府包管的管理运行机制，采取政府建设、委托由中介组织实体承办的运作方式，政府通过购买服务、委托专业的管理团队进行市场化的运作，从政府搭台、政府唱戏变为政府搭台、社会唱戏，弥补了政府提供养老服务的单一性，解决了养老服务社会化后没人管或管理不够的问题。

（二）增强服务的专业性和规范性

以西城区广安门外街道社区养老管理服务中心为核心的广安门外街道三级养老服务管理体系，强调规范的顶层设计，由中心负责为社区居民提供居家养老、互助养老等标准化、规范化管理与服务，养老分中心和社区养老服务站负责分级执行并接受中心的统一管理和监督。中心则由委托的专业机构管理团队进行专业化管理和运作，并接受街道社会养老服务领导小组的监督。与此同时，广外街道还积极探索在养老服务中利用信息化技术手段，通过建立“社会化养老服务运营监管平台”，强化了服务管理的整体调度、动态监督和反馈，大大提高了管理的透明度和管理的效率，改变了以往养老服务社会化后如何规范管理的问题。

（三）有利于服务资源的有效整合性

广外街道通过采用“1 + 6 + 29”养老服务模式，实现了多维度的资源整合。一是实现了居家养老和机构养老模式的整合，不仅有“康乐苑”养老院这样专业的养老机构实体，居民还可以享受到便利、多元的居家养老服务。二是实现了政府资源的整合。首先，广外街道在空间资源有限的情况下，整合利用社区养老设施、社区服务中心，以及社区文化、体育、卫生等设施的服务功能；其次，结合政府“一刻钟生活服务圈”的打造，整合其辐射服务资源，实现了资源的优化配置。三是通过政府建设，委托机构进行专业化管理。在政府与社会之间架起了桥梁，既解决了政府后续管理的问题，也解决了企业投资建设资金不足的问题，通过互利互信合作，优势互补，整合了政府与社会间的资源。四是整合了老年人身边的互助志愿服务，在主要依托“外部资源”的同时，实现“自养”与“他养”的结合，发挥老年人的能动性，弥补服务人力资源的不足，有效提高老年人的生活质量。

五　社区服务社会化发展的启示与路径

社区服务发展应做好顶层设计，在管理体制和运行机制上下功夫。在具体实践过程中，必须大胆创新管理体制，以社会化、产业化的发展思路为基础，力求实现社区服务资源的有效整合，协调社会各方力量建立高效统一的新型管理体制，兴办多种形式的经营实体和社区服务组织。同时，建立广泛的社会化参与机制，鼓励社会机构、组织、企业和个人参与到社区服务当中，形成政府推动、企业参与、社会支持的发展格局。

（一）建立完善的顶层设计

一是完善和强化社区基础设施建设规划。将社区基础设施建设纳入城市建设总体规划，从而落实开展公共服务、便民利民服务和社区办公用房等方面的配套用房及设施，为社区开展各项服务奠定基础。

二是完善对社区服务的资金保障计划。建立社区服务专项资金，每年由财政部门列入财政预算，并建立规范的社区服务工作经费支出、设施建设项目补助等有关经费使用管理制度。此外，对社区公共用房要安排专项资金进行维护。

三是政府应不断完善关于社区服务业的发展规划。促进社区商业化服务的发展，制定相关的配套政策，规范资金的投入和使用。

（二）建立高效的管理体制

一是进一步加强社区服务的组织领导。充分发挥以社会工作委员会为办事机构的社区建设领导小组作用，统筹协调条块间关系，整合条块间资源，打破以往多头管理、资源分散、单项推进的局面，使社区社会化服务形成主体明确、多方联动、推动有力的完整工作体系。

二是进一步简政放权于社区。逐步放权于社会，去除社区居委会的行政化工作事务，建立社区工作准入机制，让社区居委会有更多的精力回归到社会自治中，发挥好“协调利益、化解矛盾、排忧解难”的职能。社区承担行政任务的，要以“权随责走、费随事转”的原则提供相应的工作经费作为保障和支持。

三是实施政府购买公共服务。建立公共服务购买清单和购买细则，保障公开、公正和竞争性的招标程序。建立健全购买公共服务的财政程序，提高资金使用的透明度。将非营利性组织明确纳入政府采购范围，培育社会服务市场的形成。将服务价格、服务质量和参与性作为评估公共服务提供者的标准来提升服务效果。

（三）建立开放的参与机制

一是实行市场化经营机制。根据社区的不同特点、居民的不同消费需求等，扩大服务领域，调整服务内容，提高服务质量，确定社区服务的类别和标准。在服务种类上，除提供便民利民服务外，还可扩展为为驻区单位提供有偿服务。引入社会中介组织参与服务和管理，培育发展行业性组织，推动社区服务走向社会化、专业化和产业化，以满足群众日益增长的需求。

二是建立多元化投入机制。通过政府财政投入的导向作用，带动相关社会化资源投入社区服务业建设。通过设立社区服务发展基金、社会化投资渠道等方式，建立多元筹资模式。通过减免税负等有关扶持优惠政策，鼓励个人和社会机构参与到社区服务，形成多元化的投入主体和筹资机制。

三是完善服务资源共享机制。通过建立激励机制和规避公共安全风险机制等措施，进一步加快推进社会单位资源开放共享，解决当前社区服务设施不足的困境。与此同时，提高社区服务人员的专业技能，充分调动社区内技术人才和志愿者队伍的积极性，使其投身于社区服务业，促进社区服务社会化体系的加快建设与发展。

参考文献

马天芳：《社区服务公共产品供给方式改革》，《特区经济》2008 年第 6 期。

金龙芳：《政府购买服务：实现公共服务职能转变》，《浦东开发》2007 年第 11 期。

彭华民、黄叶青：《福利多元主义：福利提供从国家到多元部门的转型》，《南开学报》2006 年第 6 期。

唐春花：《人口老龄化背景下我国养老模式选择研究》，重庆理工大学论文，2014。

孙成：《我国社区服务的性质和服务原则》，《群文天地》2013 年第 2 期。

孙成：《我国社区服务中存在的问题及其解决》，《科教导刊》2013 年第 2 期。

徐祖荣：《人口老龄化与城市社区照顾模式探析》，《中共合肥市委党校学报》2007 年第 2 期。

孙泽宇：《关于我国城市社区居家养老服务问题与对策的思考》，《中国劳动关系学院学报》2007 年第 1 期。

B.15

广外街道探索建立社区自治机制

——以“五位一体”协商共建机制和自治组织“睦邻坊”为例

摘　要：社区自治是社区建设的内在要求，伴随着社会的转型，公民独立意识、民主意识开始增强，提高社区的自治能力、建立多元社会中社区自治组织管理模式、实现社区自治是社区发展的必然趋势。近年来，广安门外街道不断创新工作方法，建立良性的社区自治运行机制，扩大基层民主政治建设。居民的自治意识、民主参与意识不断增强，社区工作者队伍建设、组织制度建设进一步完善，社区自治功能和自治水平明显提高。本文以红居街社区“五位一体”协商共建机制和红莲中里社区自治组织“睦邻坊”为例，探讨社区建设和管理、和谐邻里互助的新途径、新方法，以期为构建“自治型”社区治理提供有益的借鉴。

关键词：社区自治　协商共建　“睦邻坊”　广外街道

一　社区自治的内涵与问题

（一）社区自治的基本内涵

社区自治就是社区居民在党的领导和政府的指导下，在法律规定的范围内行使自主权或自决权，从而实现自主决策、自我管理的过程。

居民群体作为社区自治的主体，只有在具体参与社区公共事务的决策和管理的过程中，才能获得对社区的归属感。社区自治组织由居民直接从本地区的居民中选举产生，其主要职责是管理本居住地区的公共事务和公益事业。这就决定了居民自我服务、自我教育、自我管理的基层服务性自治组织形式构成了社区自治组织的性质，既是实现政府权力向社会回归的体现，又是还政于民的过程表现。通过政府、公民与非政府组织等的协调与沟通，在社区自治体系中，共同构成主体。

（二）社区自治中存在的问题分析

目前，我国主要社区自治组织——居委会的管理仍然侧重于行政管理。在落实社区自治过程中，淡化了社区自治职能与服务职能，削弱了社区自治的功能，社区自治被虚化。没有把社区自治当作社区工作的主体内容来抓，而是承担了大量不应该由社区承担的行政管理职能。为改变这种局面，在创新实践中，有些地方的社区转变观念，把大量行政管理职能交回上级政府职能部门，全部精力用于承担社区服务职能，切实成为社区自治的主体。但是由于政府职能部门习惯了把工作任务下放给社区，当社区上交行政管理职能后，其工作量增加，管理手段不足，出现了不适应。这样一来，在社区自治中城市管理有可能出现某些领域的空白，同时也会伴随着行政职能的上交，附着在城市管理体制下的许多权力、资源和经费被一并收回，导致因缺乏资源和支持，社区服务工作面临困境的尴尬局面。因此，我国的社区自治需要积极推进，而且必须走稳妥扎实发展的道路。随着城市管理体制的下移和新社会组织体系的构建，在实现政府与社区合作管理的基础上，建立和完善社区自治必须创新管理模式。

二　广外街道以机制创新夯实社区自治的基础

广安门外街道不断完善和创新社区机制，推进基层民主自治建设，提高社区自治组织参与社会管理和服务的能力。

（一）建立社区事务协调机制

为加强社区管理资源的优化整合，强化社区自治功能，推进社区民主政治建设，广安门外街道在辖区 30 个社区全部建立了社区协调工作委员会，成员由社区党组织、居委会、物业公司、驻社区重点单位负责人以及政府职能部门驻社区的工作人员组成，主要职责是整合社区各种资源，协调社区各类组织，协商解决社区群众反映的难点热点问题和社区内的公共事务、突出矛盾。为切实发挥社区协调工作委员会的作用，街道还制定了《社区协调工作委员会议事规则》《社区协调工作委员会成员单位职责分工》等。社区协调工作委员会的建立，逐步形成了以社区协调工作委员会为平台，以社区协商议事、资源整合与资源共享、共驻共建为主要形式的社区事务协调机制，加强了社区各组织之间的横向联系，在社区建设、社区自治、社区共建等方面发挥了应有的作用。近年来，由社区协调工作委员会协商解决了数百个群众反映强烈的问题，开展了双向服务，实现了资源共享。社区为经营单位提供信息和便利，将家政、再就业、教育培训、为老等服务引进社区，直接为群众服务，很多单位主动开放了本单位内部设施，取得了较好的社会效果。

（二）建立社区民主诉求机制

引导居民以理性、合法的形式来表达利益诉求。一是畅通社情民意反映渠道。发挥社区代表了解基层的作用，通过召开社区代表会议征求群众意见；发挥人大代表联系群众的作用，坚持社区中的人大代表、政协委员、居民代表到居委会的轮值制度，听取居民意见，监督居务工作；发挥街道科以上干部联系社区制度的作用，定期走访驻街单位和居民，倾听群众意见。二是建立听证会制度。在涉及居民利益问题上，街道和社区均按照程序听取居民意见。如在社区环境整治实施时，办事处事先公布整治项目和计划，召开居民听证会，广泛征求意见建议，对整治方案进行修改，居民的意见、政府的规划通过听证形式得到统一。此外，居民还通过征求意见会、座谈会、实地调研、社区公式等形式参与到政府的管理中，通过街道开通的局域网、地区管理网、地区公众服务网了解政务，参与政事，及时反映意见建议，消除了影响和谐的隐患和不稳定因素。

（三）建立社区参与机制

街道研究制定了《广外街道社区代表会议议事规则》《广外街道社区常务会议议事规则》《广外街道社区听证会暂行办法》《广外街道社区自治章程》，确保了社区居民和社会单位共同参与社区建设、社区管理、共商和谐发展大计的权利和义务。一是召开街道社区代表会议，监督评议街道和职能部门的工作，倾听居民呼声。会议代表由社区居民代表、社会单位代表和驻社区的人大代表、政协委员组成，会议履行协商议事、民主决策、协调监督的职责，自 2004 年召开社区代表会议以来，街道累计收到社区代表提出的意见、建议千余条，涉及社区环境、社区文体设施、社区卫生服务、社区安全稳定、社区用房等方方面面。对于代表们的建议，街道工委、办事处高度重视，经过认真梳理和科学分类后，责成相关部门负责办理，每年社区代表会议代表意见、建议的办复率、满意率均达 100%。二是建立社区民主监督小组，定期对社区党务、居务工作进行监督检查，充分调动社区党员、居民民主管理、民主监督的积极性。三是将社区中的居民代表按照特长和个人意愿，划分不同的居民代表工作组，将居民代表工作组与居委会六大工作委员会对接，充分发挥居民代表在社区建设中的优势和特长。四是建立居民代表工作手册，记录居民代表在任职期间的履职情况，促进居民代表履职。

三　广安门外街道推动社区自治的典型案例

（一）“五位一体”协商共建机制

广外街道红居街社区是由商品房、回迁房、经济适用房组成的新型混合社区，居民 5200 多户、12000 多人；大单位 13 个，非公企业 100 多个，商务楼宇 1 个，物业公司 6 个，业主委员会 3 个；社区党委下设 8 个党支部，其中 6 个楼栋党支部，1 个楼宇党支部，1 个联合党支部。

从 2008 年起，社区党委开始探索“五位一体”协商共建机制，由社区党委、居委会、业主委员会、物业公司和社区居民代表五方组成，以社区党委为核心，五方全力合作，围绕建设和谐社区的共同目标，充分发挥各自优势，形成大事共商、资源共享、活动共办、实事共做、共享发展的和谐社区建设新格局，取得了共驻共建、利益双赢的效果，实现了社区资源共享、社区服务功能最大化，提升了服务水平，促进了社区和谐。

一是难事共解。通过“五位一体”解决单方无法解决的问题。社区党委定期组织五方召开联席会、协调会，化解矛盾，了解居民诉求，落实为民服务。通过五方的通力合作和协调，妥善解决了远见名苑北大门修建、拆除裙楼外挂云梯、小区网吧安全隐患等问题，化解了楼栋居民、物业和单位之间的矛盾百余件。

二是实事共做。社区通过“五位一体”机制为社区居民办了许多实实在在的事，如社区的远见名苑南小区没有车棚，经常出现丢车事件，通过多次协调，最后由物业公司与开发商共同出资修建自行车棚 1 处，并通过街道办事处项目申请修建老年人、残疾人专用车棚 2 处；通过协调为社区居民安装健身器材、改造门禁、安装宣传栏、制作文化墙、安装休闲椅等；社区党委通过和业委会、物业公司多次协调，解决了社区老年活动室、楼栋自管会、居民活动场所等问题。

三是活动共办。社区与辖区单位通过共建联席会议、文艺演出、运动会等活动，加深了感情，丰富了居民文化生活，实现了共建双赢。在一些重大节日，联合组织春节联欢会、书法绘画比赛、乒乓球比赛、社区民族邻里节、民族趣味运动会及每月一助一志愿服务等大型活动。比如，八一建军节组织青少年到消防中队慰问官兵并送去慰问品，组织小区物业和居民与部队官兵开展篮球赛，每年 11 月联合举办消防演练；5 月 12 日防震减灾日，举办由物业、单位和居民共同参与的大型楼栋居民和地下人防逃生的演练活动。

四是资源共享。2012 年红居街社区结合“结对共建，先锋同行”活动，社区党委和西城区委区政府研究室、广安门外消防中队、中设、物业公司等 6 个单位签订了共建协议书。深入开展了社区共建活动，实现“共驻社区、共建社区、共享社区资源”的良好态势。现在社区的活动室由居委会、物业公司、业委会、居民共用。

通过“五位一体”共建协调机制，整合社区资源，便捷服务渠道，为居民自治提供平台，做到“大事不出社区”，切实解决因独自处理事务不当、各自为政引发的各种矛盾，保证各方利益。多年来社区党委多次荣获区、街级先进基层党组织荣誉称号；社区居委会多次获得“全国综合减灾示范社区”、北京市“六型社区”、西城区“文明社区”和“学习型社区”、“北京市先进社区居委会”及广外街道五星和谐社区等荣誉称号。

（二）和谐邻里自治组织“睦邻坊”

广安门外街道红莲中里社区是一个新老混合型的社区，有居民 7600 户、近 2 万人。社区在 2003 年成立“三位一体”楼管会的基础上，2012 年将楼管会转型为“睦邻坊”，由原来的“管理楼院”转变为“为楼院居民服务”，以理念的转变促进社区服务的转变。睦邻坊，顾名思义，“睦”就是和睦、和谐，“邻”就是邻里、邻居，“坊”就是场所、平台、家。概括为一句话：睦邻坊就是邻里和睦的家。“睦邻坊”致力于邻里间互帮互助、认识彼此、关心彼此、帮助彼此，同心守望幸福。关心邻里就是睦邻坊的成员要走出家门，主动去认识新邻居、拜访老邻居。通过敲门拜访、与邻里攀谈，倡导社区志愿服务互动，逐渐吸引居民参与社区公益服务居民的活动，通过墙报、展板等多种形式宣传邻里家中或邻里之间的好人好事，使正能量得以传递。

和谐社区的建设不是一蹴而就的，需要各方的努力，需要邻里间的关心和包容。不要小看这一个简单的敲门、拜访，它是邻里间关心和包容的前提，也是和谐社区建设的基础。

睦邻坊的成员不仅是组织者、宣传员，更是践行人，他们以身作则，在邻里中的带动作用越来越大，一些原来不参与或不愿参与社区事务、邻里互助的人现在也主动加入志愿者服务的行列。通过参与公益服务活动，居民的公益服务意识逐步形成，并影响着周围人参与社区服务、融入社区建设和社区治理中，在社区中形成了良好的风气。

为了落实睦邻坊更好地服务邻里的理念，每年社区都对睦邻坊的成员进行培训。通过培训，鼓励和强化睦邻坊成员积极、热情、认真、负责的社区参与、公德意识、宽容谅解等良好品质。社区研讨制定了睦邻坊考评办法，通过每年一次对睦邻坊小组的评比，促进互相学习、提高服务能力。定期在各楼门院开展特色睦邻活动，增加公众参与热情，通过这几年的努力，逐步建立了一支群众信赖的志愿者队伍。“睦邻坊”的载体作用，使社区志愿者同有需求的居民间形成了良性的互助支持网络，从多方面满足了不同人群的需求。

红莲中里社区老旧小区都是20世纪80年代由房管所统一管理的老楼房，由于体制及资金问题，楼房公共部分的楼道灯需要由住户出钱购买，公共部分常年没有照明，影响了居民的安全出行。“睦邻坊”召开居民会议进行讨论，形成一致意见，使用社区睦邻坊公益金项目经费，对公共部分的照明进行维修；2014年春节，睦邻坊对楼内困难及大病的居民进行了走访慰问，收到了良好的效果。莲花河景观提升工程的一期工程涉及社区居民楼4号楼、6号楼、8号楼，要在这几个楼院增加停车位和重新修整绿地，有些居民对此事表示不理解，有怨言。睦邻坊的成员就分头去做这些人的工作，为了消除这些人的顾虑，社区邀请这几个楼院的睦邻坊成员与施工方、设计方、园林部门的有关人员及领导坐在一起共同协商，对居民有异议的地方，进行充分讨论，施工方尊重居民的意见，对原设计进行了修改，最终达成共识，制定了初步实施方案，改动后的方案既满足了居民需求，又保证了施工效果和质量。

像这样急邻里所急、帮邻里所困、解邻里所惑的事，睦邻坊做了不少。正是这样，为邻里分忧解难，使从不往来的陌生人变成互相关心帮助的好邻里，甚至成为家事相托的可信人、可托人。邻里对睦邻坊的认知越来越深、参与率越来越高，邻里互助、和睦相处已经在社区各睦邻坊蔚然成风。睦邻坊联系着邻里、关心着邻里、服务着邻里、影响着邻里、带动着邻里，不少成员都被本楼里的邻里称作“总管”或“大管家”，这既是邻里们对睦邻坊的极大信任，也是睦邻坊对邻里们应尽的责任。

这几年，睦邻坊通过解决邻里关心的热点问题，获得了邻里对睦邻坊的认同和信任，在社会治理方面也起到了积极的作用。在参与社会治理创新中，借助三社联动1+1助推项目的专业优势，以社会工作者为支撑、专业社工理念为基础，创新基层社会治理模式、社会服务供给方式和社会动员机制，以专业社会工作理念对社区居民进行正向引导，不仅从服务层面加强社区治理，更是将居民如何在社区中再社会化与传统社区文化、环境治理、志愿服务、民事调解等综合在一起，创新社区全方位治理模式，提高社区治理能力，将社区自治常态化，有效提升了居民的幸福感。

在“睦邻坊”中结合专业社会工作技巧和方法，引导鼓励“睦邻坊”志愿者为居民提供服务，鼓励志愿者根据自身的特长来提供特色服务，满足残疾人、未成年人、老年人、困难群体的特殊需求和普通居民的个性化、多样化需求，现睦邻坊志愿者队伍已达106人，在社会治理、家电维修、心理慰藉、关爱陪伴、居家小修、义务理发等方面为有需求的居民提供多样化的服务。

通过建立社区互助体系，促进居民积极参与到社区事务中来，培育社区互助文化，搭建互助平台，为居民提供在楼院内、在身边参与互助服务的机会，无论个人、家庭层面还是社区层面都起到了积极的作用。睦邻坊畅通了满足居民不同需求、表达利益诉求、发挥个人价值的多元渠道，从敲邻居家门的小事做起，到各睦邻坊居民间相互支持网络的建立，凝聚了人心，成为社区凝聚力的能量源。

四　创新社区自治机制的经验启示

（一）转变职能，理顺关系，为社区自治营造空间

通过立法，明确街道办事处、政府职能部门与社区居委会自治组织之间

的关系。提高社区决策的民主参与程度，通过基层民主的选举、议事、监督，使居民关心社区、了解社区。

对于街道的工作职能进行清理、剥离、合并，转变各职能部门工作方法，进一步明确街道办事处的职能科室、社区居委会、社区服务组织的具体职责，城管监察、消防等职能部门由过去摊派任务、布置工作转变为送服务进社区，减轻社区负担，实现了由微观管理向宏观规划、直接管理向综合指导、包揽代办向组织引导的转变，为社区自治营造了发展空间。

（二）健全组织，完善制度，为社区自治提供保障

一是建立新型的社区组织体系。坚持“职责明确、分工合理、优势互补、协调联动”的原则，建立“职能分离、责任并重、目标统一”的社区组织体系，明确划分社区党组织、社区居委会和社区服务站三者的职责任务和工作分工。社区党组织作为政治核心层，行使领导职能，是社区各类组织和各项工作的领导核心，始终把维护稳定、优化管理、凝聚人心、服务群众贯穿于工作中。社区居委会作为执行层，行使管理落实职能，宣传发动社区居民开展自治活动；社区服务站作为政府在社区层面设立的公共服务平台，协助政府职能部门办理本社区内各种公共服务事项，组织开展社区公益服务。社区居民代表会议及社区居民代表常务会议作为决策层，行使议事决策和监督检查职能。二是维护社区自治权利，健全社区运行机制。建立社区自治权、社区依法协管权、社区知情权和建议权、社区监督权。其中社区自治权包括民主选举权、社区事务执行权、日常管理权、经费使用权和不合理摊派的拒绝权。三是建立社区事务协调机制。为整合社区管理资源，推进社区民主政治建设，强化社区自治功能，建立社区协调工作委员会。四是加强社区参与机制。通过制订规则、章程等，构建居民的参与平台，动员广大居民参与社区建设，提高民主自治水平，确保社会单位和社区居民共同参与社区管理、社区建设、共商和谐发展大计的权利和义务。

（三）培养人才，建设队伍，为社区自治保驾护航

坚持德才兼备、以德为先，培养优秀的社区工作者，强化社区工作者的专业素养，通过建立激励机制提高其工作的积极性和主动性。加强社区工作者培训学习交流，以群众的满意度为考核重点，强化和完善考核机制，提高其综合素质及发现问题、解决问题的能力，提高社区干部的生活待遇，建设一支有良好人际沟通能力、组织协调能力和热心于社区建设的专业化、高素质社区干部队伍，提升社区管理水平。

（四）开拓思路，创新管理，为社区自治指明方向

一是社区工作制度化、规范化。建立起责、权、利明确，协调配合、管理到位、相互制约的新型社区管理体制。二是加强社区党建工作。加强社区党组织与广大党员的联系，充分发挥党组织的核心作用和党员的先锋模范作用。三是完善“社区网格化管理”工作法。畅通群众利益诉求渠道，及时了解掌握社区情况和居民思想动态，夯实社区管理基础，增强社区自治功能。四是解决社区建设难题。加大对社区基础设施和服务设施建设的投资力度，满足居民需求，改善社区环境，完善社区自我经济发展功能。

参考文献

李建斌、李寒：《转型期我国城市社区自治的参与不足：困境与突破》，《江西社会科学》2005 年第 6 期。

民政部：《民政部关于在全国推行社区建设的意见》，《光明日报》2000 年 12 月 13 日。

张付强：《我国社区自治改革的内卷化分析》，《公共管理学报》2009 年第 3 期。

杨荣：《论我国城市基层管理体制的转型》，《国家行政学院学报》2002 年第 4 期。

何艳玲、蔡禾：《中国城市基层自治组织的“内卷化”及其成因》，《中山大学学

报》2005 年第 5 期。

谢立中：《城市居民自治：实际涵义、分析模式与历史轨迹》，《江苏行政学院学报》2002 年第 3 期。

吴刚：《社区自治体制创新的理论思考》，《国家行政学院学报》2001 年第 3 期。

广安门外街道：《完善机制创新管理 推进基层民主自治》，2010 年 6 月。

广安门外街道：《创新社区协调机制 推进社区民主自治》，2011 年 2 月。

B.16

广外街道社区矫正和安置帮教工作现状与发展路径探析

摘　要：对刑释解教人员和社区矫正对象进行安置和帮教，是强化社会治安综合治理、减少和预防这类人群重新犯罪、消除社会不安定因素的重要内容和有效途径。我国的社区矫正从2003年开始试点，到2011年才明确把社区矫正写入了《刑法》，社区矫正在我国进入了一个新的发展阶段。而在实际工作中，随着工作的不断推进和深入，各种矛盾、困难和问题凸显，在很大程度上影响了社区矫正和安置帮教工作质量。本文从广安门外街道在基层社区矫正和安置帮教工作中的十大举措和五大理念着手，分析了当前我国社区矫正和安置帮教的发展趋势及存在的主要问题和矛盾，提出了通过完善法律法规、建立专业人才队伍、信息化建设和政府与社会合作等措施来改进社区矫正和安置帮教工作的建议。

关键词：社区矫正　安置帮教　非监禁刑　广外街道

将刑释解教人员和社区矫正对象安置好、帮教好，化消极因素为积极因素，使其成为建设社会主义的新人，体现了社会的人道、公正与文明，对于推动社会主义精神文明建设、提高全社会的文明程度具有重要意义。

社区矫正和安置帮教工作是街道社会治安综合治理的重要工作内容之一，通过妥善安置并加强教育、管理，帮助他们摒弃过去，重新走上新生之路。能够有效遏制和减少重新犯罪，对于巩固监狱改造成果、改善社会治安状况、维护安定团结的政治局面具有十分重要的意义。

广安门外街道根据《北京市 2013 年社区矫正和安置帮教工作要点》（首综委特殊人群组办〔2013〕5 号），依据西城区特殊人群专项组办公室的统一部署，对照《2013 年度首都综治委特殊人群专项组和社区矫正、安置帮教工作考核标准及评分办法》（首综委特殊人群组办〔2013〕18 号）文件要求，以派驻街道司法所为主体，通过深入地动员教育和严密地组织实施，抓好社区矫正和安置帮教工作的落实，取得了一定的成果。社区矫正和安置帮教工作实现了“无脱管、无漏管、无重新犯罪”的目标，在市、区司法局矫正帮教工作各项检查中均获得一致好评。司法所先后被评为北京市“矫正帮教工作先进集体”、北京市“人民满意的政法单位”。

一　我国社区矫正和安置帮教工作存在的问题

（一）社区矫正存在的问题

一是司法所的自身困惑。首先，依据《司法行政机关社区矫正工作暂行办法》（以下简称《办法》）规定，司法行政机关应当与公安机关密切配合，对拒不服从管理教育、情节严重，或者有重新犯罪嫌疑的社区服刑人员，及时提请公安机关依法处理。公安机关在基层社区矫正上，还是停留在事后管理上。但是，依据法律规定，社区矫正的对象是五类人员，法定的执行机关均是公安机关。就刑罚的执行机关来讲，非监禁刑以及非监禁措施的执行，属于公安机关。基层社区矫正工作在开展过程中，常常存在一定的困惑，在社区矫正中，如何处理司法行政机关与公安机关的关系，公安机关在社区矫正中承担什么责任，这都是需要解决的问题。其次，面对繁杂的社区矫正工作，基层司法所的人员编制大多只有 2 ~ 3 人，司法所还要完成上级司法机关和本级人民政府交办的工作，管理事务多头，司法所工作人员每天疲于完成对矫正人员的监管、教育、帮扶安置任务，相关工作无法做到持续和深入。

二是社会参与力量不足。首先，作为一种社会化、开放性的行刑模式，社区矫正脱离了社区则无法实现，社区建设是社区矫正制度得以有效实施的社会基础。但是，由于我国社区建设才刚刚起步，还处于摸索阶段，社区建设有待进一步完善，居委会行政化倾向比较严重，在社会建设和社区自治方面的作用还没有真正发挥，将社区矫正工作和居委会工作竞合，就目前来看仍有待进一步的探索实践。其次，社会工作者队伍专业性不强。从事社区矫正专业服务的专门人员，应该具有一定法律专业性、掌握心理学和社会学等方面的知识，是社区矫正工作的重要辅助力量，而在我国社区矫正过程中还缺乏这类专业化的社会工作者。最后，社会志愿者队伍发挥的作用有限。按照《办法》规定，社会志愿者是社区矫正工作的重要补充力量，在我国社区矫正工作还难以得到社会认同，大量的罪犯在社区内服刑会招致居民的不理解，甚至是反感，这种矛盾增加了社区内的不安定因素，致使社区志愿者的招募工作困难重重。

三是社区矫正实施效力不高。首先，现有的监管手段比较落后。我国当前大多司法所主要采取定期汇报等“人盯人”的传统方式对矫正人员实施监管，不仅耗时耗力，不利于节约人力成本，还大大影响了监管的持续性和有效性。在社区矫正力量本身就不足的情况下，伴随着矫正人员数量的增多，传统的监管手段将受到极大的制约和挑战。其次，心理矫正和教育矫正的力度仍显不足。从目前司法所的情况来看，仍然存在重监管、轻矫正的现象。相关工作人员将工作重点大都放在对矫正人员的监管和帮扶上，教育矫正和心理矫正方面的投入明显不足。由于矫正对象千差万别，背景各不相同，人生观和价值观也各不相同，而现有组织讲座、公益劳动等教育矫正方式的针对性不强，难以达到理想效果。由于司法所人员相关专业知识缺乏和资源不足等原因，对矫正人员的心理矫正也大多缺乏专业性、持续性，没有长期稳定的指导和监测，难以做到对矫正人员的犯罪心理进行专业的心理矫正。

社区矫正相关要求

对社区矫正人员进行教育矫正的具体规定：
《办法》充分体现了社区矫正特色，突出强调社区矫正人员应当自觉参加教育学习，有劳动能力的还应当参加社区服务，增强法制观念、道德素质和悔罪自新意识。同时，根据社区矫正人员的心理状态、行为特点等具体情况，采取有针对性的措施进行个别教育和心里辅导，矫正其违法犯罪心理，提高其社会适应能力

对社区矫正人员的基本监管要求：
一是定期报告。社区矫正人员要定期向司法所报告遵纪守法，接受监督管理，参加教育学习、社区服务和社会活动的情况；保外就医的社区矫正人员还应当定期报告身体情况和病情复查情况。二是进入特定场所需审批。社区矫正人员进入人民法院禁止令确定需经批准才能进入的特定区域或场所的，应当经县级司法行政机关批准。三是外出需审批。社区矫正人员因就医、家庭重大变故等正当原因，确需离开所居住的市、县，应当经过批准，且外出时间不得超过一个月。四是变更居住地需审批。社区矫正人员因居所变化确需变更居住地的，应当提前一个月提出书面申请，由司法所签署意见后报经县级司法行政机关审批

社区矫正各有关单位的职责：
司法行政机关负责指导管理、组织实施社区矫正工作，县级司法行政机关社区矫正机构对社区矫正人员进行监督管理和教育帮助，司法所承担社区矫正日常工作
人民法院对符合社区矫正适用条件的被告人、犯罪依法作出判决、裁定或者决定
人民检察院对社区矫正各执法环节依法实行法律监督
公安机关对违反治安管理规定和重新犯罪的社区矫正人员及时依法处理

图1　社区矫正的相关要求

（二）安置帮教存在的问题

一是缺乏法律依据。目前，我国除了一些个别的原则性指导文件外，还没有一部系统、全面的对刑释解教人员进行保护的法律，在具体的操作实施过程中通常只是依据政府及相关机构的政策性文件来指导工作，缺乏统一的执行标准，任意性较大，这也导致实际工作缺乏执行力，或是在执行过程中特别混乱，难以衔接。

二是存在脱管失控现象。由于安置帮教工作本身的非强制性，很多刑释解教人员在回归后不会及时到户口所在地报到及办理入户手续，导致当地的安置帮教组织无法掌握其行踪，进而造成脱管漏管现象。而安置帮教工作本身没有统一的工作机构，在有的地方有专门的安置帮教组织，有的地方则与

社区矫正或基层工作处合二为一，从而导致没有统一的考核标准、工作流程。此外，由于这项工作涉及的部门较多，而我国社区建设起步较晚，基层组织的力量较为薄弱，难以统筹各个部门的工作。

三是就业安置和管控难。在目前整体就业形势严峻的现实下，刑释解教人员由于缺乏社会认同，或与社会生活脱节太久难以适应，或刑释解教人员很多自身条件差、文化水平不高等原因，大都面临着无法就业的困境，他们在缺乏政府帮助的情况下很难实现自主就业。还有部分刑释解教人员因犯罪而造成家庭破裂，难以回归家庭，居无定所，或者疾病缠身，生活生存都存在困难，这些“三无人员”造成了极大的隐患。甚至极少一部分刑释解教人员抱着“吃靠要”的心理依赖政府，派出所重打击、轻防范的错误思想，削弱了对刑释解教人员的管控工作。而基层政府“花钱买平安”一味的兜底，为基层安置帮扶工作带来了诸多压力。

四是安置帮教主体单一，缺乏社会参与。安置帮教工作的最终目的是让刑释解教人员重新被社会所接纳，而目前我国大多数地区的安置帮教工作都是以政府为主导，加上专业人才的缺少和社会歧视，极度缺乏社会力量的参与。而安置帮教工作本身就是一项应当由社会主导的系统工程，需要社会各方面参与才能达到良好的效果。

二　广外社区矫正和安置帮教工作的十大举措与五大理念

（一）十大举措

为加强社区矫正和安置帮教工作，切实做到严格执法，秉公办事，广安门外街道不断强化辖区稳定意识，以社会管理创新为着力点，扎实做好社区矫正和安置帮教“两类人员”管控工作。

1. 强化培训宣传和制度建设

为了让全社会理解和支持矫正帮教工作，司法所全面深入地宣传矫正帮教工作，首先把学习培训放在重要位置，采取集中学习和召开座谈会、现场会等多种形式，让矫正帮教工作人员系统掌握和熟练运用各种法律法规和业务技能。司法所重点对社区民调主任、社会工作者、矫正工作志愿者进行相关知识培训，从而增强其做好矫正帮教工作的责任感和工作能力。与此同时，为确保社区矫正和安置帮教工作认真实施、规范操作，努力做到“三到位”、“四明确”和“五清楚”（即认识到位、落实到位、措施到位，责任明确、标准明确、程序明确、风险明确，基本情况清楚、思想动态清楚、管理措施清楚、工作要求清楚、应急预案清楚），司法所每天安排专人值班，执行日报告制度。遇有突发情况及时处理、及时上报，尤其确保重大节假日和政治敏感日期间地区平安稳定，提高社区矫正和安置帮教质量。

2. 开展思想教育，发挥好“柔性”管理

社区矫正工作者有责任消除服刑人员与社会间的隔阂，并利用社区资源教育改造罪犯。这些服刑人员在法律上是罪犯，但在一个健康、健全与相对完善的社区组织里就是社区居民，社区矫正工作者要树立以人为本的理念，和服刑人员建立良好的互动关系，创造有利于其思想改造的心理环境，舒缓服刑人员和刑满释放人员对社会的对立情绪。广安门外街道要求矫正帮教工作人员做好宣传政府政策的宣传员、带头响应政策的号召员，切实加强对矫正帮教对象的管理监控和教育矫治，对矫正帮教对象有针对性地进行思想转化教育，增强矫正对象的公德意识和社会责任感，促进服刑人员同社会的亲和力。

3. 重视心理矫治，建立社区心理矫治网络

根据街道司法所的数据统计和评估分析，在街道辖区所管控的矫正帮教对象中，有心理问题的占 90% 以上。街道司法所坚持以人为本，努力运用科学的心理矫治手段，积极探索矫正帮教心理矫治方法，明确心理矫治工作“一个宗旨”（帮助矫正对象回归社会，促进社会和谐稳定），建立心理矫治工作“两级网络”（由司法所心理咨询联络员和社区心理健康宣传员组成的两级心理矫治网络），坚持心理矫治工作“三个结合”（坚持心理矫治工作与矫正帮教初始教育工作相结合，坚持心理矫治工作与个别教育工作相结

合，坚持心理矫治工作与公益劳动相结合），努力避免矫正帮教对象因心理问题而走向极端，耐心进行心理疏导，帮助解开心理疙瘩，及时消除不稳定因素。目前矫正帮教心理矫治方法已经成为推动广安门外街道矫正帮教工作的有效手段。

4. 建立风险排查制度，严格抓好责任落实

坚持到社区实地进行核查、接收、谈话、走访，指导社区工作人员进一步规范矫正帮教工作，建立翔实、准确的数据台账及重点人“七包一”矫正帮教小组，认真进行工作指导。以社区为单位，成立排查小组，分片管理，落实责任，扎实开展排查走访活动，做到排查不留死角。全面掌握矫正帮教对象的生活现状和思想动态，努力加强矫正帮教工作的主动性和针对性。

5. 规范档案管理，提高管理的科学性

从入矫帮矫建档第一个环节着手，对新接收的两类人员及时建档，做到了一人一档，单独立卷。注重档案的同步整理，严格按程序和工作流程把每一项工作落实到位，做到记载翔实，分类科学，保证档案材料齐全和规范。通过对两类人员档案的规范管理，提高了工作效能，保障了档案管理的安全性，加速了矫正帮教工作的规范化进程。

6. 专门矫正机关和社会力量相结合，严格落实防范措施

街道司法所在依靠自身力量的同时，与社区矫正人员和刑释解教人员签订安全保证书，积极与矫正人员的家人、朋友、单位、学校建立密切的联系，与两类人员的监护人签定安全责任书，最大限度地发挥监护人的作用。通过与他们签订协议书等方式，促使他们参与到矫正过程中，要求矫正帮教对象遵守矫正帮教等各项管理制度规定，按时电话报到，有事及时与司法助理员、狱警和所长联系，不到重要活动场所和敏感地区周边活动，保证没有违法违纪现象发生，确保重要活动场所和敏感地区周边环境安全，通过矫正对象身边人进行具有亲和力的教育，促进矫正对象纠正犯罪心理，防治再次犯罪。

7. 加强部门协作，严格防范“三无人员”不稳定因素

街道重点加强对“三无人员”即无住所、无生活来源、无劳动场所的

刑释解教人员和社区矫正对象的管控帮教工作，由于刑释解教人员和社区矫正对象回归社会后，往往存在劣性难改等自身原因及社会不认同因素，极易导致他们再次违法犯罪。街道以司法所为主体，协调民政科、社保科、派出所等部门，协同配合，多管齐下，相互协作，各司其职，动员各种社会力量，共同营造和谐社会环境，强化了“七包一”措施的实施，促进辖区管控功能的最大化。通过技能培训、就业安置、贫困帮扶、法律援助等多方面的工作，为矫正帮教对象解决后顾之忧。

8. 加强信息沟通，促进信息共享

利用工作例会，及时互通情况，规范各种工作记录，定期与街道特殊人员专项组各成员单位核查比对两类人员尤其是重点人员的情况。为深入落实科学发展观，全面推进“平安西城”建设，构建和谐广外，充分发挥街道特殊人员专项组各成员单位的职能作用，加强对本地区矫正帮教工作的统筹协调，建立健全各项管理制度，认真贯彻落实上级机关和街道工委、办事处的相关工作精神和部署。做到静态与动态相结合，宏观与微观相结合，短期与长期相结合。

9. 制定应急方案，确保特殊时期社会的安全稳定

为认真做好广外街道矫正帮教对象的教育管控工作，科学预测和有效防范矫正帮教工作中可能发生的突发事件，对突发事件进行及时有效的控制和科学稳妥的处置，使突发事件的危害和损失降低到最低，确保“两会”、“6·4”敏感日、学生高考和党的重要会议等特殊时期广外地区政治社会稳定，确保所管矫正帮教对象不发生任何问题，均制定下发了广外地区安全保卫突发事件处置预案和突发事件应急处置预案，要求专项组各成员单位按照各自职责贯彻落实，防范应对突发事件。

10. “大墙”内外联合帮矫，实现矫正帮教工作“无缝衔接”

街道将帮矫工作“向前延伸”，将管理重点放在广外籍监狱服刑人员出监前的入狱帮矫上，深入监（所），有针对性地开展帮矫活动，提前建立联系，搭建管控链条，通过与监狱、劳教单位进行沟通协调，及时了解其心理状态，确立应重点帮矫的对象，做到矫正工作时间点步步趋前。对家庭发生

经济困难或其他变故的服刑和劳教人员，为他们解决一些实际问题，促使他们认罪伏法、积极改造，为其顺利回归打下基础。从被动接收、按部就班对矫正帮教对象进行矫正帮教转为主动关注服刑期间的个人表现和回归社会后面临的实际困难的纵贯式矫正帮教新思路，真正实现矫正帮教工作的“无缝衔接”。

（二）五大理念

广外街道的以上十大举措体现了社区矫正和安置帮教的五大理念。

1. 管理与服务相结合

社区矫正人员和刑释解教人员由于难以得到社会认同，甚至家人的认同，回归社会和家庭难，大多难以找到工作、没有住所或重病缠身，也就是通常作为关注重点的“三无人员”。这部分人有着极大的不稳定因素，很容易走上再次犯罪的道路。因此，对于这类人群，一定要将管理和服务结合，通过宣传就业、社会保障、技能培训等相关政策法规，鼓励他们积极改造和积极就业，争取早日回归社会。对于有生活困难的要积极给予法律援助、低保、廉租房等方面的支持。通过临时救助帮助生活困难和病困人员。

2. 狱内与狱外相结合

广外街道主动与监狱、劳教单位建立沟通协调机制，将管理进一步延伸至前端，积极了解矫正帮教对象状况，有针对性建立矫正帮教方式，实现狱内与狱外无缝连接，从被动接收、按部就班进行矫正帮教向主动关注服刑期间的个人表现和回归社会后面临的实际困难的思路转变。

3. 排查与防控相结合

广外街道建立了社区实地进行核查、接收、谈话、走访的风险排查制度及重点人员“七包一”矫正帮教小组，以社区为单位，成立排查小组，分片管理，排查不留死角。同时，建立了广外地区安全保卫突发事件处置预案和突发事件应急处置预案，科学排查和有效矫正帮教工作中可能发生的突发事件，有效应对突发事件。

4. 监管与疏导相结合

心理矫正是社区矫正的一项重要内容，广外街道建立心理矫治工作“两级网络”，体现了现代社会以人为本的理念。对于社区矫正和刑释解教人员而言，社会化的管理更应该体现人文关怀。因此，通过心理疏导能够帮助矫正帮教对象找准自己的社会位置，纠正以往的犯罪心理和不良恶习，帮助其消除心理阴影，恢复自信，努力改造自我。

5. 专业与社会相结合

我国传统观念存在保守倾向，宽容吸纳意识较差。人们往往对曾经犯过罪的人心存偏见和歧视，容易导致部分假释人员因忍受不了社会的强烈排斥继而重新走上犯罪的道路。广外街道积极与矫治对象的家人、朋友、单位、学校建立密切的联系，由政府、社会共同监督和帮助矫正对象更好地回归社会。

三　推进社区矫正和安置帮教工作的建议

（一）进一步加强相关理论研究和法律法规制度完善

因为社区矫正是一项专业性、法律性、政策性极强的工作，法律法规的完善至关重要。因此，为了顺利开展社区矫正和安置帮教工作，提升社区帮矫的有效性，加强对社区帮矫人员的管理，维护法律公正和刑法权威，有必要制定《社区矫正法》和安置帮教相关法律法规。借鉴国外相关的立法经验，进一步规范、推动促进社区矫正和安置帮教在我国的良性运行，并发挥其积极的作用。社区矫正作为一项复杂的系统工程，涉及多方面、多部门，正式全面实行需要多方配合。因此，我国继刑法规定社区矫正制度之后，亟须出台一部系统的《社区矫正法》。

（二）建立较高专业水平以及道德修养的专业人才队伍

社区矫正和安置帮教工作是一项专业性、综合性极强的工作。需要一批经过严格的选拔、考核及培训的社区矫正队伍才能够完成此项工作。因此，可以借鉴外国经验，建立缓刑官、假释官和矫正官制度，从每年参加司法考试的合格人员中，选拔出优秀的社区矫正专业人才，组建品行端正并且具有一定学识与身份的社会学、心理学、教育学、犯罪学等方面的专业帮矫队伍。

（三）信息化手段应用和信息交流共享机制的建立

建立并完善司法信息化管理平台，对帮矫对象进行适时定位监管，创新对帮矫对象的监督管理方法，通过建立帮矫对象实时更新的数据库实行分类管理，并设立警示级别，提高帮矫工作质量。加大信息交流力度，每半年召开一次相关责任单位的联席例会，并通过司法信息化管理平台数据库的建立，收集共享各职能部门矫正工作开展情况，对社区矫正和安置帮教对象的情况进行清理、排查、比对，研究解决工作中存在的问题，并制定相应的对策。

（四）政府与社会组织建立长效有力的合作

在安置帮教工作中政府应完善工作机制，提高监督管理和教育矫正的质量，降低违法犯罪率，维护社会稳定，但是政府的工作往往缺乏专业化，很多时候有心无力，最终产生畏难情绪，反而不利于工作的开展。相反的，一些非政府组织拥有大量的专业社工和常年从事社会工作的经验，并且能够深入社会，这不仅能够做好工作，而且能起到正面的宣传作用，传递正能量。政府与非政府组织之间建立长效合作机制，借助社会组织力量，以购买服务的方式将帮扶帮矫人员的工作交给专业的社工站，由专门的社会工作者、志愿者来开展工作，这既是对政府力量的有效补充，也能够让社会大众对这项工作有进一步的认识，获得人们的理解和认可。同时，政府可以建立相应的扶持、考核和奖励机制，促进社会组织的良性运转与合作互动。

参考文献

潘志勇：《社区矫正“虚管”问题实证研究》，《犯罪研究》2015 年第 4 期。

张军：《社区矫正制度在我国的困境及对策》，《金田》2014 年第 11 期。

施茜：《论社区矫正工作者的队伍现状》，苏州大学论文，2014。

梁赋：《社区矫正专业化研究》，武汉大学论文，2010。

王顺安：《社区矫正理论研究》，中国政法大学论文，2007。

《推进刑释解教人员安置帮教工作　维护社会和谐稳定——全国刑释解教人员安置帮教工作会议发言综述》，《中国司法》2010 年第 10 期。

罗炳祥：《做好帮教安置工作需强化四种意识、完善四项机制》，《中国司法》2009 年第 6 期。

李犇：《非营利组织在刑解人员就业保障中实现模式的探索》，《法制与社会》2009 年第 2 期。

莫瑞丽、金国华：《对刑释人员回归社会中的社会排斥分析》，《南都学坛》2008 年第 3 期。

B.17

广外街道“四社联动”创新社区治理和服务

摘　要：党的十八届三中全会提出，增强社会发展活力，提高社会治理水平。习近平强调，“社会治理的重心必须落到城乡社区，社区服务和管理能力强了，社会治理的基础就实了”。社区作为社会的细胞，是加强和创新社会治理的基础平台。广安门外街道以党建工作为引领，以居民需求为导向，以群众满意为标准，在社区治理和服务方面积极创新，整合社会资源，加强基层党建，增强自治功能，调动社区居民共谋发展，大力提升管理服务水平，探索社区党委引领、社会工作者支撑、社会组织和社区志愿者共同参与的规范运转、高效协调、互惠融合的“四社联动”社区治理新模式，努力开创社区治理新局面、社区社会化服务新格局。

关键词：“四社联动”　社区治理　社区志愿服务　广外街道

一　“四社联动”社区治理模式的背景、内涵和意义

（一）产生背景

近年来，广安门外街道围绕“建设和谐宜居广外”的总目标，以党建工作为引领，以居民需求为导向，以群众满意为标准，不断满足居民专业

化、个性化的服务要求，实现由政府单一管理向社区各类组织、社会工作者、社区志愿者、辖区企事业单位及社区居民广泛参与、协商共治的转变，在社区治理和服务方面积极探索和创新。其中，在推动社区居民自治方面，广安门外街道在红莲中里社区探索建立了基层社会自治组织“睦邻坊”，通过建立以楼为单位的志愿小组，将各类专业技能人才、热心志愿者组织起来，从主动敲门打招呼、互留联系方式、谁家遇到困难就搭把手等开始，逐渐获得了全体社区居民的认可，吸引了全体社区居民的参与，建立了邻里之间互帮互助的良好关系，实现了社区居民的自我管理、自我服务和自我化解矛盾纠纷。在“睦邻坊”的带动下，邻里互助、和睦相处已经蔚然成风。

红莲中里社区早在2001年就成为广安门外地区的社区建设试点，在推进社区管理体制和运行机制创新、强化社区居委会和社区工作站建设、推动社区社会组织发展、推进社区民主自治等方面都做了很多的探索。“睦邻坊”就是其在长期的社区建设探索的基础上提出来的。红莲中里社区的“睦邻坊”主要是由社区的金色阳光协会孵化而成。“睦邻坊”的成员全都是各楼门栋的热心志愿者，尽管每组成员不到10个人，却让近2万人的社区变得和睦如一家，成为红莲中里社区居民自治的中坚力量。事实上，睦邻坊是由以前的“楼门自管会”发展而来的。楼管会在名字上具有居委会领导下的各楼门栋自治组织的色彩，更突出了社区居委会的作用，在目前居委会社区自治功能不健全的情况下，不利于发挥社会组织、社会工作者和社会志愿者的作用，于是红莲中里社区就将原来的楼管会改成“睦邻坊”。名字一改，社区自治的色彩更浓了，社区多方参与的积极性也更高了。

在“睦邻坊”的推进过程中，广安门外街道逐渐认识到，社区、社会组织、社会工作者、社区志愿者都是社区治理和服务的有机组成部分，必须要处理好这“四社”的关系，加强“四社”的有机联动，共同推进社区治理和服务水平的全面提升。

近年来，人们越来越认识到社区志愿者在社区治理和服务中的重要作用，社区志愿服务成为社区治理和服务的重要力量。所以，广安门外街道在国家和北京市提出“三社”联动的基础上，加入了社区志愿者的联动，探索“四社联动”的社区治理和服务新模式。

（二）基本内涵

“四社联动”是指社区、社会组织、社会工作者、社区志愿者共同参与社区建设和自我管理，开展居民互助服务，通过优势互补、资源共享，加快形成政府与社会互动、互联、互补的社会治理新格局，发挥社会工作在建设和谐社区中的重要作用，是促进和谐社区发展的一种社区治理新机制。

社区、社会组织、社会工作者、社区志愿者是联动的主体。社区是凝聚居民共同利益的基本单元，是社区各项治理和服务要素的结合点。社会组织是相关社区自治活动和社区志愿者依存的载体。传统社区治理和服务以发挥社区党委核心领导作用为主，充分依靠社区居委会、工作站履行社区治理和服务职能。随着社会组织、社会工作的快速发展，社会组织成为调动社会力量参与社区管理、激发社区活力的重要力量，为居民提供了更加专业和贴心的服务。社会工作者和社区志愿者是社区自治的践行者和直接参与主体，没有社会工作者和社区志愿者，社会组织也就成了“空壳”，难以开展工作。

以社区为平台，提高社区工作人员自身能力；以社会组织为载体，号召社会组织共驻共建；以社会工作者为支撑，科学指导社区工作；以社区志愿者为依托，广泛开展便民服务。特别是从社会工作者与社区志愿者的联动来看，一方面，专职社会工作者引领社区志愿者参与社区治理，充分发挥专职社会工作者的职业优势和社区志愿者广泛参与的优势，在更为广阔的领域开展专业指导下的志愿活动，使志愿活动规范、科学、有序，努力形成“我为人人服务、人人为社会奉献”的良好氛围；另一方面，专业社会工作者带动社区志愿者参与社区治理，全面发挥专业社会工作者在项目策划、组织协调等方面的技能优势，结合社会工作专业项目实施和活动开展，定期对社区志愿者开展社会工作专业知识与技能培训，引导和带领社区志愿者参与社会工作项目运行，不断提升社区志愿服务专业化水平。

（三）实践意义

“四社联动”不是简单的联合、互动，而是以政府购买服务为牵引，以满足居民需求为导向，通过社会组织引入社会力量和外部资源，通过社会工作者提供个性化、专业化服务，把多元化服务供给体现在社区的新型社会治理模式、社会服务供给方式和全新的社会动员机制中。

加强和创新社区建设，推动并完善“四社联动”创新机制，是贯彻落实中央关于创新社会治理重要指示的具体行动；是实现社区建设资源优势互补、互融互促发展新格局的坚实保障；是发挥基层社会组织、社会力量协同作用，实现多元参与、共同治理的有效途径；是政府向服务型转变，丰富公共服务供给方式，完善社区服务体系的有力措施。这对于新形势下创新社会治理、提升公共服务、促进社会和谐具有十分重要的意义。

二 广外“四社联动”社区治理模式的主要做法

广安门外街道的“四社联动”社区治理模式，激发了社会参与社区建设的活力，增强了社区居民的归属感和认同度，推动了社区和谐建设，进一步提升了社区整体文明程度和综合治理水平。

（一）发挥社区在“四社联动”中的平台作用

社区是各级各类资源的汇聚平台。街道以社区为节点发挥统领作用，以回应群众需求、解决社区问题为出发点，统一调配使用各级党政部门、群团组织在社区配置的资源，并会集社区、承接项目的社会组织、专业社工团队各自的资源，通过资源整合不断盘活社区资源，为“四社联动”提供资源保障。

此外，街道依托项目实现联动。为社区居民提供多样化与个性化的公共服务需求，着力打造社区公共服务项目，包括：打造再就业“同心家园”、残疾人“温馨家园”、扶贫帮困“慈善超市”、星级便民服务队和建立“1＋6＋29”养老服务平台等推进政府向“三社”购买服务的示范性案例，目的在于建立社会组织承接项目、社工团队执行项目、面向社区实施项目的新机制，探索以政府购买服务为保障、项目化运作为纽带的“三社联动”新途径。

（二）大力发展“四社联动”社会组织载体

社会组织发展是社会建设的重要内容。培育和扶持社会组织，促进社会组织健康有序发展，打破政府对公共事务大包大揽的格局。对于社会组织自身能够办理和提供的社会事务和社会服务，要大力降低社会治理成本，尽可能地以适当方式由各种社会组织来承担。健全社会组织培育发展机制，统筹资源扶持社区社会组织健康有序发展，完善社会组织的社会监督机制。搭建公益服务平台和资源对接平台，为社会组织发展和发挥作用创造良好条件，促使社会组织在激发社会活力、动员和组织社会资源方面发挥积极作用。鼓励支持社会组织参与社会事务、维护公共利益、提供社区服务，使社会组织在推动经济社会全面发展、促进社会和谐上做出重要贡献。

“四社联动”，社会组织的发展是关键。没有大量的社会组织，“四社联动”就丧失了存在的载体。广安门外地区高度重视社会组织的建设工作，专门成立了广安门外街道社会组织建设和管理工作领导小组，由街道主要领导任组长，同时，制定了《广外街道关于培育发展社区社会组织的指导意见》等，为社会组织的备案管理、日常运行和培育发展等提供制度保证；设立了广外街道社会组织优秀公益项目扶持资金，对特色社会组织进行培育扶持；加大政府购买力度，推进社区项目申请制，鼓励将有关公共服务和社会事务项目委托给有条件的社会组织承担。截至2013年底，广安门外街道在西城区民政局注册的社会团体有3家，街道备案的社区社会组织285个，其中社区服务福利类70个、社区治安民调类24个、社区医疗计生类21个、社区文体科教类127个、社区环境物业类27个、社区共建发展类16个，基本实现了社区服务项目的全覆盖。

（三）努力强化社会工作者能力和队伍建设

加强社会工作者队伍建设，推动社工队伍职业化、专业化发展。强化社会工作者队伍服务意识、责任意识、学习意识、敬业意识和奉献意识。作为社会工作者应保持服从大局的胸怀和乐观态度，淡泊功名利禄，努力做好各项工作。通过培训的方式不断提高社会工作者的素质，科学制定计划，分层次进行引导性培训或专业培训。开展职业技能培训，实现工作方式从行政化向专业化转变，社会工作者应加强学习基础理论和基本技巧，提高专业化水平和社会工作意识；坚持业务培训和党性教育、继续教育，选送有潜力的社区工作者进入高校学习深造，培养一批具有专业素质和实践经验的社区工作者和社区建设专业人才。

广安门外地区在社会工作者队伍培养方面，开展了“社工能力提升”项目，主要是通过以解决问题为目标的“社工单元工作法”，采取科学的评价和激励方法，激发社工的主动性、独立性，以及提升其分析、判断、解决问题的能力，从而促进社会工作者队伍的专业化、职业化、知识化，在社区培育出一支特别想干事、肯干事、能干事、会干事的优秀社会工作者队伍。

（四）高度重视社区志愿服务有效常态发展

切实发挥社区党委的统领优势和核心作用，积极整合协调社区和社会资源，保障社区志愿服务有效开展。社区志愿者在帮助他人、回报社会的过程中，既体现了自身价值，又影响、感召了周围群众，融洽了社区人际关系，激发了居民参与社区建设的热情，增强了社区的自治能力。

长期以来，社区志愿服务者联动是“四社联动”中的薄弱环节。广安门外街道开展的工作包括：优化社区志愿者招募机制，对社区各类专长人员进行调查摸底，并对有志愿服务意愿的做好备案登记；在社区加强志愿服务的宣传，引导更多人了解社区志愿服务，参与社区志愿服务；加强对居民社区服务需求的调查；建立志愿服务的积分、社会回报、表彰等激励机制；加强社区志愿服务的风险规避培训；针对社区的不同特点和需求，引导开展有针对性的社区志愿服务等。

三 推进“四社联动”创新社区治理和服务的思考

（一）加强街道在“四社联动”中的统筹作用

“四社联动”，关键是“四社”的有机联动，做到互相支持、互相促进。这就需要有一个强有力的统筹机构，使“四社”有机联动，不使任何一方掉队，出现薄弱现象。街道办事处是一级政府的派出机构，具有统筹辖区区域发展、维护社会稳定、实施城市管理、组织公共服务、指导社区建设的管理和服务职能。中共北京市委《关于认真学习贯彻党的十八届三中全会精神全面深化改革的决定》明确提出，“完善基层社会治理结构，强化街道（乡镇）在地区服务管理中的主体地位”。为此，街道在“四社联动”方面应承担统筹和协调的职能，做好“四社联动”的协调推进工作。

（二）进一步淡化社区居委会的行政化倾向

长期以来，社区居委会存在行政化倾向，不利于社区居民委员会自治功能的发挥。推动“四社联动”，应进一步弱化社区居委会的行政化倾向，包括采取将社区工作站和社区居委会分开办公的形式，壮大社会组织的社区服务能力等，使社区、社区社会组织、社会工作者、社区志愿者的作用都得到充分发挥，功能都得到充分展示，形成相得益彰、相互呼应的社区治理和服务体系。一是加强社会组织建设。加大政府购买社会组织服务项目支持力度，研究制定参与购买服务的社会组织目录、购买社会组织服务事项目录、政府职能转移目录，实施社会组织项目服务能力提升计划。二是加强社会工作者队伍建设。提升社会工作者素质，培养社会工作者需求调查、项目策划、社区动员的能力；加大居委会成员社会工作培训力度，支持和鼓励符合条件的居委会干部参加全国社会工作职业水平考试和继续教育。三是加强社区基层建设。推动居委会系统化、体系化建设；强化社区共治平台建设，建立政府机构、驻社区单位、社会组织共同合作、共同参与的工作机制；鼓励和引导居委会开展基层自治，培育一批居委会品牌和亮点。四是提升社会服务水平。深入推进社区事务受理服务机制标准化建设，推广红莲中里社区睦邻坊建设经验，辐射辖区的社区居委会。

（三）构建多元参与社区治理和服务的结构

理顺社区各类组织的关系，加强社区治理与发展，促进社区各项事业健康而卓有成效地开展，使其各尽其责、各归其位、相互补充，共同推进社区的良性发展。引领和充分发挥社会组织的正能量，不断挖掘社会潜在雄厚资源，提供专业化社区服务，有力地推动政府职能转变，实现“政社分开”，提升社区治理的效能。充分调动社会组织等社会力量参与社区事务，较好地整合社会资源，激发社会活力，形成党委强力指导、社会组织紧密配合、驻区单位大力支持、居民积极参与的良好局面，实现从“单一行政管理”向“多方协商治理”的转变。开局重在引领，民心凝聚力量，社区居民对议事、决策、执行、监督等社区事务的主动参与，充分调动了居民的积极性和创造性，推进了基层民主建设，强化了党员干部与群众的联系。组织发动群众参与社会建设，促进了社区和谐稳定。

当前，社区治理主体已由单一主体向多元主体转变，“四社联动”正是单一主体向多元主体转变的体现。加强“四社联动”，必须改变居民参与社区自治的内容和载体单一、参与不足的现象，使社区居民、社区单位、社区志愿者等的活力都在社区治理和服务中迸发出来，有效地参与社区治理服务，保障社会安定有序，推动社会和谐发展。

（四）建机立制保障“四社联动”有机发展

从制度和组织层面保障“四社联动”的有机发展，及时纠正某些方面发展过于薄弱的现象。从制度层面来说，主要包括将“四社联动”

纳入地区发展目标，进一步健全社区居委会自治功能，完善社会组织、社会工作者和社区志愿者发展制度，制定“四社联动”绩效评估办法等。从组织层面来说，包括建立统筹“四社联动”的领导机构，明确街道相关部门和社区党委、居委会及其他机构的责任，加强社工队伍建设等。

完善“四社联动”制度建设，保障社区、社会组织、社会工作者、社区志愿者实现互联、互补、互促。一是建立联席会议制度。社区建立由街道和社区“两委”、社会组织代表、居民代表参加的联席会议制度，针对本辖区内“四社联动”工作中出现的重大问题、涉及居民群众切身利益的重要事项等，由社区党组织或居委会组织、街道协调召开联席会议，共同协商解决难题，推动工作开展。二是建立组织联建制度。推行党组织属地化管理，发挥党员的骨干作用。鼓励社区党组织、社区居民自治组织和社会组织、社区志愿者组织培养社会工作领域的人才。逐步探索建立社区党组织、居民自治组织、社会组织、社会工作者队伍、社区志愿者队伍功能相互补充、人员相互支持、工作互联互通的社区组织结构。三是建立信息平台和联通机制。城市现代化是社会发展的必然趋势，人流、物流、信息流等要素是城市流通和交互过程中衡量现代化的一个重要标志。社区通过探索建立信息收集、反馈、调处机制，搭建“四社联动”服务招投标、服务评估与反馈的重要平台，积极推动“四社联动”服务提供主体和服务对象的信息数字化，促进社区服务供给与社区居民需求有效对接，随时掌握“四社联动”运行状况及其发展态势，为推进社区管理服务全覆盖提供有力支撑。四是建立服务联办制度。发挥政府的主导作用，建立“以社区为平台，政府扶持并监督、社会组织承接、专业社会工作者引领、项目化运作、社区志愿者参与”的社区服务新途径，营造各主体间优势互补、共享共促的良好局面。五是建立政府购买服务制度。面向社区、社会工作机构购买“四社联动”服务项目，为社区居民提供社区照料、社区康复、社区养老、就业辅导、心理疏导等专业的社会工作服务。

参考文献

周燾：《社会管理创新视角下的包头市城市社区管理体制改革研究》，内蒙古大学论文，2012。

冯呼和：《创新社区服务体系建设——包头市青山区“四社联动”社区服务体系的调研与思考》，《实践》2014 年第 12 期。

张利军：《包头市昆都仑区城市社区管理研究》，中央民族大学论文，2013。

汪波：《城市社区管理体制创新探索——行政、统筹、自治之三元复合体制》，《新视野》2010 年第 2 期。

刘磊：《社区管理体制创新研究》，内蒙古大学论文，2012。

丁茂战：《我国城市社区管理体制改革研究》，中国经济出版社，2009。

王艳丽：《城市社区协同治理动力机制研究》，吉林大学论文，2012。

万京华：《莱芜市“四社联动”全面提升城乡社区管理服务水平》，http：//www.wenming.cn/syjj/dfcz/sd/201504/t20150413_2554765.shtml。

刘振华：《探索“四社联动”助推社区治理和服务创新》，2013。

B.18

广外街道区域化党建的实践与探索

摘　要：切准时代脉搏，搞好党的建设，及时把握城市基层党建规律，以党建引领社会治理、融党建参与社区管理为思路，通过构建区域化党建格局，提高基层党建科学化水平，不仅为社会治理提供了坚实的服务资源和组织保障，更是新时期巩固中国共产党执政基础的一项重大任务。广安门外街道结合实际，务求实效，积极探索，从组织网络、工作机制、服务体系和阵地建设四个方面认真部署并不断优化和完善街道社区区域化党建工作，开创了基层党建的新局面，较好地发挥了党组织在社会治理中的领导核心作用。

关键词：区域化党建　街道社区党建　基层党建

一　区域化党建产生的背景

（一）区域化党建是党的建设的新课题

在发展社会主义市场经济的今天，党的领导对象和领域发生了变化。新中国成立前，党的建设是“支部建在连上”的组织模式；新中国成立以后，其组织形式也主要是依托行政组织建立党组织并开展工作，具有鲜明的党政一体化和行政命令制的特征，这种模式具有计划经济体制的影子。如今，党的组织和建设在向社会领域延伸，因此党的组织形式也面临着向社会化转型。这是因为，深化改革开放，市场经济逐步确立，社会出现了大量由非行政化的新经济组织和新社会组织构成的“两新”组织，以及从体制内剥离出的人，也就是我们通常所说的由“单位人”转变为“社会人”，还有伴随着中国城市化进程的推进而产生的大量进城务工和经商的“流动人”。这部分松散群体的再组织化，如何能够体现党组织的优越性和政府的关怀，给党组织提出了更高的要求。区域化党建破解了以往纵向型的单位制组织结构，而是在一定的区域内，形成覆盖面广、纵横交错的网络型组织结构，实现了党组织和党的工作的全覆盖，增强了党建工作的有效性。

区域化党建是基层党组织建设的一项创新举措，具有鲜明的特点和优势。

系统性	传统的基层党组织是垂直隶属关系，同一区域内的基层党组织相互分离，几乎不相往来，而区域化党建则是以某个基层组织为核心，其他基层组织相互协调、相互补充，在一定区域内建立有机联系的体系
统筹性	区域化党建使区域内各基层组织的党建资源实现了全面规划统筹安排，实现了资源共享和优势互补
社会性	社会性是区域化党建的突出特征。传统的基层党建具有强烈的层级权限特征，大家的工作往往只关注做好“条条”之内的党务。而区域党建则打破条条限制，以服务党员和群众为核心，通盘考虑区域内环境、治安、文化等要素，协调区域内不同利益群体、不同阶层的管理，化解各种矛盾，统筹各种资源，引导和组织区域内的群众自我管理、自我教育、自我服务。而区域化党建突出的社会性，也符合中国社会治理体系和能力现代化建设的需求
网络性	区域化党建是以块为主、条块结合的网络化党建。区域内的基层组织可以包括机关企事业单位、“两新”组织等，也可以涵盖流动党员、退休后党员、下班后党员等，通过区域化党建网络上的节点都可以参与到基层党建中，与此同时，组织和个体之间建立了平等协作、相互帮助的新型关系

图1　区域化党建的四大特征和优势

（二）区域化党建在街道社区建设中的重要性

街道社区区域化党建是指在一定的区域内，以街道社区党组织为核心，以灵活的活动方式、载体建设、组织设置等作为整合区域内社会资源和各领域党建资源的重要手段，形成一体化的基层党组织建设体系，实现区域内党组织的全覆盖，以及不同领域党组织间的互动交流、共荣互促和资源共享。这有利于基层党组织发挥好组织优势和服务资源优势，更好地服务群众、凝聚民心，进一步增强基层组织的创造力、凝聚力和战斗力，巩固党的执政基础，促进社会和谐发展。

1. 街道社区是社会的细胞，基层党建是巩固党执政的基础

面对改革开放、市场经济考验、外部环境等变化，中国共产党将迎来更加复杂、严峻的执政考验。基层党组织建设是巩固党执政地位的基础，必须发挥好党的先进性。区域化党建就是在中国社会结构变化、中国基层社会面临新问题的情况下产生的，是社会组织机制的有效整合，能够更好地发挥社会协调作用，是建设和谐社会的重要战略资源。通过区域化党建，不断增强基层组织的活力，使党组织日益扩大，充分发挥推动发展、服务群众、凝聚人心的作用，并以工作成效来获得中国社会的认同，实现政党、国家和社会的统一，确保党的长期执政地位稳固不动摇。

2. 区域化党建能够密切群众、服务群众，是党执政为民的体现

一个政党能否巩固自己的执政地位，关键在于是否具有广泛的群众基础、获得广大人民群众的支持和拥护。中国共产党的根本宗旨是全心全意人为民服务。一直以来，随着社会的发展进步，人民群众的利益诉求在不断变化，这对党的建设而言将是越来越艰巨的挑战，为获得人民群众的认同、支持和拥护，党必须以实现最为广大人民的利益为己任，不断提升自身的权威。

传统计划经济条件下，社会结构比较简单，群众利益比较单一。随着市场经济的深入，社会结构复杂化、利益诉求多元化趋势越来越明显。只有了解不同领域和阶层的群众真实需求才能更好地服务群众。区域化党建凭借着其党组织的无限延伸和覆盖范围广等优势，为收集群众的利益诉求拓宽了渠道、搭建了载体。此外，一些新的社会组织和社会群体随着社会的发展而出现，尤其是因互联网快速发展而出现的“虚拟社会群体”，传统的党建已很

难应对。区域化党建以最大限度地代表人民群众的根本利益为主旨，通过有效整合区域内的“社会利益”，创新了基层组织建设。通过区域化党建不仅实现了加强基层党组织力量的目的，同时也更好地发挥了服务群众的功能。面对群众的多元化需求，区域化党建能够统筹区域内各种党建资源，实现不同领域、不同行业、不同阶层之间的协调互补，协调各方利益主体，从人民群众的共同利益出发，从而实现共驻共建，共同推进经济、政治、文化、社会的全面发展。

二　广安门外街道区域化党建的具体做法

广安门外街道位于西城区西南部，辖区面积5.49平方公里，常住人口18.6万人，流动人口5.8万人，驻地各类单位5000多个。街道工委下辖24个党委，7个党总支，208个党支部，党员6799人。

广安门外街道不断完善跨系统、跨体制、跨行业、跨建制关系的区域性社会领域党组织网络和工作机制，有效整合社区党建资源，通过“科学划分管理网格、合理设置网格党组织、建立社区党建信息化平台、畅通社情民意汇集处理渠道、建立社区网格互联互动机制”，初步形成条块结合、以块为主、开放式的党建“网格化”新格局，把党的工作触角在社区不断延伸，从而提升社区党建工作的精细化、社会化水平。

（一）建立健全区域化党建组织网络

街道区域化党建工作紧紧围绕“组织全覆盖，服务全响应”的目标，不断优化基层党组织设置，有效整合区域内党建资源、社会管理资源和公共服务资源，形成区域化党建互联互动工作机制，实现党组织和党的工作全覆盖。街道以区域化、服务型为目标，不断加强基层党建水平，强化党组织的服务能力。结合党员和群众的不同需求，进一步整合区域服务资源，创设和深化联系服务群众的载体机制，使基层党建工作在街道、社区和马连道功能街区三个层面形成各具特色、各显成效的区域化党建格局。

在街道层面，建立“大工委”工作格局。街道工委以统筹协调的党建工作理念，建立完善互联互动的党建工作机制，按照“便于统筹、利于管理”的原则，创新机制体系。建立广外街道和谐社区建设委员会，成员由街道和辖区科站队所党组织负责人组成，作为区域化党建工作机构，统筹研究区域发展思路和重大事项。同时增设部分驻区单位党组织负责人为工委委员，参加工委会研究区域发展的相关事项。

在社区层面，建立“大党委”制，实施社区党建网格化。街道工委，将所辖全部社区按地域分布科学地划分成若干个网格，在实施社区网格化管理工作的基础上，以网格为单位建立党总支或党支部，把网格内居住、工作的党员、社会组织和非公有制企业纳入网格党组织管理，在网格内形成“党支部—党小组—党员”的组织体系。协调驻区单位参与社区建设，服务居民群众，使每一个网格都形成拥有领导机构、党员队伍、工作制度的社区党建工作基点。形成横向到边、纵向到底、条块结合、以块为主、开放式的社区党建工作格局。

打造马连道特色街区区域化党建示范带。商业街区本身是一个综合性的生态系统，建立街区良好的政民、企民关系是题中应有之义。广安门外街道在以往工作的基础上，提出了打造马连道特色街区区域化党建示范带。将街区范围内的 7 个社区党组织、国有企业党组织、非公党组织、协会党组织、其他单位党组织都纳入进来，加强服务型党组织建设，加强区域的互动与协调，形成整体的街区区域化党建高地，以此为引领，带动推进街区的其他工作。成立马连道特色街区联合党支部，建立非公党支部书记工作室，探索在各协会商会建立党组织，积极推进在茶业协会建立党组织，推进马连道商圈党建工作。形成“党建引领、政府搭台、协会协同、企业参与”的马连道特色街区区域化党建工作格局。

（二）完善区域化党建工作机制

创新开展基层党内民主建设。建立党代表工作制度，成立党代表工作室，开展党代表进社区、进非公企业活动，定点联系接待党员群众，使党代表成为党群干部沟通的连心桥。建立党代表提案制，为党代表建言献策提供有效渠道。

根据民生项目需要建立临时性联合党支部。把党支部建在民生项目上，如在老旧小区综合整治项目上，成立由市区选派党员、街道社区干部、项目党员经理以及社区意见领袖居民党员等组成的联合党支部，通过党建工作引领和保障工程顺利推进。联合党支部整合发挥了各方在老旧小区整治中的各自优势：选派干部的职能优势、专业公司的管理优势和街道社区干部熟悉社情民意的优势、社区民意代表的优势，并通过建立如定期会商、同步规划、协调推进等协同工作机制，形成了工作合力，改变以往老旧小区整治“单打一”的习惯，大大提高了老旧小区整治效力。

以社区为单位实行党建项目创新机制。各社区党组织围绕加强自身建设、加强社区管理、加强为民服务，确立街道级党建创新项目30个，如红莲中里将派驻社区的公安、城管、环卫以及物业、社会单位等多个部门重新进行整合，组建了由社区党组织负责人、政府职能部门派出人员（社区民警、城管分队干部）、社区居委会负责人、物业公司负责人及驻社区重点单位负责人等组成的社区协调工作委员会，并在社区党组织的领导下开展工作，主要是协调社区事务，平衡协调社区各组织间的关系。整合后的社区协调工作委员会，责任明、职责清、工作密切配合，减少了矛盾，提高了工作效率，在社区层面形成了以社区党组织为核心、社区协调机制为纽带的优势互补、资源共享、共驻共建、利益双赢的社区共建新格局，被确立为区级基层党建示范点。

建立“网格化”党建运行机制。一是在网格中落实党建责任。强化对网格党建工作的指导和帮助，在网格中融入社区党委委员、单位在职党员、流动党支部党员。同时，结合党员定岗定责等活动，各领域党员积极参与到网格内公共事务的管理与服务群众的工作当中。二是建立了信息网络体系和传导机制。以网格为单位，每座楼由党小组长、楼长组成信息联络中心，楼门院党员和积极分子担任信息员，形成一个全覆盖、多渠道的信息网络体系，及时获取群众需求，从而确保社区工作开展更有针对性、有效性、及时性。三是在网格中统筹协调，实现优势互补、困难互助。街道工委以共建和谐家园为目标，整合网格内党组织资源，引导结对共建，互促互助，共同推动社区建设与发展。四是在网格中建立党员教育机制。党课下移到网格，在网格中建立“微型党课”，通过党员自荐以身边事为主题讲党课，小处着手、以小见大，缩短与群众间的距离，增强党员对社区的归属感和责任感，实现党员的自我教育和经常性教育。

建立党建指标评估机制。广安门外街道建立了党建指标评估体系，对全部基层党组织进行评估定级。结合“三评一考”（群众评议党员、党员评议党支部、下级党组织评议上级党组织、上级党组织考核下级党组织），在群众评议党员方面突出广泛性，针对工作任务的不同，制定不同的考核标准，利用街道“五星级和谐社区”评估软件，在技术手段上更加方便快捷，通过完善党建一、二级指标体系，建立了精细化的基层党组织建设考核指标。同时，委托北京市社会科学院组织成立评估机构，负责评估的具体工作。居民群众对社区党组织和党员的满意度全都在80%以上，86%以上的社区满意度在90%以上。

（三）创新基层党组织服务体系

建立“一中心、多站点”的服务体系。积极推进基层服务型党组织建设，探索党员服务机制，建立街道党员服务中心和社区党员服务站“一中心、多站点”的服务体系，为地区党组织和党员提供服务。同时，将各类服务资源进行整合，丰富服务载体，开展形式多样的为民服务。积极推进党建创新项目，提升基层党组织服务能力，如红莲中里的“睦邻坊”和红居街的“心手相连”服务社，贴近群众需求，深受群众欢迎。

全面构建“全响应”网格化社会服务管理体系。把党建工作融入基层社会服务管理，按照“精细化管理、个性化服务、信息化支撑、多元化参与、持续性改善”的思路，梳理各项工作，全面对接居民需求，通过完善城市管理、综治维稳、为民服务等六大工作体系，形成民意收集、部门联动、结果反馈等六大工作机制，构建辖区居民需求“全面感知、快速传达、积极响应”的工作模式，形成街道、社区与居民百姓有效沟通、良性互动的局面，全面提升服务群众的水平。建立社区党建信息化平台，推广“党建网格化”工作方式，依托网格建立民情信息点，准确、快速地采集和反馈居民群众各类需求信息和网格内的突发事件。积极搭建社区党建平台，建立社区网格互联互动机制，坚持优势互补、信息互通、困难互助，实行小型活动独立搞、中型活动结对搞、大型活动统一搞，形成了社企携手、党建联动、共建和谐社区的党建工作新局面。

（四）加强区域化党建阵地建设

街道按照建设基层服务型党组织“六有”的工作目标，积极打造联系服务群众的党建阵地。2014 年，广安门外街道成立了马连道党群活动服务中心。该中心总建筑面积 1142 平方米，以“服务地区发展，服务街区商企，服务党群组织，服务党员群众”为宗旨，具有“八站合一”的工作职能，面向辖区内全部社区及“两新”组织、商务楼宇、茶商茶企和党员群众提供免费政策咨询、政务服务、党建指导、群团建设、法律服务、权益保障、学习培训、活动交流等服务，是街道建立的集服务社会治理、服务党群团组织和服务党员群众于一体的开放式、多功能、专业化的党建工作综合阵地。

同时，街道坚持党建带团建、团建促党建，以中心为纽带，以中心推共建，构建党建工作“一带三”模式，即党建带团建带妇建带工建，形成以创建服务型党组织为核心、群团组织为依托的党群工作新格局。位于马连道党群活动中心的马连道社区青年汇旗舰店，作为西城区首家社区青年汇旗舰店，在区域化团建工作中发挥了积极作用。中心成立以来，共接待各类参观学习 16 次、100 余人次参加；组织交流座谈会 14 次、172 人次参加；开展各类培训、讲座 49 次，1470 人次参加。

三　广外街道区域化党建取得的成效

（一）增强了社区党组织的统领能力

通过实施“网格化”党建，加强区域统筹，将驻区各类机构、党员、居民和“两新”组织都有效纳入社区建设中，参与社会治理、开展社区服务。有效扩大了党组织覆盖面，增强了社区党组织凝聚力，促进了社区党组织统揽和协调各方的能力，创设了形式多样的服务载体，增强了基层党组织和党员做群众工作和服务群众的能力。

（二）发挥了党组织的优越性

通过推行区域化党建体系和运行机制的完善，破除了以往纵向型的党员管理模式，把机关在职党员、退休党员、流动党员等有效组织起来，实现了条块联动，为党员发挥特长和能量提供了更为广阔的空间。同时，以素质提升、党建创新、党建示范、党内关爱为主要内容的基层党建创新工程不断深化，每个领域都有示范点精品、每个社区都有特色党建创新项目的区域化党建新格局逐步形成。通过规范化的管理，进一步提高了广大党员服务群众的能力和水平，进一步密切了党群关系，提升了群众对党组织的满意度。

（三）有效整合了区域内各类社会资源

通过实行区域化党建工作，依托社区党组织和辖区内企事业单位，对区域内人才资源、物质资源和组织资源进行有效整合，提供更加周到便捷的服务，最大限度地发挥党组织、党员的服务能力，实现了区域内资源的优化整合配置。

（四）进一步提高了社区治理水平

充分开展“网格化”党建与“全响应”网格化社会服务管理，不仅使社区党建工作渗透到了社区的每一领域，消除了治理服务过程中存在的盲点和薄弱环节，也整合了政府服务管理的资源，延伸了服务触角，打通了社情民意的表达和反馈渠道。各社区通过以网格化党建为平台，开展议事协商、统筹资源解决问题，实现了自我服务与自我管理，提高了社区治理服务水平，促进了社会和谐稳定。

四　广外街道开展区域化党建的思考与启示

党的十八大围绕构建社会主义和谐社会确立了“党委领导、政府负责、社会协同、公众参与、法制保障”的社会治理理念。落实到基层党组织建设上，区域化党建为促进区域的和谐发展及保障和谐社会的建设提供了组织资源，具体体现就是通过区域化党建，基层党组织能够有效协调社会利益关系、畅通区域内广大群众的诉求表达渠道，统筹区域资源协调解决矛盾和问题，从而保障整个社会的和谐发展。

（一）明确区域化党建工作组织领导体系

区域化党建工作体系由于其更具开放性和广泛性，随着区域化党建的不断开展，或多或少会对现有的基层党建领导体系产生一定的影响。这就需要进一步探索如何通过调整现有的基层党建领导体系来促使区域化党建的运作更加有效。目前，我国部分地区也做出了一些探索和实践，如宁波市在部分城区试行了城市党建领导管理体制改革，初步建立了“三纵三横、纵横贯通”的城市党建工作领导体系①。

（二）把加强党建资源整合作为区域化党建的重要基础

区域化党组织建设，必须发挥区域内统筹的优势，有效整合区域资源，包括人力的资源、物质的资源和服务的资源等，积极推进党群工作一体化建设，构建上下结合、以块为主、条块联动、合力推进的工作机制，充分发挥驻区单位、各界人士参与社区治理服务的积极作用，形成共驻共建、共治共赢的社区治理服务格局。

---

① “三纵三横、纵横贯通”的城市党建工作领导体系，即：在纵向上为“区城市党建工作领导小组—街道（乡镇）城市党建工作办公室—区域党组织”三级管理模式，在横向上为“区城市党建工作协调指导委员会—街道（乡镇）城市党建工作协调指导委员会—和谐共建理事会”三级架构。

（三）把尊重党员主体地位作为区域化党建的关键

党员是党组织的细胞、党组织建设的重要力量。只有广大党员的积极参与，区域化党建才会有源动力。区域化党建尤其要尊重党员的主体地位，切实保障党员民主权利，强化落实党员的知情权、参与权、选举权、监督权。完善基层党组织议事规则和程序，广泛搭建党群议事平台。构建党员发挥作用的有效载体，通过各种志愿服务等活动，为党员直接联系群众、服务群众提供舞台。

（四）把构建服务长效机制作为区域化党建的重要保障

区域化党建必须在服务的对象、内容、方法、评价等方面建立相应的规范化制度，提高基层党组织服务的科学化水平，确保各项服务工作高效、持续地开展。因此，必须强化制度建设，通过系统化、易操作的建章立制工作，构建起联系服务群众工作的长效机制，实现区域化服务型党建工作的规范化、常态化和长效化。

（五）把群众满意认可作为检验区域化党建实效的唯一标准

区域化党建的成效如何，应该由群众是否得到实惠、是否满意来衡量认定。要加强党组织建设的群众监督和评价工作，健全以群众满意度为标准的考核体系，把区域化党建创建工作的评判权交给群众，切实增加群众在服务绩效考核评价中的话语权，使区域化党建工作成为群众认可的重要民心工程。

参考文献

郑永年：《中国共产党最需要的是什么?》，《领导文萃》2012 年第 8 期。
廖澍华、王连喜：《区域化党建规律再探索》，《特区实践与理论》2011 年第 1 期。

《整合社区资源　搭建区域化党建平台》，《党建研究》2011 年第 2 期。

谭果：《浅析区域化党建的逻辑动力和科学路径》，《湖南行政学院学报》2011 年第 3 期。

谢方意：《从单位制党建向区域化党建的转变》，《理论视野》2011 年第 7 期。

尹德慈：《区域化党建与党的领导方式实证研究》，《中共宁波市委党校学报》2011 年第 4 期。

杜彬伟：《区域化党建及其功能定位研究》，《黑龙江社会科学》2011 年第 4 期。

唐文玉：《以区域化党建应对社会转型风险》，《理论与改革》2011 年第 5 期。

《广外街道积极探索社区党建网格化努力构建区域党建新格局》，http：//www. bjdj. gov. cn/article/showarticle. asp? articleid =38609，2010。

皮书起源

“皮书”起源于十七、十八世纪的英国，主要指官方或社会组织正式发表的重要文件或报告，多以“白皮书”命名。在中国，“皮书”这一概念被社会广泛接受，并被成功运作、发展成为一种全新的出版形态，则源于中国社会科学院社会科学文献出版社。

皮书定义

皮书是对中国与世界发展状况和热点问题进行年度监测，以专业的角度、专家的视野和实证研究方法，针对某一领域或区域现状与发展态势展开分析和预测，具备原创性、实证性、专业性、连续性、前沿性、时效性等特点的公开出版物，由一系列权威研究报告组成。

皮书作者

皮书系列的作者以中国社会科学院、著名高校、地方社会科学院的研究人员为主，多为国内一流研究机构的权威专家学者，他们的看法和观点代表了学界对中国与世界的现实和未来最高水平的解读与分析。

皮书荣誉

皮书系列已成为社会科学文献出版社的著名图书品牌和中国社会科学院的知名学术品牌。2011 年，皮书系列正式列入“十二五”国家重点出版规划项目；2012~2015 年，重点皮书列入中国社会科学院承担的国家哲学社会科学创新工程项目；2016 年，46 种院外皮书使用“中国社会科学院创新工程学术出版项目”标识。

中国皮书网

www.pishu.cn

发布皮书研创资讯，传播皮书精彩内容
引领皮书出版潮流，打造皮书服务平台

栏目设置：

- □ 资讯：皮书动态、皮书观点、皮书数据、皮书报道、皮书发布、电子期刊
- □ 标准：皮书评价、皮书研究、皮书规范
- □ 服务：最新皮书、皮书书目、重点推荐、在线购书
- □ 链接：皮书数据库、皮书博客、皮书微博、在线书城
- □ 搜索：资讯、图书、研究动态、皮书专家、研创团队

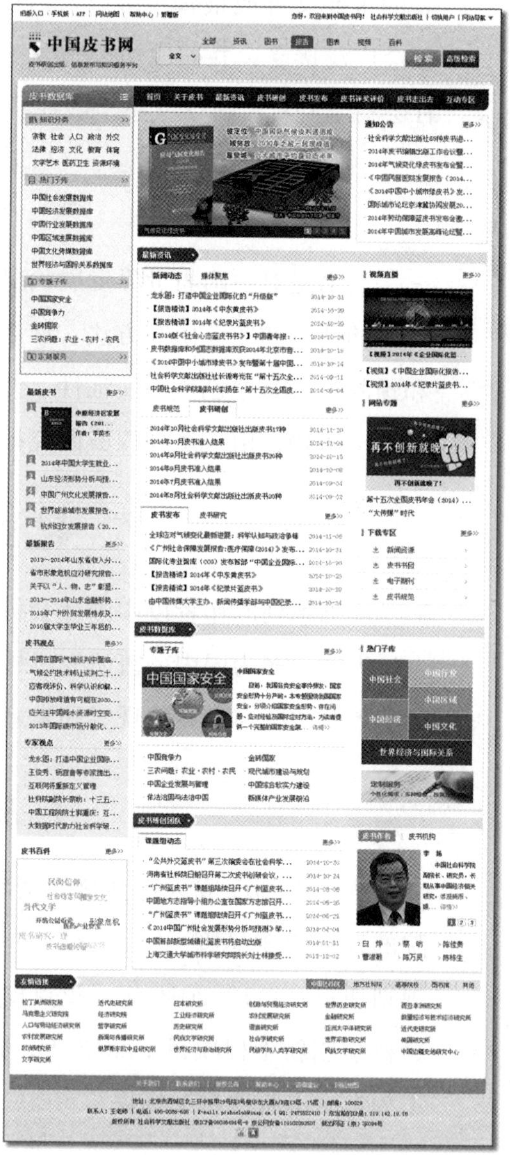

中国皮书网依托皮书系列“权威、前沿、原创”的优质内容资源，通过文字、图片、音频、视频等多种元素，在皮书研创者、使用者之间搭建了一个成果展示、资源共享的互动平台。

自 2005 年 12 月正式上线以来，中国皮书网的 IP 访问量、PV 浏览量与日俱增，受到海内外研究者、公务人员、商务人士以及专业读者的广泛关注。

2008 年、2011 年中国皮书网均在全国新闻出版业网站荣誉评选中获得“最具商业价值网站”称号；2012 年，获得“出版业网站百强”称号。

2014 年，中国皮书网与皮书数据库实现资源共享，端口合一，将提供更丰富的内容，更全面的服务。

法律声明